신화전설(神話傳說) 명언(名言)
시문(詩文) 경서(經書)로 이해하는

중국,
중국문화

신화전설(神話傳說) 명언(名言)
시문(詩文) 경서(經書)로 이해하는

중국, 중국문화

인 쇄 2022년 2월 21일
발 행 2022년 2월 25일

지은이 김경국
발행인 정성택
발행처 전남대학교출판문화원

등 록 1981. 5. 21. 제53호
주 소 61186 광주광역시 북구 용봉로 77
전 화 (062) 530-0571~2 마케팅 530-0573
팩 스 (062) 530-0579
홈페이지 http://www.cnup.co.kr
이메일 cnup0571@hanmail.net

값 15,000원

ISBN 978-89-6849-867-1 (93820)

신화전설(神話傳說) 명언(名言)
시문(詩文) 경서(經書)로 이해하는

중국, 중국문화

神話傳說

名言

詩文

經書

김경국 저

전남대학교출판문화원

머리말

이 책은 그동안 대학에서 강의했던 한문독해, 중국고전입문, 중국고전강독, 중국고전시가, 중국고전산문, 중국문학사, 중국문학기행, 제자산문(諸子散文), 고문진보(古文眞寶), 경서강독(經書講讀) 등에서 특별히 마음에 와 닿는 내용들을 선별해서 묶은 것이다.

한 나라를 이해하기 위해서는 먼저 그 나라의 언어문화를 이해해야 하고, 그 나라의 언어문화를 이해하기 위해서는 먼저 그 나라의 신화전설, 역사문화, 사상철학, 문학예술 등에 대한 폭넓은 이해가 선행되지 않으면 안 된다.

우리나라의 한글은 세계에서 가장 과학적인 소리글자이고, 중국의 한자(漢字)는 세계에서 가장 과학적인 뜻글자이다. 그리고 우리나라는 한자문화권(漢字文化圈)에 속해 있기 때문에 세계에서 가장 과학적인 소리글자와 가장 과학적인 뜻글자를 동시에 사용할 수 있는 유일한 나라이다.

우리의 타고난 언어 환경이 이렇기 때문에 우리의 가장 이상적인 언어생활은 모국어인 한글을 기반으로 한 다음, 마치 수레의 양 바퀴처럼 한글과 한자(漢字)를 상호 보완적으로 적절하게 병행하는 것이라고 생각한다.

이런 이유로 평소 대학에서 학생들을 가르칠 때 중국어와 고문(古文)은 결코 성격이 판이한 별개의 언어가 아니며, 고급 백화문을 구사하려면 반드시 일정한 고문(古文)의 기초가 선행되어야 한다는 점을 강조한다. 동시에 외국어문학과 외국문화를 공부하는 사람은 반드시 먼저 자신의 모국어에 대한 깊은 사랑과 일정한 소양을 갖춘 후에야 비로소 자신이 원하는 외국어문학과 외국문화를 제대로 공부할 수 있다는 사실도 상기시키곤 한다.

본서는 모두 8장으로 구성되어 있으며, 각 장의 주요 내용을 살펴보면 다음과 같다. 제1장 "중국의 원시가요와 신화전설"은 중국의 원시가요(原始歌謠), 중국의 신화전설(神話傳說), 중국의 신화전설 고사(故事) 등으로 구성되어 있다. 제2장 "중국의 도덕 수양 처세"는 도덕(道德), 인격(人格), 도의(道義), 정조(情操), 군자(君子)와 소인(小人), 수양(修養), 학식(學識)과 언행(言行), 계신(戒愼), 처세(處世)와 교우(交友) 등으로 구성되어 있다. 제3장 "중국의 교육과 학업"은 교육(教育)과 학업(學業) 등이다. 제4장 "중국의 사상철학"은 자연과 도(道), 자연과 사람, 물성(物性)과 사리(事理) 등이다. 제5장 "중국의 문학예술"은 문학(文學), 예술(藝術), 미학(美學) 등이다. 제6장 "중국의 양생의학"은 과욕(寡欲), 양성(養性), 건신(健神), 양생(養生) 등이다. 제7장 "중국의 문화유람"은 정대누각(亭臺樓閣), 호남(湖南) 악양(岳陽)의 악양루(岳陽樓), 호북(湖北) 무한(武漢)의 황학루(黃鶴樓), 강서(江西) 남창(南昌)의 등왕각(滕王閣), 산서(山西) 운성(運城)의 관작루(鸛雀樓), 산동(山東) 연대(煙臺)의 봉래각(蓬萊閣), 강소(江蘇) 금릉(金陵)의 봉황대(鳳凰臺), 절강(浙江) 소흥(紹興)의 난정(蘭亭), 안휘(安徽) 저주(滁州)의 취옹정(醉翁亭), 호북(湖北) 무한(武漢)의 금대(琴臺), 강서(江西) 구강(九江)의 여산(廬山), 산동(山東) 태안(泰安)의 태산(泰山) 등 모두 12개 항목으로 구성되어 있다. 제8장 "사서(四書) 선독(選讀)"은 사서(四書)란 무엇인가? 대학(大學), 논어(論語), 맹자(孟子), 중용(中庸) 등의 내용이다.

아무튼 본서를 통해서 많은 사람들이 고전의 가치와 의의에 대해 좀 더 관심을 기울이고, 아울러 중국문화의 본질을 이해하는데 조그마한 도움이 되기를 바라는 마음이다.

끝으로 본서의 출판을 위해 많은 도움을 주신 전남대학교 당국과 전남대학교출판문화원 관계자 분들께도 이 자리를 빌려 깊은 감사의 마음을 전한다.

壬寅年 立春節

著者 謹識

목차

제1장 중국의 원시가요와 신화전설

제2장 중국의 도덕 수양 처세

제3장 중국의 교육과 학업

제4장 중국의 사상철학

제5장 중국의 문학예술

제6장 중국의 양생의학

제7장 중국의 문화유람

제8장 사서 선독(四書 選讀)

제1장

중국의 원시가요와 신화전설

제1절 중국의 원시가요(原始歌謠)

인류 역사상 최초의 문학양식은 시가(詩歌)이다. 원시시대(原始時代)의 시가(詩歌)는 무도(舞蹈) 및 음악(音樂)과 하나로 융합된 일종의 종합예술이었다.

『여씨춘추(呂氏春秋)·고악편(古樂篇)』에 "옛날 갈천씨(葛天氏)의 음악은 세 사람이 쇠꼬리를 잡고 발짓을 하며 팔결(八闋)을 노래했다. [昔葛天氏之樂, 三人操牛尾, 投足以歌八闋.]"라는 기록이 있다.

여기에서 사람들이 쇠꼬리를 잡고 노래와 춤을 즐기는 모습은 바로 당시에 음악과 노래와 춤이 하나가 된 것을 형상화한 것이다. 하지만 당시에는 문자(文字)가 없었기 때문에 원시시가는 기록으로 전해지지 못하고 후세 사람들의 구전(口傳)을 통해 전해져 내려 왔다.

1. 탄가(彈歌)[1)]

斷竹, 續竹.
飛土, 逐肉.

『오월춘추(吳越春秋)·구천음모외전(勾踐陰謀外傳)』

대나무를 베어 활등[弓背]을 만들고,

---

1) '탄가(彈歌)'는 원시시대에 일종의 수렵활동을 주제로 한 노래이다. 남제(南齊) 유협(劉勰)의 『문심조룡(文心雕龍)·통변(通變)』에 "황제(黃帝)때 단죽(斷竹)을 노래했다. [黃歌斷竹.]"라고 했는데, 여기에서 단죽(斷竹)은 곧 탄가(彈歌)를 의미한다.

양끝을 이어 활시위[弓弦]를 만드네.
진흙으로 만든 탄환을 쏘아,
새와 짐승을 사냥하네.

주해

- 단죽(斷竹) : 대나무를 베다.
- 속죽(續竹) : 대나무 양 끝을 잇다.
- 토(土) : 진흙을 반죽하여 만든 탄환.
- 육(肉) : 새와 짐승[禽獸]을 말함.

2. 이기씨사사(伊耆氏蜡辭)[2)]

土反其宅, 水歸其壑, 昆蟲毋作, 草木歸其澤.

진흙은 원래 보인 곳으로 돌아가고,
홍수는 그 산골짜기로 돌아가며,
곤충들은 농작물에 피해를 주지 말고,
초목들이 늪가에 뿌리를 내리고 농가의 땅에 살지 않기를.

주해

- 이기씨(伊耆氏) : 신화전설에 나오는 원시부락의 이름. 혹은 '신농씨(神農氏)'나 '제요(帝堯)'라고도 한다.
- 사(蜡) : 매년 음력 12월, 이듬해의 풍년을 기원하며 여러 신들에게 지내는

---

2) 이 시는 원래 『예기(禮記)·교특생(郊特牲)』에 나온다. 비록 제사용 축사(祝辭)이지만, 사실은 농경생활 당시 자연재해를 극복하려는 소망이 담겨 있다.

납제사를 말한다. '자(禮)'와 통한다. 禮(납향 자)

- 반(反) : '반(返)'과 통함.
- 학(壑) : 산골짜기.
- 곤충(昆蟲) : 농작물에 해를 끼치는 벌레들을 말한다.
- 택(澤) : 저습한 연못지대.

3. 격양가(擊壤歌)[3)]

日出而作, 日入而息. 鑿井而飮, 耕田而食. 帝力于我何有哉!

해가 뜨면 나가서 일하고,
해가 지면 들어와 쉬네.
목마르면 우물을 파서 마시고,
밭을 갈아 먹고 사니,
제왕(帝王)의 힘이 내게 무슨 소용이 있으랴.

주해

- 착정(鑿井) : 우물을 파다. 鑿(záo, 뚫을 착)
- 경전(耕田) : 밭 갈고 농사짓다. 耕(gēng, 밭갈 경)
- 하유재(何有哉) : 무슨 소용이 있으랴. '帝何力于我哉' 혹은 '堯何等力'이라고도 한다. 哉(어조사 재).

---

3) '격양가(擊壤歌)'는 서한(西漢) 왕충(王充)이 지은 『논형(論衡)』의 「감허편(感虛篇)」과 「예증편(藝增篇)」, 진(晋)나라 황보밀(皇甫謐)의 『제왕세기(帝王世紀)』에 모두 실려 있다. 제요(帝堯) 때 천하가 태평하고 백성들이 근심 없이 잘 살게 되자, 한 노인이 땅을 두드리며 태평성세를 노래했던 시이다.

제2절 중국의 신화전설(神話傳說)

1. 신화(神話)의 탄생과 특징

신화(神話)는 고대인들이 집단생활을 하면서 구두(口頭)로 창작한 고사(故事)들이며, 고대인들은 영웅인물의 형상에 따라 신(神)에 대한 수많은 고사들을 탄생시켰다. 그러므로 우리는 신화를 통해서 고대인들의 자연현상과 사회생활에 대한 이해를 살필 수 있다.

신화의 주요 특징들을 살펴보면, 첫째 신화는 자연의 힘을 형상화시켜 자신도 모르는 사이에 예술적 가공을 하게 된다. 둘째 신화창작의 기초는 현실생활이고 창작방법은 낭만주의적이다. 셋째 신화는 고대인들이 자연을 극복하고자 하는 이상과 신념을 표현하고 있다. 이러한 이유 때문에 신화는 풍부하고 다양한 상상력과 기이한 줄거리 및 사람을 감동시키는 예술적인 힘을 지니게 된다.

2. 신화(神話)와 전설(傳說)

고대에 자연재해를 극복하는 과정에서 세운 공덕으로 백성들의 사랑을 받게 된 영웅들은 종종 신화전설 중의 신(神)이 되기 때문에 신화와 전설을 구별하는 것은 매우 어렵다.

일반적으로 신화와 전설은 모두 현실의 기초위에 탄생되는데, 신화는 순전히 환상적인 고사만을 표현한 것으로 「과보축일(夸父逐日)」이 이것이다. 전설은 일찍이 발생한 적이 있는 역사적 사실을 내포하고 있는데, 사람의 힘으로 미칠 수 없는 많은 기적(奇蹟)같은 요소들이 들어 있거나, 심지어 사람도 신이 될 수 있는 내용들이 있다.

대표적인 것으로 「곤우치수(鯀禹治水)」가 있다.

신화와 전설에는 종종 사람이 신(神)이 되거나 신(神)이 사람이 되기도 하여, 사람과 신이 서로 혼재되어 출현하기 때문에 이 두 가지를 굳이 억지로 나눌 필요는 없다.

3. 신화(神話)와 미신(迷信)의 구별

신화와 미신은 본질적으로 구별이 된다. 미신은 통치계급이 귀신(鬼神)·풍수(風水)·운명학(運命學)·인과응보(因果應報) 등을 이용하여 백성들을 미혹시키는 하나의 수단이며 도구이다. 신화와 미신을 구별하는 주요 특징은 신화 속에서 인간은 자연의 주인이며, 신은 곧 사람이자 이상화된 인간으로 나타난다. 반면에 미신 속에서 인간은 자연의 노예이자 귀신의 노예가 된다.

4. 신화전설의 문자기록

신화전설은 고대인들의 집단창작물로서 구두로 유전되어 온 것으로 문자로 기록된 것은 후세의 일이다. 고적(古籍) 중에 신화전설이 가장 많이 수록된 것은 『산해경(山海經)』이고, 그 다음이 『초사(楚辭)』나 『회남자(淮南子)』등이다. 또한 『좌전(左傳)』·『국어(國語)』·『장자(莊子)』 등에도 적지 않은 신화전설이 실려 있다.

제3절 중국의 신화전설 고사(故事)

1. 상고시대(上古時代)

昔太古嘗無君矣, 其民聚生群處, 知母不知父, 無親戚兄弟夫妻男女之別, 無上下長幼之道, 無進退揖讓之禮.

『여씨춘추(呂氏春秋)·시군(恃君)』

옛날 태고시대에 일찍이 군왕이 없었으며 그 백성들은 함께 무리지어 살았다. 어미는 알되 아비는 알지 못했고, 친척과 형제와 부부와 남녀의 구별이 없었으며, 상하(上下)와 장유(長幼)의 도가 없었고, 진퇴(進退)와 읍양(揖讓)의 예도 없었다.

주해

- 취생군처(聚生群處) : 함께 무리지어 살다. 聚(jù, 모일 취)
- 진퇴(進退) : 나아가고 물러남.
- 읍양(揖讓) : 읍을 하며 서로 겸손과 사양을 함.
  揖(yī, 읍할 읍) 讓(ràng, 사양할 양)

昔者先王未有宮室, 冬則居營窟, 夏則居巢. 未有火化, 食草木之實, 鳥獸之肉, 飮其血, 茹其毛,未有麻絲, 衣其羽皮.

『예기(禮記)·예운(禮運)』

옛날에 선왕(先王)은 궁실[궁궐]이 없어 겨울에는 동굴에서 혈거(穴居)하고, 여름에는 둥지에서 살았다.

아직 화식(火食) 생활을 못하고 초목의 열매나 새와 짐승의 고기를 먹고, 그 피를 마시고 그 짐승들을 잡아먹었다.

옷을 만들 삼실(삼베)이 없어 그 새의 깃털과 짐승들의 털가죽으로 옷을 만들어 입었다.

주해

- 석자(昔者) : 옛날. 昔(옛 석)
- 영굴(營窟) : 혈거(穴居)하는 굴. 營(yíng, 집 영) 窟(kū, 굴 굴)
- 거소(居巢) : 둥지에서 살다. 巢(cháo, 보금자리 소)
- 화화(火化) : 불로 음식 등을 익히는 일.
- 조수(鳥獸) : 새와 (길)짐승. 獸(shòu, 짐승 수)
- 여기모(茹其毛) : 그 털 달린 짐승들을 잡아먹다. 茹(rú, 먹을 여)
  * 여모음혈(茹毛飮血) : 상고시대에 짐승을 사냥하여 생식(生食)함.
- 마사(麻絲) : 삼(베)으로 만든 실. 麻(má, 삼 마)

2. 대동시대(大同時代)

大道之行也, 天下爲公, 選賢與能, 講信修睦. 故人不獨親其親, 不獨子其子, 使老有所終, 壯有所用, 幼有所長, 鰥寡孤獨[4]廢疾者, 皆有所養. 男有分, 女有歸, 貨惡其棄於地也, 不必藏於己. 力惡其不出於身也, 不必爲己. 是故謀閉而不興, 盜竊亂賊而不作, 故外戶而不閉, 是謂大同.

『예기(禮記)·예운(禮運)』

대도(大道)가 행해질 때에 천하가 공정하여 어진 이와 능한 이를 가려 뽑으며 신의(信義)를 강론하고 화목을 닦았다.

그러므로 사람들이 다만 그 친한 이를 친히 할 뿐만이 아니요, 다만 그 자식을 사랑할 뿐만이 아니어서 노인은 생애를 잘 끝마치는 바가 있고, 장성한 이는 쓰일 곳이 있게 하며, 어린이는 자라는 바가 있게 하고, 홀아비, 과부, 고아, 늙어서 자식 없는 사람과 폐질을 앓는 자가 모두 부양을 받을 수 있게 하였다.

남자는 직분이 있고 여자는 시집갈 곳이 있게 하며, 재화는 땅에 버려짐을 싫어할지언정 굳이 자기에게 보관하려 하지 않

4) 『맹자(孟子)·양혜왕하(梁惠王下)』에 나온다. "늙어서 아내가 없는 것을 '환(鰥)'이라 하고, 늙어서 남편이 없는 것을 '과(寡)'라 하며, 늙어서 아들이 없는 것을 '독(獨)'이라 하고, 어려서 아버지가 없는 것을 '고(孤)'라 한다. 이 네 부류는 천하의 곤궁한 백성으로 하소연할 데가 없는 자들이다.[老而無妻曰鰥, 老而無夫曰寡, 老而無子曰獨, 幼而無父曰孤, 此四者, 天下之窮民而無告者.]"

고, 힘은 그 자기 몸에서 나오지 않음을 싫어할지언정 굳이 자기를 위하려고 하지 않았다.

이 때문에 간사한 꾀가 막혀서 일어나지 않았고, 도적과 난신적자(亂臣賊子)가 생기지 않았다. 그러므로 바깥문을 닫지 않았으니, 이것을 '대동(大同)'이라 이른다.

주해

- 강신수목(講信修睦) : 신의(信義)를 강론하고 화목을 닦다. 睦(화목할 목)
- 환과고독(鰥寡孤獨) : 홀아비, 홀어미, 고아, 독신자 등 의지할 데가 없는 사람을 말한다.
  鰥(홀아비 환). 寡(적을 과, 홀어미 과). 孤(외로울 고, 고아 고). 獨(홀로 독).
- 폐질자(廢疾者) : 병신, 불구자.
- 오(惡) : 싫어하다, 미워하다.
- 기(棄) : 버리다.
- 도적난적(盜賊亂賊) : 도적과 난신적자(亂臣賊子). 악인(惡人)과 역신(逆臣)을 부르는 말.

3. 소강시대(小康時代)

今大道既隱, 天下爲家, 各親其親, 各子其子, 貨力爲己. 大人世及以爲禮, 城郭溝池以爲固, 禮義以爲紀. 以正君臣, 以篤父子, 以睦兄弟, 以和夫婦, 以設制度, 以立田里, 以賢勇知, 以功爲己, 故謀用是作而兵由此起. 禹·湯·文·武·成王·周公, 由此其選也. 此六君子者, 未有不謹於禮者也. 以著其義, 以考其信, 著有過, 刑仁, 講讓, 示民有常. 如有不由此者, 在埶者去, 衆以爲殃, 是謂小康.

『예기(禮記)·예운(禮運)』

지금은 대도(大道)가 이미 숨겨져서 천하를 자기 집으로 여겨서 각각 그 어버이를 친애하고 각각 그 자식을 사랑하며, 재화(財貨)와 힘을 자신을 위하여 보관하고 쓴다.

천자와 제후들이 대대로 세습하거나 아우에게 미치는 것을 예(禮)로 삼으며, 성곽과 구지(溝池)로써 견고함을 삼고, 예의(禮義)로써 기강을 삼아서 이로써 군신 간을 바로잡고 부자간을 돈독히 하고 형제간을 화목하게 하고 부부간에 화하게 하며, 이것으로써 제도를 만들고 이것으로써 전시와 택리(宅里)를 세우며, 용맹과 지혜를 어질게 여기고 공(功)을 자기 것으로 삼는다.

그러므로 간사한 꾀가 이 때문에 일어나서 병란(兵亂)이 이로 말미암아 일어나니, 우왕(禹王)·탕왕(湯王)·문왕(文王)·무왕(武王)·성왕(成王)·주공(周公)이 이로 말미암아 뽑히셨으니, 이 여섯 군자들은 예를 삼가지 않은 자가 있지 않았다.

이로써 그 의(義)를 드러내고 이로써 그 신(信)을 이루며, 허물이 있는 자를 드러내고 인(仁)을 본받고 겸양하는 도리를 강설해서 백성들에게 떳떳한 법이 있음을 보여주셨다. 만일 이것을 따르지 않는 자가 있으면 권세 있는 자를 제거해서 천하 사람들이 재앙으로 여기나니, 이것을 '소강(小康)'이라 이른다.

주해

- 대인세급(大人世及) : 천자와 제후가 세습하다. '대인(大人)'은 천자와 제후를 말한다. '세급(世及)'은 '세습(世襲)'과 같다.
- 성곽구지(城郭溝池) : '성(城)'은 내성(內城), '곽(郭)'은 외성(外城)을 말한다. '구지(溝池)'는 성(城)을 둘러싼 해자(垓字)나 성지(城池)를 말한다.
- 독(篤) : 돈독하다, 두텁다.
- 전리(田里) : 마을이나 촌락.
- 용지(勇知) : 용기와 지혜.
- 세(埶) : 권력. 지위. '세(勢)'와 통한다.

4. 반고(盤古)[5]의 개천벽지(開天闢地)

天地渾沌如鷄子, 盤古生其中. 萬八千歲, 天地開闢, 陽淸爲天, 陰濁爲地. 盤古在其中, 一日九變, 神於天, 聖於地. 天日高一丈, 地日厚一丈, 盤古日長一丈. 如此萬八千歲, 天數極高, 地數極深, 盤古極長, 後乃有三皇[6].

『예문유취(藝文類聚)·삼오역기(三五歷記)』, 『태평어람(太平御覽)』 70

5) 반고에 관한 신화는 오(吳)나라 서정(徐整)의 『삼오역기(三五歷記)』와 『오운역년기(五運歷年記)』에 처음으로 나타나지만 이 두 권은 이미 일실(逸失)되었고, 송대(宋代)의 『태평어람(太平御覽)』과 청대(淸代) 마숙(馬驌)이 지은 『역사(繹史)』에만 그 기록의 일부가 전한다.

6) '삼황(三皇)'에 대한 최초의 기록은 『여씨춘추(呂氏春秋)·귀공(貴公)』에 나오는데, 여기에는 크게 여섯 가지 주장이 있다. 그중 가장 보편적인 설이 태호(太皞) 복희씨(伏羲氏)·염제(炎帝) 신농씨(神農氏)·황제(黃帝) 헌원씨(軒轅氏)이다. 나머지 다섯 가지 설은 각각 복희(伏羲)·신농(神農)·여와(女媧), 복희(伏羲)·신농(神農)·수인(燧人), 복희(伏羲)·신농(神農)·축융(祝融), 복희(伏羲)·신

상고시대에 천지가 혼돈하여 큰 달걀과 같았는데, 반고(盤古)가 그 속에서 살았다. 1만 8천년이 지나 천지가 개벽하여 양기(陽氣)는 맑아 하늘이 되고 음기(陰氣)는 흐려 땅이 되었다.

반고는 그 속에 살면서 하루에 아홉 번을 변하여, 하늘은 신비롭고 땅은 성스럽게 되었다. 하늘은 날마다 일장씩 높아지고 땅은 날마다 일장씩 두터워지자, 반고의 몸도 날마다 일장씩 길어져 갔다.

이와 같이 1만 8천년이 흘러 하늘의 길이가 지극히 높아지고, 땅의 길이가 지극히 깊어져서, 반고의 몸도 지극히 길어지게 되었으며, 그 후에 삼황(三皇)이 출현했다.

주해

- 혼돈(混沌) : 옛날 음(陰)과 양(陽)이 아직 분리되지 않았을 때를 '시원(始源)'이라 했는데, 마치 달걀과 같은 상태여서 이를 '혼돈(混沌)'이라 했다. 混(섞을 혼). 沌(어두울 돈).
- 계자(鷄子) : 달걀.
- 반고(盤古) : 중국 신화에 나오는 최초의 창세신(創世神).
- 삼황(三皇) : 천황씨(天皇氏)·지황씨(地皇氏)·인황씨(人皇氏) 또는 수인씨(燧人氏)·신농씨(神農氏)·복희씨(伏羲氏)를 말한다. 한편 '삼황오제(三皇五帝)'에서 '삼황(三皇)'은 복희(伏羲)·신농(神農)·황제(黃帝)를 말하고, '오제(五帝)'는 소호(少昊)·전욱(顓頊)·제곡(帝嚳)·제요(帝堯)·제순(帝舜)을 말한다.

농(神農)·공공(共工), 천황(天皇)·지황(地皇)·태황(泰皇), 천황(天皇)·지황(地皇)·인황(人皇) 등이다. 한편 '오제(五帝)'는 『순자(荀子)·비상편(非相篇)』에 가장 먼저 나오는데, 이에 대해서는 크게 네 가지 주장이 있다. 곧 (1)소호 금천(少昊金天)·전욱 고양(顓頊 高陽)·제곡 고신(帝嚳 高辛)·제요 도당(帝堯 陶唐)·제순 유우(帝舜 有虞). (2)태호(太皞)·염제(炎帝)·황제(黃帝)·소호(少皞)·전욱(顓頊). (3)황제(黃帝)·전욱(顓頊)·제곡(帝嚳)·당요(唐堯)·우순(虞舜). (4)복희(伏羲)·신농(神農)·황제(黃帝)·요(堯)·순(舜) 등이다.

首生盤古, 垂死化身, 氣成風雲, 聲爲雷霆, 左眼爲日, 右眼爲月, 四肢五體爲四極五岳, 血液爲江河, 筋脉爲地理, 肌肉爲田土, 髮髭爲星辰, 皮毛爲草木, 齒骨爲金玉, 精髓爲珠石, 汗流爲雨澤, 身之諸蟲, 因風所感, 化爲黎氓.

최초로 생겨난 반고가 죽은 후 몸이 변하여 마지막 숨기운은 풍운(風雲)이 되고, 마지막 포효는 우뢰와 천둥소리가 되었으며, 왼쪽 눈은 해가 되고, 오른쪽 눈은 달이 되었다. 사지(四肢)와 오체(五體)는 사방의 기둥과 다섯 개의 큰 산이 되었고, 피는 강물이 되고, 힘줄과 혈맥은 산천지리가 되었다.

살은 밭이 되고, 머리카락과 수염은 별들이 되었다. 몸의 터럭은 초목이 되고, 이빨과 뼈는 금옥이 되었다. 골수는 진주와 보석이 되고, 땀은 비와 연못이 되었다. 몸의 모든 벌레들은 바람을 타고 변하여 수많은 백성들이 되었다.

주해

- 뇌정(雷霆) : 우뢰와 천둥소리. 雷(우뢰 뢰). 霆(천둥소리 정)
- 근맥(筋脉) : 힘줄과 혈맥. 脉은 '脈'과 같음.
- 기육(肌肉) : 근육. 肌(살, 근육 기)
- 발자(髮髭) : 머리카락과 코밑수염. 髭(코밑수염 자)
- 여맹(黎氓) : 백성. 黎(검을, 많을 려) 氓(백성 맹)

5. 여와조인(女媧[7]造人)

俗說天地開闢, 未有人民. 女媧摶黃土作人, 劇務力不暇供, 乃引繩絙于泥中, 擧以爲人. 故富貴賢知者, 黃土人也. 貧賤凡庸者, 引絙人也.

『태평어람(太平御覽)·황왕부(皇王部)·풍속통(風俗通)』

속설에 하늘과 땅이 열렸는데 아직 사람이 없었다. 여와씨가 황토를 빚어 사람을 만들었다. 힘을 다해 만들었으나 이 일을 마칠 수 없었다.

이에 줄과 인끈을 진흙 속에 담가두었다가 들어 올려 사람을 만들었다. 그러므로 부귀하고 현자들은 황토로 빚은 사람이요, 빈천하고 평범한 사람들은 인끈을 잡아당겨 만든 사람이다.

주해

- 여와(女媧, nǔ wā) : 중국 고대 신화전설 중에 인류를 창조했다고 전해지는 여신이다. '여왜'라고도 한다.
- 단(摶, tuán) : 뭉치다. 둥글게 하다.
- 극무(劇務) : 분주하게 일하다. 劇(심할 극)
- 승환(繩絙) : 줄과 끈목. 繩(줄 승) 絙(인끈 환)

---

7) 여와씨(女媧氏)는 '인두사신(人頭蛇身)'의 형상으로, 복희(伏羲)의 부인(夫人) 혹은 누이동생이라는 설이 있다. 신화(神話) 중의 여와(女媧)와 복희(伏羲)는 형매(兄妹)이면서 동시에 부처(夫妻)이기도 하다. 그러므로 고대 중국에는 여와와 복희가 서로 교합하고 있는 그림들이 자주 나타난다. '여와(女媧)'라는 말은 초(楚)나라 굴원(屈原)의 「천문(天問)」시에 최초로 등장한다.("女媧有體, 孰制匠之?")

6. 여와보천(女媧補天)[8]

往古之時，四極廢，九州裂，天不兼覆，地不周載．火爁焱而不滅，水浩洋而不息．猛獸食顓民，鷙鳥攫老弱．于是女媧煉五色石以補蒼天，斷鰲足以立四極，殺黑龍以濟冀州，積蘆灰以止淫水．蒼天補，四極正，淫水涸，冀州平，狡蟲死，顓民生．

『회남자(淮南子)·남명훈(覽冥訓)』

옛날 사방의 기둥이 무너지고 구주(九州)가 갈라져 하늘은 땅을 모두 뒤덮지 못했고, 땅은 만물을 두루 실지 못했다. 불은 커다란 불꽃으로 번져 꺼지지 않았고, 물은 끊임없이 크게 범람하였다. 맹수들이 착한 백성들을 잡아먹고, 사나운 새들이 노약자를 낚아챘다.

이에 여와(女媧)는 오색의 돌을 불에 달궈 푸른 하늘을 메우고, 자라의 다리를 잘라 사방의 기둥으로 세웠으며, 흑룡을 잡

8) 수신(水神) 공공(共工)이 화신(火神) 축융(祝融)과 싸우다가 패하자, 스스로 그 분을 이기지 못하고 세계의 지주(支柱)인 부주산(不周山)을 머리고 들이받자, 하늘이 무너져내려 천하의 물줄기가 인간세상에 쏟아져 들어왔다. 이에 여와(女媧)가 인류의 재난을 차마 보지 못하고 오색석(五色石)을 불에 달궈 하늘을 메웠다. 이 고사의 내용은 문헌에 따라 차이가 있는데, 『회남자(淮南子)·남명훈(覽冥訓)』에서는 공공(共工)과 전욱(顓頊)의 전쟁으로, 『회남자(淮南子)·원도(原道)』편에서는 공공(共工)과 고신(高辛)의 싸움으로, 『조옥집(雕玉集)·장력(壯力)』에서는 공공(共工)과 신농(神農)의 싸움으로, 『노사(路史)·태오기(太昊記)』에서는 공공(共工)과 여와(女媧)의 싸움으로 기록되어 있다.

아 기주(冀州)를 구하고 갈대 재를 쌓아 범람하는 물을 멈추게 했다.

푸른 하늘이 메워지고 사방의 기둥이 바르게 서자 범람하던 물줄기가 마르고 기주(冀州)가 평온해졌으며, 교활한 해충[교충]이 죽자 착한 백성들이 잘 살게 되었다.

주해

- 사극폐(四極廢) : 하늘의 사방을 지탱하던 네 기둥이 무너짐.
- 구주(九州) : 고대에는 중국을 구주(九州)로 나눔. 여기에서는 중국 전역의 땅을 말한다.
- 겸복(兼覆) : 전체적으로 뒤덮다.
- 남염(爁焱) : 큰 불꽃이 번져가는 모양. 爁(불번질 람)
- 호양(浩洋) : 큰물이 범람하는 모양.
- 전민(顓民) : 선량한 백성. 顓(선할 전)
- 지조(鷙鳥) : 맹금, 사나운 새. 鷙(맹금 지)
- 확(攫) : 발톱으로 움켜 쥠. 攫(붙잡을 확)
- 오족(鰲足) : 큰 자라의 다리. 鰲(자라 오)
- 기주(冀州) : 지금의 하북성, 산서성, 하남성(河南城)의 황하(黃河) 이북(以北)과 요녕성(遼寧省)의 요하(遼河) 이서(以西) 지방을 말한다. 여기서는 중국의 중원지방을 가리킨다.
- 노회(蘆灰) : 갈대를 태우고 남은 재. 蘆(갈대 로)
- 음수(淫水) : 범람하여 넘치는 물. 淫(넘칠 음)
- 학(涸) : 물이 마르다. 涸(물마를 학)
- 교충(狡蟲) : 흉맹한 해충, 즉 맹수를 말함.

7. 공공노촉부주산(共工怒觸不周山)[9]

昔者共工與顓頊爭爲帝, 怒而觸不周之山, 柱折, 地維絶. 天傾西北, 故日月星辰移焉. 地不滿東南, 故水潦塵埃歸焉.

『회남자(淮南子)·천문훈(天文訓)』

옛날 공공(共工)이 전욱(顓頊)과 서로 싸워 제위를 다퉜는데, 싸움에 패하자 노하여 부주산(不周山)을 들이 받아 하늘을 지탱하던 기둥이 무너지고 땅을 묶던 끈도 끊어지고 말았다.

---

9) 여와(女媧) 통치 말년에 공공(共工)이라는 수신(水神)이 있었는데, 긴 얼굴에 뱀의 몸 그리고 붉은 머리카락[蛇身朱髮]을 하고 있었다. 공공(共工)에게는 상류(相柳)와 부유(浮游)라는 두 부하와 이름 없는 아들이 있었다. 공공(共工)은 매번 화신(火神) 축융(祝融)의 제지를 받고 여와가 항상 축융의 편을 들자 두 사람에 대한 원한이 깊어져서 반란을 일으켰다가 참패를 당했다. 부유(浮游)는 온몸의 비늘을 부상당해 회수(淮水)로 뛰어들어 익사한 후 붉은 곰이 되었는데, 후에 진평공(晉平公)의 방에 뛰어들자 평공이 놀라 큰 병에 걸리고 말았다. 상류(相柳)는 겁에 질려 곤륜산 북쪽에 숨은 후로 다시는 세상에 나오지 않았다. 공공(共工)의 아들은 중병에 걸려 동짓날 죽었는데, 죽은 후에 악귀가 되어 매년 동지만 되면 출현하여 인간에게 해를 끼쳤다. 사람들은 그가 팥을 두려워한다는 것을 알고 매년 동짓날에 팥으로 죽을 써서 먹었다고 한다. 한편 공공(共工)은 대세가 이미 그르친 것을 알고 우뢰처럼 포효하면서 많은 피를 내뿜으며 부주산(不周山)에 머리를 치받고 죽어버렸다.(일설에는 공공(共工)이 전욱(顓頊)과 제위를 다투다가 머리를 받고 죽었다고 함.) 부주산(不周山)은 하늘을 지탱하던 커다란 기둥인데 이 기둥이 무너지자 하늘이 곧 서북쪽으로 기울게 되었고, 이로부터 해와 달과 별들이 서북쪽으로 이동하게 되었다. 그리고 부주산(不周山)에 부딪친 진동으로 대지의 동남쪽 모서리가 손상을 입어 물이 항상 동남쪽으로 흐르게 되었다고 한다.

하늘이 서북쪽으로 기울자 일월성신(日月星辰)이 그 쪽으로 옮겨 갔다. 땅은 동남쪽을 채우지 못해 큰물[河流]이 진흙을 머금고 동남쪽으로 흐르게 되었다.

주해

- 공공(共工) : 중국 전설중의 부족의 우두머리.
- 전욱(顓頊) : 중국 전설 중의 오제(五帝)의 하나.
- 부주산(不周山) : 고대 곤륜산(崑崙山) 서쪽에 있다고 하는 커다란 산. 『산해경(山海經)·대황서경(大荒西經)』에 "大荒之隅, 有 山而不合, 名曰不周."라고 하였다.
- 지유(地維) : 고대 전설에 대지를 묶었던 네 개의 커다란 동아줄. '지굉(地紘)'이라고도 하는데, '천강(天綱)'과 상대된다. 紘(갓끈 굉)
- 수료(水潦) : 강과 호수의 흐르는 물. 潦(큰비 료)
- 진애(塵埃) : 진토(塵土)나 진흙 모래. 塵(티끌 진) 埃(먼지 애)

8. 과보축일(夸父逐日)

夸父與日逐走, 入日, 渴欲得飮, 飮於河渭, 河渭不足, 北飮大澤. 未至, 道渴而死. 棄其杖, 化爲鄧林.

『산해경(山海經)[10]·해외북경(海外北經)』

10) 산해경(山海經) : 신화전설의 내용이 풍부한 중국 최고(最古)의 지리서(地理書). 예전에는 하우(夏禹)시대에 지어진 것으로 알려졌으나 신빙성이 부족하고, 대략 주(周)나라와 진(秦)나라 사이의 지어진 것으로 알려지고 있다. 모두 18편으로 구성되어 있고, 그중 100여개 나라, 550개의 산, 3백 개의 물줄기 등을 기록하고 있어 역사적인 가치가 매우 높다.

과보(夸父)가 태양과 달리기 시합을 하다가 태양이 진 곳까지 쫓아갔다. 그러다가 목이 몹시 말라 물을 마시려고 황하(黃河)와 위수(渭水)로 가서 그 물을 모두 마셨다.

그러나 황하와 위수의 물로는 부족하여 다시 북쪽으로 가서 대택(大澤)의 물을 마시려고 했는데 도착하지도 못하고 도중에 목이 말라 죽어 버렸다. 나중에 그가 버린 지팡이가 변해서 등림(鄧林)이라는 숲이 되었다.

주해

- 과보(夸父) : 중국고대 신화전설에 나오는 달리기를 잘하는 거인(巨人)으로 "박보(博父)"라고도 함. 과(夸)는 대(大)와 통한다. '보(父)'는 '보(甫)'와 통하며, 남자나 영웅의 미칭으로 사용된다.
- 축주(逐走) : 추격하거나 달리기 시합을 함. 逐(쫓을 축)
- 입일(入日) : 태양이 진 곳까지 쫓아가다. 일설에는 태양이 서산에 기울 때 우곡(禺谷)에서 태양을 앞질러 나가 태양의 광륜(光輪)속으로 들어갔다고 한다.
- 대택(大澤) : 커다란 호수. 전설에 안문산(雁門山) 북쪽에 있다고 함.
- 하위(河渭) : 황하(黃河)와 위수(渭水)를 말함.
- 도갈이사(道渴而死) : 도중에 목이 말라서 죽다. 渴(목마를 갈)
- 기기장(棄其杖) : 그 지팡이를 버리다. 棄(버릴 기). 杖(지팡이 장)
- 등림(鄧林) : 중국고대 신화전설상의 숲으로 "도림(桃林)"이라고도 한다. 『열자(列子)·탕문(湯問)』편에 "鄧林大小數千里"라고 하였다. 일설(一說)에는 "등림(鄧林)"을 지명(地名)으로 보기도 하는데, 지금의 대별산(大別山) 부근에 있다고 한다.

9. 후예사일(後羿射日)[11]

逮至堯之時, 十日並出, 焦禾稼, 殺草木, 而民無所食. 猰貐 鑿齒 九嬰 大風 封豨 修蛇, 皆爲民害. 堯乃使羿誅鑿齒於疇華之野, 殺九嬰於凶水之上, 繳大風於青丘之澤, 上射十日而下殺猰貐, 斷修蛇於洞庭, 禽封豨於桑林, 萬民皆喜.

『회남자(淮南子)·본기훈(本紀訓)』

옛날 제요(帝堯) 때 열 개의 태양이 함께 출현하여 곡식들이 타들어가고 초목들이 말라죽자 백성들이 먹을 것이 없었다. 알유(猰貐)·착치(鑿齒)·구영(九嬰)·대풍(大風)·봉희(封豨)·수사(修蛇) 등은 모두 백성들의 해가 되었다.

요(堯)가 이에 예(羿)를 시켜 주화(疇華)의 들에서 착치(鑿齒)를 주살(誅殺)하게 하고, 구영(九嬰)을 흉수(凶水)가에서 죽이게 하고, 대풍(大風)을 청구(青丘)의 연못에서 격살(繳殺)하게 하고, 위로 열 개의 태양을 쏘아 떨어뜨리고 아래로 알유(猰貐)를 죽이고, 수사(修蛇)를 동정(洞庭)에서 단죄하고, 봉희(封豨)를 상림(桑林)

---

11) 예(羿)에 관해서는 두 가지 전설이 전한다. 하나는 해를 향해 화살을 쏘았던 '평예(平羿)' 또는 '신예(神羿)'를 말하는데, 요(堯)의 장사(壯士)이다. 다음으로 '후예(後羿)'를 말하는데, 하(夏)나라 때 동이족(東夷族)의 군왕(君王)으로 화살을 잘 쏘았기 때문에 스스로 평예(平羿)와 비교하여 후예(後羿)라고 불렀다. 이 '후예(後羿)'설은 하(夏)나라때 국군(國君)을 '후(後)'라고 불렀던 사실과 부합되지만, 선진시대(先秦時代)에 이미 두 명의 예(羿)가 혼용되었다. 나중에 후예(後羿)는 하위(夏位)를 찬탈하여 최후에 자신의 처와 총신(寵信)인 백명씨(伯明氏) 한착(寒浞)에게 살해당했다고 전한다.

에서 사로잡으니, 백성들이 모두 기뻐하였다.

주해

- 체(逮) : 미치다, 이르다.
- 알유(猰貐) : 얼룩 개.
- 착(鑿) : 뚫다. 끊다.
- 희(豨) : 멧돼지.
- 주(疇) : 밭두둑.
- 격(繳) : 주살의 줄.
- 금(禽) : 날짐승. 여기서는 '금(擒, 사로잡다)'과 통한다.

10. 상아분월(嫦娥奔月)[12)]

羿請不死之藥于西王母[13)], 姮娥竊之奔月宮. 托身於月, 是爲蟾蜍, 而爲月精.

『회남자(淮南子)·남명훈(覽冥訓)』

---

12) 항아(姮娥)는 원래 예(羿)의 부인으로 예(羿)가 서왕모(西王母)에게서 불사약(不死藥)을 구해 왔는데, 예(羿)가 사냥하러 나간 틈을 타서 몰래 두 알의 불사약(不死藥)을 훔쳐 먹은 후, 몸이 가벼워져 날아올라 달나라[月宮]로 날아갔다. 항아는 달나라 광한궁(廣寒宮)에 살면서 옥토끼와 오강(吳剛)을 벗 삼아 지냈지만 후에 홀로 외롭게 되자 항아는 다시 인간세상으로 돌아오기 위해 옥토끼(月兔)에게 약을 찧게 했다고 전한다. 도교(道教)에서는 항아를 '월신(月神)' 혹은 '태음성군(太陰星君)'이라고 부른다.

13) 서왕모(西王母)는 전설상의 도교(道教)의 신(神)으로 '왕모낭낭(王母娘娘)'이라고도 부른다. 『산해경(山海經)』의 기록에 의하면 서왕모(西王母)를 표미(豹尾)·호치(虎齒)·선소(善嘯)의 반인반수(半人半獸)의 괴물(怪物)로 묘사되기도 한다. 후대 소설과 희곡에서는 미부인(美婦人)이나 장생불로(長生不老)의 상징으로도 묘사된다.

후예(后羿)가 서왕모(西王母)에게서 불사약(不死藥)을 구해 왔는데, 항아(姮娥)가 몰래 훔쳐 먹고 월궁(月宮)으로 달아났다.

월궁에서 살다가 섬여(蟾蜍)로 변하였고, 달의 정령(精靈)이 되었다.

주해

- 항아(姮娥, héngé) : '상아(嫦娥)'라고도 한다. 전설 중의 월궁(月宮)의 선녀. 한 대(漢代)에 이르러 한(漢)나라 문제(文帝)인 유항(劉姮)의 휘(諱)를 피해 '항(姮)'을 '항(嫦, cháng)'으로 고쳐 불렀다.
- 예(羿, yì) : 하(夏)나라 때 유궁씨(有窮氏)의 군왕(君王)으로 활을 잘 쐈다. 일설에는 요(堯)의 장사(壯士)라고 전한다.
- 서왕모(西王母) : 곤륜산에 산다고 전해지는 선인(仙人).
- 섬여(蟾蜍) : 두꺼비. 蟾(chán, 두꺼비 섬) 蜍(chú, 두꺼비 여)
- 월정(月精) : 달의 정령(精靈).

11. 오강벌계(吳剛伐桂)[14]

月桂高五百丈, 下有一人常砍之, 樹創隨合. 其人姓吳名剛, 西河人. 學道有過, 常令伐樹.

『유양잡조(酉陽雜俎)·천지(天咫)』

월궁(月宮)의 계수나무는 높이가 5백 장(丈)으로 그 아래에서

14) 오강(吳剛)은 원래 나무꾼으로 선도(仙道)에 심취했으나 공부에 진력(盡力)하지 않아 천제(天帝)의 노여움으로 월궁(月宮)에서 월계수 나무를 베면서 도(道)를 깨우치도록 했다. 하지만 오강이 나무를 절반 정도 베고 나면 월계수가 저절로 다시 합해져서 오강은 끝없이 나무를 베이야만 했다.

어떤 사람이 항상 나무를 베고 있었는데, 나무를 베면 즉시 원래대로 합해지고 말았다.

그 사람의 성은 오(吳)이고 이름은 강(剛)으로 서하(西河) 사람이다. 선술(仙術)를 배우다가 잘못을 저질러 천제(天帝)가 대노하여 월궁에서 나무를 베는 벌을 내렸다.

주해

- 감(砍, kǎn) : 베다. 자르다.
- 오강(吳剛) : 전설중의 달나라에 사는 선인.

12. 복희팔괘(伏羲八卦)[15] : 선천팔괘(先天八卦)

是故易有太極, 是生兩儀, 兩儀生四象, 四象生八卦, 八卦定吉凶, 吉凶生大業.

『주역(周易)·계사상(繫辭上)』

그러므로 역(易)에 태극(太極)이 있으니, 태극이 양의(兩儀)를

---

15) 팔괘(八卦)는 자연계 구성의 기본이 되는 하늘[天]·땅[地]·못[澤]·불[火]·지진[雷]·바람[風]·물[水]·산[山] 등을 상징한다. 괘(卦)를 구성하는 기본 요소는 이어진 선[—]과 끊어진 선[--]인데, 『주역(周易)』에서는 이를 강유(剛柔) 혹은 음양(陰陽)으로 불리며 나중에 음효(陰爻)와 양효(陽爻)로 명명되었다. 음효와 양효가 세 개씩 겹쳐질 때 나타날 수 있는 경우가 모두 여덟 가지이기 때문에 팔괘가 성립되었다. 팔괘(八卦)의 명칭은 곧 건(乾 : ☰)·곤(坤 : ☷)·진(震 : ☳)·손(巽 : ☴)·감(坎 : ☵)·이(離 : ☲)·간(艮 : ☶)·태(兌 : ☱)이다. 『주역(周易)』 64괘에서는 2개의 괘가 위와 아래로 연결되어 1괘를 이루고, 이러한 괘는 총6개의 효(爻)를 갖게 된다. 이를 밑에서부터 세어 초효(初爻), 이효(二爻)라고 하고, 맨 위 여섯 번째의 것을 상효(上爻)라고 한다.

낳고 양의가 사상(四象)을 낳고 사상이 팔괘(八卦)를 낳으니, 팔괘가 길흉(吉凶)을 정하고 길흉이 대업(大業)을 낳는다.

주해

- 양의(兩儀) : 천지(天地) 또는 음양(陰陽)을 말함.
- 사상(四象) : 소양(少陽), 태양(太陽), 소음(少陰), 태음(太陰)을 말함

13. 문왕팔괘(文王八卦) : 후천팔괘(後天八卦)

乾天也, 故稱乎父. 坤地也, 故稱乎母. 震一索而得男, 故謂之長男. 巽一索而得女, 故謂之長女. 坎再索而得男, 故謂之中男. 離再索而得女, 故謂之中女. 艮三索而得男, 故謂之少男. 兌三索而得女, 故謂之少女.

『주역(周易)·설괘전(說卦傳)』

'건(乾)'은 하늘이므로 부(父)라 칭하고, '곤(坤)'은 땅이므로 모(母)라 칭하고, '진(震)'은 첫 번째로 구하여 남(男)을 얻었으므로 장남(長男)이라 이르고, '손(巽)'은 첫 번째로 구하여 여(女)를 얻었으므로 장녀(長女)라 이르고, '감(坎)'은 두 번째로 구하여 남(男)을 얻었으므로 중남(中男)이라 이르고, '이(離)'는 두 번째로 구하여 여(女)를 얻었으므로 중녀(中女)라 이르고, '간(艮)'은 세 번째로 구하여 남(男)을 얻었으므로 소남(少男)이라 이르고, '태(兌)'는 세 번째로 구하여 여(女)를 얻었으므로 소녀(少女)라 이른다.

주해

- 건(乾, ☰) : 하늘. 乾(qián 하늘 건)
- 곤(坤, ☷) : 땅. 坤(kūn 땅 곤)
- 진(震, ☳) : 우레. 震(zhèn 벼락 진)
- 감(坎, ☵) : 물. 坎(kǎn 구덩이 감)
- 간(艮, ☶) : 산. 艮(gèn 어긋날 간)
- 손(巽, ☴) : 바람. 巽(xùn 공손할 손)
- 리(離, ☲) : 불. 離(lí 떨어질 리)
- 태(兌, ☱) : 연못. 兌(duì 빛날 태)

14. 팔괘가결(八卦歌訣)

乾三連, 坤六斷. 震仰盂, 艮覆碗. 離中虛, 坎中滿. 兌上缺, 巽下斷.

건(乾)은 세 획이 이어지고, 곤(坤)은 여섯 획이 끊어진다. 진(震)은 하늘을 향한 사발과 같고, 간(艮)은 엎어진 사발과 같다. 리(離)는 가운데가 비어 있고, 감(坎)은 가운데가 차 있다. 태(兌)는 위쪽이 갈라져 있고, 손(巽)은 아래가 끊어져있다.

주해

- 우(盂) : 바리. 사발.
- 복(覆) : 넘어지다, 뒤집히다.
- 완(碗) : 주발. '盌(주발 완)'과 같은 글자이다.
- 결(缺) : 이지러지다.

15. 염제(炎帝) 신농씨(神農氏)[16)]

神農氏, 薑姓也, 母曰任姒, 有蟜氏女. 登爲少典婦, 遊於華陽, 有神龍首, 感生炎帝. 人身牛首, 長於薑水. 有聖德, 以火得王, 故號炎帝. 初都陳, 又徙魯. 又曰魁隗氏·連山氏·列山氏.

『제왕세기(帝王世紀)』

신농씨(神農氏)는 강(薑)씨 성으로 어머니가 임사(任姒)이며 유교씨(有蟜氏)의 딸이다. 자라서 소전(少典)의 부인이 되어 화양(華陽)에서 노닐다가 신룡의 머리를 보고 감응해서 염제(炎帝)를 낳았다.

염제(炎帝)는 사람의 몸에 소머리를 하고 강수(薑水)에서 자랐다. 성덕(聖德)이 있어 불의 기운으로 왕이 되었기 때문에 '염제(炎帝)'라고 불렀다. 처음에는 진(陳)에 도읍했다가 다시 노(魯)

---

16) 기록에 의하면 신농(神農)은 황제(黃帝) 앞에 출현하여 500세를 살았다. 현대 학자들은 신농씨(神農氏)는 하나의 씨족(氏族)으로 황제(黃帝)와 병합되기 전에 황하유역에서 살았던 농업민족으로 원시사회 말기에 해당된 것으로 추정하고 있다. 또한 소위 수인씨(燧人氏)·복희씨(伏羲氏)·유소씨(有巢氏)와 신농씨(神農氏)는 인류 발전과정중의 서로 다른 네 개의 진화단계를 의미한다고 주장한다. 한편 신농씨(神農氏)는 인류에게 목재와 농기구 제작 및 농사짓는 법을 가르치고 음식용 도기(陶器)와 취사도구를 제작하고 방직기술(紡織技術)을 발명한 "농업(農業)의 신(神)", 백초(百草)를 맛보다가 하루에 70차례 독(毒)에 중독된 "의약(醫藥)의 신(神)", 불의 기운으로 왕이 된 "태양(太陽)의 신(神)" 등으로 전해진다. 염제(炎帝)의 능(陵)은 섬서성(陝西省) 보계시(寶鷄市)에 있는데, 문화대혁명 때 홍위병들에 의해 훼손되었다.

로 옮겼다. 또한 '괴외씨(魁隗氏)'·'연산씨(連山氏)'·'열산씨(列山氏)'라고도 부른다.

주해

- 강(薑) : 생강. 姒(동서 사) 蟜(오랑캐 교)
- 도(都) : 도읍하다.
- 괴외씨(魁隗氏) : 魁(으뜸 괴) 隗(험할 외)
  한(漢)나라 왕부(王符)의 『잠부론(潛夫論)·오덕지(五德志)』에 "有神龍首出, 常感妊姒, 生赤帝魁隗, 身號炎帝, 世號神農, 代伏羲氏."라고 했다.

炎帝者, 黃帝同母異父兄弟, 各有天下之半. 黃帝行道而炎帝不德, 故戰于涿鹿[17]之野, 血流漂杵.[18]

『역사(繹史)』 권5 引『신서(新書)』

염제(炎帝)는 황제(黃帝)와 동모이부(同母異父) 형제로 각각 천하의 절반을 다스렸다. 황제(黃帝)는 도(道)를 행하였으나 염제(炎帝)는 부덕(不德)하여 탁록(涿鹿)의 들에서 싸웠는데, 흐르는 피에 방패가 떠내려갈 정도였다.

---

17) 선진시대(先秦時代) 『세본(世本)』에 "涿鹿在彭城南."이라 했고, 남북조(南北朝)의 『여지지(輿地志)』에 "涿鹿本名彭城, 黃帝初都, 遷有熊也. 大抵征戰所至都涿鹿, 即位乃都有熊."라고 했으며, 당대(唐代) 『한서(漢書)·형법지(刑法志)』의 주에 "鄭氏曰 涿鹿在彭城南."라고 풀이했다.

18) 『서경(書經)·무성(武成)』에 "受率其旅若林, 會於牧野, 罔有敵於我師, 前徒倒戈, 攻於後以北, 血流漂杵."라고 했고, 한(漢)나라 가의(賈誼)의 『신서(新書)·익양(益壤)』에 "炎帝無道, 黃帝伐之涿鹿之野, 血流漂杵, 誅炎帝而兼其地, 天下乃治."라고 했다.

주해

- 동모이부(同母異父) : 어머니는 같고 아버지는 다르다. 염제(炎帝)와 황제(黃帝)는 모두 교씨(蟜氏) 또는 사씨(蛇氏) 소생이다. 염제(炎帝)는 우씨(牛氏)이고 황제(黃帝)는 유웅씨(有熊氏)이며, 모두 "인신우수(人身牛首)"의 형상으로 묘사된다.
- 탁록(涿鹿) : 본래 이름은 팽성(彭城으로 황제(黃帝)가 최초로 정한 도성(都城)이다. 오늘날 강소성(江蘇省) 서주(徐州) 남쪽으로 전해진다.
  涿(zhuó 들을 탁)
- 유혈표저(流血漂杵) : 피가 강물처럼 흘러 방패가 떠다니다. 곧 전투가 격렬함을 이르는 말이다. 漂(떠다닐 표) 杵(절구, 방패 저)

16. 황제(黃帝) 헌원씨(軒轅氏)[19)]

黃帝者, 少典之子, 姓公孫, 名軒轅. 生而神靈, 弱而能言, 幼而徇齊, 長而敦敏, 成而聰明.

『사기(史記)·오제본기(五帝本記)』

---

19) 황제(黃帝)는 화하족(華夏族)의 시조로 성(姓)은 공손(公孫), 일명 희성(姬姓), 이름은 헌원(轞轅), 호(號)는 헌원씨(轞轅氏)·유웅씨(有熊氏)이다. 당(唐)나라 사마정(司馬貞)의 『사기색은(史記索隱)』에 "신농(神農)과 헌원(軒轅)은 모두 소전(少典)의 자손이다."라고 했다. 초사(楚詞)에서는 "황제(黃帝)는 백민태생(白民胎生)이고 ……원래 동이족(東夷族)이다."라고 했으며, 도교에서는 도가(道家)의 시조로 추앙된다. 황제(黃帝)의 능(陵)은 섬서성(陝西省) 교산(喬山)에 있다. 『장자(莊子)』에서는 황제(黃帝)가 득도(得道)하여 신선(神仙)이 되었다고 했다. 곧 『장자(莊子)·재유(在宥)』에 "無視無聽, 抱神以靜, 形將自正. 必靜必清, 無勞女形, 無搖女精, 乃可以長生. 目無所見, 耳無所聞, 心無所知, 女神將守形, 形乃長生."이라 했고, 『장자(莊子)·대종사(大宗師)』에 "夫道, 有情有性, 無爲無形, ……黃帝得之, 以登雲天."이라 했다.

황제(黃帝)는 소전(少典)의 후예로 성(姓)은 공손(公孫)이요 이름이 헌원(軒轅)이다. 그는 나면서부터 신령스러웠는데 강보(襁褓)에 싸여 있을 때 말을 할 수 있었고, 유년기에 지혜롭고 영민하였으며, 장성해서는 정직하고 성실하였고, 성인(成人)이 되어서는 지혜롭고 영민하였다.

주해

- 약(弱) : 강보(襁褓)에 쌓여 있는 갓난아기.
  襁(포대기 강, qiǎng) 褓(포대기 보, bǎo)
- 순제(徇齊) : 지혜롭고 영민하다. '순(徇)'은 '순(侚)'과 통한다.
  徇(주창할 순, xùn) 侚(재빠를 순, xùn)
  배인(裴駰)의 『사기집해(史記集解)』에 "徇, 疾. 齐, 速也. 言圣德幼而疾速也." 라고 풀이했다.
- 돈민(敦敏) : 독실(篤實)하고 민첩(敏捷)하다.

昔有黃帝, 東到青邱過風山, 見紫府先生, 受三皇內文, 以劾召萬神.

『포박자(抱朴子)·내편(內篇)·지진(地眞)』

옛날에 황제(黃帝) 헌원(軒轅)이 있었는데, 동쪽으로 청구(青丘)에 이르러 풍산(風山)을 지나 자부선생(紫府先生)을 뵙고 삼황내문(三皇內文)을 받아 이를 가지고 여러 신령(神靈)들을 불러들이거나 물리쳤다.

주해

- 풍산(風山) : 산동성(山東)성 산서(山西)성
- 자부선생(紫府先生) : 청구국(青邱國)의 신선(神仙).
- 삼황내문(三皇內文) : 『삼황경(三皇经)』또는 『삼황문(三皇文)』이라고도 한다. 『삼황문(三皇文)』은 『천황문(天皇文)』·『지황문(地皇文)』·『인황문(人皇文)』을 합해 부르는 말이다. 전설에 의하면 삼국시대 때 '백화(帛和)'라는 사람이 서성산(西城山) 석벽(石壁)에서 삼황내문(三皇內文)을 얻었는데, 이를 나중에 진(晋)나라 정은(郑隐)이 제자 갈홍(葛洪)에게 전했다고 한다.
- 핵소(劾召) : 불러들이고 물리치다. 곧 다스린다는 뜻이다.
  劾(캐물을 핵, hé)

17. 황제(黃帝)와 치우(蚩尤)[20]

蚩尤作亂, 不用帝命, 於是黃帝乃徵師諸侯, 與蚩尤戰於涿鹿之野, 遂禽殺蚩尤, 而諸侯含尊軒轅爲天子, 代神農氏, 是爲黃帝.

『사기(史記)·오제본기(五帝本紀)』

---

20) 치우(蚩尤)는 구이(九夷)의 천자(天子)이다. 『서경(書經)·여형(呂刑)』과 『여씨춘추(呂氏春秋)·탕병(蕩兵)』 및 『전국책(戰國策)·진책(秦策)』 등에 "九黎之君"이라 했다. 또한 당(唐)나라 장수절(張守節)의 『사기정의(史記正義)』에 "九黎君號蚩尤"라는 말이 있고, 송(宋)나라 배인(裵駰)의 『사기집해(史記集解)』에도 "蚩尤古天子"라는 말이 나온다. 염제(炎帝)와 황제(黃帝)와 치우(蚩尤)는 정족(鼎足)의 상태를 유지하고 있었다. 곧 황제는 중원에서, 염제는 서방(西方) 태행산(太行山) 이서(以西)에서, 치우는 구려국(九黎國) 군주(君主)로서 동방(東方)에서 웅거하고 있었다. 치우와 황제는 탁록(逐鹿)에서 전쟁을 벌였는데, 황제는 이 전쟁에서 치우를 이기고 중원을 통일한 후 화하(華夏)를 탄생시켰다고 전한다. 사마천(司馬遷)의 『사기(史記)』에서는 치우를 부정적인 인물로 묘사하고 있다.

치우(蚩尤)가 난(亂)을 일으켜 황제(黃帝)의 명을 따르지 않자, 황제는 제후(諸侯)들의 군사를 징발해 치우(蚩尤)와 탁록(涿鹿)의 들에서 싸워 마침내 치우를 잡아 죽였다. 제후들이 모두 헌원(軒轅)을 천자로 받들어 신농씨(神農氏)를 대신하게 하니, 이가 바로 황제(黃帝)이다.

蚩尤作兵, 伐黃帝, 黃帝乃令應龍攻之冀州之野. 應龍蓄水, 蚩尤請風伯雨師, 縱大風雨. 黃帝乃下天女曰魃[21], 雨止, 遂殺蚩尤.

『산해경(山海經)·대황북경(大荒北經)』

치우(蚩尤)가 병기를 제작하여 황제(黃帝)를 공격하자, 황제가 이에 응룡(應龍)을 파견하여 기주(冀州)의 들에서 치우(蚩尤)를 공격하게 했다. 응룡(應龍)이 큰물을 저장하자 치우(蚩尤)는 풍백(風伯)과 우사(雨師)를 청해 거대한 비바람을 일으켰다. 그러자 황제가 이에 발(魃)이라는 천녀(天女)를 내려 보내 비를 멈추게 하고, 마침내 치우를 죽였다.

주해

- 작병(作兵) : 병기(兵器)를 제작하다.
- 응룡(應龍) : 전설중의 날개가 달린 신룡(神龍). 비를 내려 물을 저장할 수

---

21) 『산해경(山海經)·대황북경(大荒北經)』에 "有人衣青衣, 名曰黃帝女魃. 蚩尤作兵伐黃帝, 黃帝乃令應龍攻之冀州之野."라고 했고, 『신이경(神異經)』에 "長三四尺, 袒身, 兩目頂上, 行走如風, 名曰魃."라고 묘사했다.

있다고 전해온다.

- 기주(冀州) : 고대 구주(九州)의 하나.
- 풍백(風伯) : 풍신(風神)을 말함.
- 우사(雨師) : 우신(雨神)을 말함.
- 발(魃) : 황제(黃帝)의 딸 또는 하늘의 신녀(神女). '가뭄귀신'이나 '한발(旱魃)귀신'이라고 한다.

18. 창힐조자(倉頡造字)[22]

頡有四目[23], 仰觀天象. 因儷鳥龜之跡, 遂定書字之形. 造化不能藏其秘, 故天雨粟. 靈怪不能遁其形, 故鬼夜哭. 是時也, 書畫同體而未分, 象制肇創而猶略. 無以傳其意故有書, 無以見其形故有畫, 天地聖人之意也.

장언원(張彦遠)의『역대명화기(歷代名畫記)·서화지원류(書畫之源流)』

---

22) 『회남자(淮南子)·본경(本經)』에 "昔者倉頡作書, 而天雨粟, 鬼夜哭."이라 했고, 『설문해자서(說文解字序)』에 "倉頡之初作書, 蓋依類象形, 故謂之文. 其後形聲相益, 即謂之字."라고 했다.

23) 전설에 의하면 창힐(蒼頡)은 '쌍동사목(雙瞳四目)'이었는데, 중국역사상 이러한 사람은 모두 창힐(倉頡)·우순(虞舜)·중이(重耳)·항우(項羽)·여광(呂光)·고양(高洋)·어구라(魚俱羅)·이욱(李煜) 등 여덟 명이다. 곧 창힐(倉頡)은 '문성인(文聖人)'으로, 우순(虞舜)은 선양(禪讓)을 한 '효순(孝順)한 성인(聖人)'으로, 중이(重耳)는 춘추오패(春秋五霸)의 하나인 진문공(晉文公)으로, 항우(項羽)는 서초패왕(西楚霸王)인 '무성인(武聖人)으로, 여광(呂光)은 오호(五胡) 십육국(十六國) 시대 서역(西域)을 휩쓴 후량(後涼)의 군주로, 고양(高洋)은 북제(北齊)를 세운 자로, 어구라(魚俱羅)는 맹장(猛將) 이원패(李元霸)를 물리친 수(隋)나라 명장으로, 이욱(李煜)은 오대십국(五代十國) 때 남당(南唐)의 후주(後主)이자 유명한 사인(詞人)으로 각각 전해오고 있다.

창힐(蒼頡)은 한 눈에 눈동자가 두 개인 네눈박이로 고개 들어 하늘의 형상을 관찰했다. 한 쌍의 까마귀와 거북이의 발자취를 따라 마침내 글자의 형태를 만들었다. 이에 조화가 그 비밀을 감출 수 없게 되자 하늘에서 곡식을 비처럼 쏟았고, 영괴(靈怪)가 그 형상을 감출 수 없게 되자 귀신이 한밤중에 울부짖었다.

이때는 글자와 그림이 하나여서 아직 나뉘지 않았다가, 형상이 만들어지고 글자가 창제되었으나 여전히 거칠었다. 그 뜻을 전할 수 없어서 글자를 만들게 되었고, 그 형상을 나타낼 수 없어서 그림을 그리게 되었으니, 이는 천지 하늘과 성인(聖人)의 뜻이다.

주해

- 창힐(倉頡, cāng jié) : 중국고대 전설상의 인물로 황제(黃帝)의 사관(史官)이며, 한자(漢字)의 발명자이다. 倉(곳집 창) 頡(곧은 목 힐).
- 사목(四目) : 한 눈에 눈동자가 두 개인 네눈박이. 곧 '일목쌍모(一目雙眸)'를 말한다. '중동(重瞳)' 또는 '쌍동(雙瞳)'이라고도 한다.
  瞳(눈동자 동, tóng)
- 려(儷) : 짝. 한 쌍. 烏(까마귀 오) 龜(거북 구)
- 조(肇 zhào) : 비로소. 치다.

19. 곤우치수(鯀禹治水)[24]

洪水滔天, 鯀[25]竊帝之息壤以堙洪水, 不待帝命.
帝令祝融殺鯀于羽郊.
鯀腹生禹. 帝乃命禹, 卒布土以定九州.

『산해경(山海經)·해내경(海內經)』

대홍수가 하늘까지 넘치자 곤(鯀)은 천제(天帝)의 식양(息壤)을 훔쳐 홍수를 막으면서 천제(天帝)의 명을 기다리지 않았다. 그러자 천제가 축융(祝融)에게 명하여 곤(鯀)을 우산(羽山)의 근교에서 죽이게 했다. 죽은 곤(鯀)의 배속에서 우(禹)가 태어났다. 이에 천제가 우(禹)에게 치수를 명하니, 마침내 식양(息壤)으로 채워 넣어 홍수를 다스리고 구주(九州)를 안정시켰다.

주해

- 곤(鯀, gŭn) : 유숭족(有崇族)의 수령(首領)이며 우(禹)의 아버지. 성(姓)은 사(姒), 자(字)는 희(熙)이다. 전욱(顓頊)의 아들 또는 전욱(顓頊)의 오세손이라고 한다. 『상서(尙書)·대우모(大禹謨)』에 "洚水儆予"라는 말이 나온다. 洚(큰물 홍) 儆(경계할 경)

24) 『회남자(淮南子)·지형훈(地形訓)』에 "禹乃以息土塡洪水, 以爲名山."이라 했고, 『습유기(拾遺記)』 권2에 "禹盡力溝洫, 導以夷岳, 黃龍曳尾于前, 玄龜負靑泥于後."라고 했으며, 『산해경(山海經)·해내경(海內經)』에 "黃帝生駱明, 駱明生白馬, 白馬是爲鯀."라고 한 기록들이 나온다.

25) 『사기(史記)·하본기(夏本紀)』에 "夏禹, 名曰文命. 禹之父曰鯀, 鯀之父曰顓頊, 顓頊之父曰昌意, 昌意之父曰黃帝. 禹者, 黃帝之玄孫而帝顓頊之孫也."라고 했다.

- 도천(滔天) : 큰물이 하늘까지 넘침. '만(漫)'과 통한다. 滔(물 넘칠 도)
- 절(竊 qiè) : 훔치다. 남몰래.
- 제(帝) : 천제(天帝)를 말함.
- 식양(息壤) : 전설중의 일종의 신토(神土)인데 끊임없이 불어나서 홍수를 막을 수 있다고 한다. 곽박(郭璞)의 『초사(楚辭)·천문(天問)』의 註에 "息壤者, 言土自長息無限, 故可以塞洪水也."라고 했다.
- 인(堙, yīn) : 막다.
- 축융(祝融) : 전설상의 화신(火神).
- 유교(羽郊) : 우산(羽山)의 근교.
- 곤복생우(鯀腹生禹) : 죽은 곤(鯀)의 시체가 3년 동안 썩지 않아 예리한 오도(吳刀)로 곤(鯀)의 배를 가르자 그 속에서 우(禹)가 나왔다고 전한다.
- 졸(卒) : 마침내.
- 보토(布土) : 식양(息壤)을 채워 넣다. '포토(鋪土)'와 같다. 보(布)는 '부(敷)'와 같다.

제2장

중국의 도덕 수양 처세

제1절 도덕(道德)

無惻隱之心, 非人也. 無羞惡之心, 非人也. 無辭讓之心, 非人也. 無是非之心, 非人也. 惻隱之心, 仁之端也. 羞惡之心, 義之端也. 辭讓之心, 禮之端也. 是非之心, 智之端也. 人之有是四端[1]也, 猶其有四體也. 有是四端而自謂不能者, 自賊者也; 謂其君不能者, 賊其君者也.

『맹자(孟子)·공손추상(公孫丑上)』

측은지심(惻隱之心)이 없으면 사람이 아니요, 수오지심(羞惡之心)이 없으면 사람이 아니요, 사양지심(辭讓之心)이 없으면 사람이 아니요, 시비지심(是非之心)이 없으면 사람이 아니다.

측은지심은 인(仁)의 단서(端緖)요, 수오지심은 의(義)의 단서요, 사양지심은 예(禮)의 단서요, 시비지심은 지(智)의 단서이다. 사람에게 이 사단(四端)이 있는 것은 몸에 사지(四肢)가 있는 것과 같다.

---

1) 사단(四端) : 인(仁), 의(義), 예(禮), 지(智)의 본성을 바탕으로 우러나오는 네 가지의 마음씨. 곧 측은지심(惻隱之心), 수오지심(羞惡之心), 사양지심(辭讓之心), 시비지심(是非之心)을 말한다. 한대(漢代)에 이르러 동중서(董仲舒)가 여기에 신(信)의 덕목을 더하여 '오상(五常)' 또는 '오덕(五德)'이라고 했다. 송대(宋代)의 주자(朱子)는 오상(五常) 가운데 인(仁)이 으뜸이며, 인(仁)은 나머지 네 가지를 포괄한다고 하였다.

이 네 가지 단서를 가지고 있으면서 스스로 이것을 행할 수 없다고 말하는 자는 자신을 해치는 자요, 자신의 인군(人君)이 행할 수 없다고 말하는 자는 그 인군(人君)을 해치는 자이다

주해

- 측은지심(惻隱之心, cè yǐn zhī xīn) : 남의 재난과 불행을 보고 불쌍하게 여기는 마음. 『맹자(孟子)』의 「고자상(告子上)」과 「공손추상(公孫丑上)」에 나온다.
- 수오지심(羞惡之心, xiū wù zhī xīn) : 자신의 잘못을 부끄러워하고 미워하는 마음. 羞(부끄러울 수) 惡(미워할 오)
- 사양지심(辭讓之心, cí ràng zhī xīn) : 남에게 양보하는 마음.
- 시비지심(是非之心, zhī xīn) : 옳고 그름을 가릴 줄 아는 마음.

揚子[2)]曰 "天下有三門. 由於情欲, 入自禽門. 由於禮義, 入自人門. 由於獨智[3)], 入自聖門."

『법언(法言)·수신(修身)』

양자(揚子)가 말하였다. "천하에 세 개의 문이 있으니, 정욕(情

---

2) 양자(揚子, BC.53~18) : 한(漢)나라의 저명한 사부가(辭賦家)이며 사상가인 양웅(揚雄)을 말함. 자(字)는 자운(子雲). 성제(成帝) 때 급사황문랑(給事黃門郞)에 임명되었지만, 애제(哀帝)·평제(平帝) 두 조대를 거치면서 한 번도 승진하지 못했다. 왕망(王莽)이 황제 자리를 찬탈하자 「극진미신(劇秦美新)」을 지어 그를 찬양했다. 저서로 『법언(法言)』과 『태현(太玄)』이 있다.

3) 왕영보(汪榮寶)의 「의소(義疏)」에 "獨智者, 神明之域. 『荀子·勸學』云 '……積善成德而神明自得, 聖心備焉', 此'由於獨智, 入自聖門'之義."라고 풀이했다.

欲)으로 말미암아 짐승의 문에 들어가고, 예의(禮義)로 말미암아 인륜(人倫)의 문에 들어가고, 독지(獨智)로 말미암아 성인(聖人)의 문에 들어가는 것이다."

주해

- 입자(入自) : 진입(進入)과 같다.
- 인문(人門) : 인륜(人倫)의 문
- 독지(獨智) : 남보다 뛰어난 지혜.

제2절 인격(人格)

吾十有五而志於學, 三十而立, 四十而不惑, 五十而知天命, 六十而耳順, 七十而從心所欲而不逾矩.

『논어(論語)·위정(爲政)』

나는 열하고 또 다섯 살에 학문에 뜻을 두었고, 삼십에 지킴이 견고해졌고, 사십에 의혹되지 않았고, 오십에 천명(天命)을 알았으며, 육십에 귀가 순해졌고, 칠십에 마음에 하고 싶은 대로 따라 해도 법도에 어긋나지 않았다.

주해

- 유(有) : 또. 또한. '유(又)'와 같다.
- 지우학(志于學) : 학문(배움)에 뜻을 두다. '지(志)'는 동사.
- 유(逾, yú) : 넘다. 벗어나다.
- 구(矩, jǔ) : 규구(規矩). '규(規)'는 둥근 자, '구(矩)'는 곡자(曲子)이다. 여기서는 '법도(法度)'를 말한다. 『장자(莊子)』에 "圓者中規, 方者中矩."라고 했다.

知者樂水, 仁者樂山, 知者動, 仁者靜. 知者樂, 仁者壽.

『논어(論語)·옹야(雍也)』

지혜로운 사람은 물을 좋아하고 어진 사람은 산을 좋아한다. 지혜로운 사람은 활동적이고 어진 사람은 정적이다. 지혜로운 사람은 즐거워하고 어진 사람은 장수(長壽)한다.

주해

- 지자(知者) : 지혜로운 사람. '지(知)'는 '지(智)'와 같다.
- 요수(樂水) : 물을 좋아하다. 樂(좋아할 요, yào)
- 요산(樂산) : 산을 좋아하다.

有德者, 必有言. 有言者, 不必有德. 仁者, 必有勇. 勇者, 不必有仁.

『논어(論語)·헌문(憲問)』

덕(德)이 있는 사람은 반드시 선언(善言)을 하지만, 선언(善言)을 하는 사람이 반드시 덕(德)이 있는 것은 아니다.

어진 사람은 반드시 용기가 있지만, 용기가 있는 사람이 반드시 어진 것은 아니다.

주해

- 유덕자(有德者) : 품덕(品德)이 고상한 사람.
- 유언(有言) : 남에게 유용한 말. 곧 언론(言論), 선언(善言),저서(著書)나 입설(立說) 등을 의미한다.
- 불필(不必) : 반드시 ~한 것은 아니다. 부분부정에 해당한다.

제3절 도의(道義)

朝聞道, 夕死可矣.
不患無位, 患所以立. 不患莫己知, 求爲可知也.

『논어(論語)·이인(里仁)』

아침에 도(道)를 듣고 깨달으면 저녁에 죽어도 좋다.

지위가 없는 것을 걱정하지 말고, 그 자리에 설 자격을 갖추었는지를 걱정하라. 남들이 자신을 알아주지 않는 것을 걱정하지 말고, 인정받을 만한 실상을 갖추는 데 힘써라.

주해

- 도(道) : 대도(大道). 곧 성인지도(聖人之)道)와 인의지도(仁義之道)를 말한다.

古之人得志, 澤加於民. 不得志, 修身見於世. 窮則獨善其身, 達則兼善天下.

『맹자(孟子)·진심상(盡心上)』

옛 사람들은 뜻을 얻으면 은택이 백성에게 더해지고, 뜻을 얻지 못하면 몸을 닦아 세상에 드러낸다.

그러므로 곤궁하면 홀로 그 몸을 선(善)하게 하고, 영달하면 겸하여 천하를 선(善)하게 하는 것이다.

주해

- 현(見, xiàn) : 명실(名實)이 현저하게 드러남을 말한다.
- 고지인(古之人) : 옛 사람들. 여기서는 삼대성세(三代盛世) 때의 사람을 말한다.
- 득지(得志) : 행도(行道)의 뜻을 얻다.

제4절 정조(情操)

已矣乎, 吾未見好德如好色者也.
歲寒然後, 知松柏之後凋也.

『논어(論語)·자한(子罕)』

그만이로다. 나는 덕 좋아하기를 여색 좋아하듯 하는 사람을 보지 못했다.

날씨가 추워진 뒤에야 송백(松柏)이 늦게 시드는 것을 알 수 있다.

주해

- 조(凋, dīao) : 시들다. 곧 '조령(凋零)'의 뜻이다.
- 송백(松柏) : 소나무와 측백나무. 곧 군자(君子)를 의미한다. 여기서는 난세(亂世)가 되어서야 군자(君子)의 굳은 지조를 알 수 있다는 말이다.

居天下之廣居, 立天下之正位, 行天下之大道. 得志與民由之, 不得志獨行其道. 富貴不能淫, 貧賤不能移, 威武不能屈, 此之謂大丈夫.

『맹자(孟子)·등문공하(滕文公下)』

천하의 넓은 집인 인(仁)을 행하고, 천하의 바른 자리인 예(禮)

에 서며, 천하의 대도(大道)인 의(義)를 행한다. 뜻을 얻으면 백성과 함께 도(道)를 행하고, 뜻을 얻지 못하면 홀로 그 도(道)를 행한다.

부귀(富貴)로도 마음을 방탕하게 하지 못하고, 빈천(貧賤)으로 지조를 바꿀 수 없고, 권위와 무력으로도 굴복시키지 못하니, 이런 사람을 '대장부(大丈夫)'라고 한다.

주해

- 광거(廣居) : 넓은 집. 곧 '인(仁)'을 말한다.
- 정위(正位) : 바른 자리. 곧 '예(禮)'를 말한다.
- 대도(大道) : 여기서는 '의(義)'를 말한다.
- 독행기도(独行其道) : 홀로 그 도(道)를 행하다. '행(行)'은 고수(固守)하고 견지(坚持)한다는 뜻이다.
- 음(淫, yín) : 미혹되다.
- 이(移) : 동요하다. 변하다.

제5절 군자(君子)와 소인(小人)

巧言令色, 鮮矣仁.

不患人之不己知, 患不知人也.

『논어(論語)·학이(學而)』

말을 교묘히 하는 자 중에 어진 사람이 드물다.

남이 나를 알아주지 않음을 걱정하지 말고, 내가 남을 알지 못함을 걱정해야 한다.

주해

- 교언(巧言) : 말을 교묘히 하는 것.
- 영색(令色) : 가식적인 얼굴로 남의 비위를 맞추는 것.
- 선(鮮, xiǎn) : 드물다. '소(少)'의 뜻이다.
- 환(患) : 근심하다. 염려하다. 『논어(論語)·헌문(憲問)』편에 "不患人之不己知, 患其不能也."라고 했다.

君子食無求飽, 居無求安, 敏於事而愼於言, 就有道而正焉, 可謂好學 也已.

『논어(論語)·학이(學而)』

공자가 말했다. "군자는 먹을 때 배부름을 구하지 않고, 살 때 편안함을 구하지 않는다. 일을 처리할 때 민첩하게 하고 말에 신중해야 한다. 도(道)가 있는 사람에게 나아가 질정(質正)하면 학문을 좋아한다고 말할 수 있다."

주해

- 포(飽) : 배부르다.
- 취유도이정(就有道而正) : 도(道)가 있는 사람에게 나아가 시비(是非)를 바로 잡다.
- 敏(민첩할 민) 愼(삼갈 신)

君子和而不同[4], 小人同而不和. 君子泰而不驕, 小人驕而不泰.

『논어(論語)·자로(子路)』

군자는 화합하되 구차히 같기를 구하지 아니하고, 소인은 구차히 같아지려 하나 화합하지 못한다.

군자는 편안하나 거만하지 않고, 소인은 거만하나 편안하지 못한다.

주해

- 화(和) : 화합하다. 곧 관점과 의견의 다양성의 통일을 의미한다.
- 동(同) : 구차하게 같기를 구하다.

---

4) 하안(何晏)의 『논어집해(論語集解)』에 "君子心和然其所見各異, 故曰不同. 小人所嗜好者同, 然各爭利, 故曰不和."라고 풀이했다.

- 태(泰) : 편안하다. '안상(安詳)'의 뜻이다.
- 교(驕, jiāo) : 교만하다. 『논어(論語)·요왈(堯曰)』에 "子曰'君子惠而不費, 勞而不怨, 欲而不貪, 泰而不驕, 威而不猛.'이라 했다."

君子有九思, 視思明, 聽思聰, 色思溫, 貌思恭, 言思忠, 事思敬, 疑思問, 忿思難, 見得思義.

『논어(論語)·계씨(季氏)』

군자는 아홉 가지 생각함이 있으니, 볼 때는 밝음을 생각하며, 들을 때는 귀 밝음을 생각하며, 얼굴빛은 온화함을 생각하며, 용모는 공손함을 생각하며, 말은 성실함을 생각하며, 일은 공경함을 생각하며, 의심스러울 때는 물음을 생각하며, 분할 때에는 후환을 생각하며, 이익을 보면 의(義)를 생각한다.

주해

- 忿(분, fèn) : 성내다.
- 難(난, nàn) : 급난(急難). 재난(災難). 여기서는 분노로 인해 야기되는 재난(災難)이나 후환을 말한다.
- 견득(見得) : 이득을 보다.

제6절 수양(修養)

君子不重則不威, 學則不固. 主忠信, 毋友不如己者, 過則勿憚改.

『논어(論語)·학이(學而)』

군자가 중후(重厚)하지 않으면 위엄이 없으니 학문도 견고하지 못하다.

충신(忠信)을 위주로 삼으며, 자신의 지향(志向)과 같지 않은 자를 벗으로 삼지 말고, 허물이 있으면 고치기를 꺼려하지 말아야 한다.

주해

- 중(重) : 중후(重厚)하다. 자중(自重)하다.
- 무(毋) : 하지 말라. '毋'는 '무(無)'와 같다. '무우불여기자(毋友不如己者)'에 대해서는 세 가지 해석이 있다. 첫째 자신보다 못한 사람을 벗으로 삼지 말라, 둘째 자신과 뜻[지향(志向)]이 같지 않은 자를 벗으로 삼지 말라, 셋째 자신보다 못한 벗은 없다 등이다. 이 경우 '물(勿)'은 '무(無)'의 뜻이다. 여기서는 두 번째 해석을 따랐다.
- 탄(憚, dàn) : 꺼리다.

不累於俗, 不飾於物, 不苛於人, 不忮於衆. 願天下之安寧以活民命, 人我之養, 畢足而止, 以此白心.

『장자(莊子)·천하(天下)』

세속에 얽매이지 않고, 외물로 꾸미지 않으며, 남에게 가혹하게 구하지 않고, 많은 사람들의 생각에 거스르지 않는다.

원하건대 오직 천하가 편안하여 백성들을 잘 살 수 있게 하고, 사람들이 모두 봉양을 받아 의식이 풍족해진 후에야 그치니, 이것으로 내 마음을 표현하노라.

주해

- 기(忮, zhì) : 해치다. 거스르다.
- 구(苟) : 가혹하게 대하다. 여기서는 '가(苛)'의 뜻이다.

不聞大論, 則志不宏.不聽至言, 則心不固.

『신감(申鑒)[5]·잡언(雜言)』

고론(高論)을 들어보지 않으면 지향(志向)이 원대하지 못하고, 지극한 이치를 들어보지 않으면 마음이 견고하지 못하다.

---

5) 중국 후한(後漢)의 순열(荀悅)이 지은 유가서(儒家書). 정치의 향방(向方)과 사물의 도리 등을 논했다. 『순자(荀子)』와 비교되어 '소순자(小荀子)'라고 불린다. 모두 5권이다.

주해

- 대론(大論) : 고론(高論)과 같다.
- 지언(至言) : 지리명언(至理明言). 곧 지극한 이치를 말한다.

我知言, 我善養吾浩然之氣.
難言也. 其爲氣也, 至大至剛, 以直養而無害, 則塞於天地之間. 其爲氣也, 配義與道. 無是, 餒也.

『맹자(孟子)·공손추상(公孫丑上)』

나는 언사(言辭)의 도리를 잘 들어 이해하고, 호연지기(浩然之氣)를 잘 지른다.

말로 표현하기 어렵다. 그 기운 됨이 지극히 크고 지극히 강하니, 곧음으로 길러서 해치지 않으면 천지 사이에 꽉 차게 된다. 그 기운 됨은 도의(道義)와 짝하고 있으니, 이것이 없으면 줄어들게 된다.

주해

- 호연지기(浩然之氣) : 천지 사이에 성대히 유행(流行)하는 정기(正氣)를 말한다. '호(浩)'는 성대(盛大)하고 강직(剛直)한 모양이다. '기(氣)'정신(精神), 곧 호대강정(浩大剛正)한 정신을 말한다.
- 뇌(餒, něi) : (굶)주리다. 뇌(餒)

出入六合, 遊乎九州, 獨往獨來[6], 是謂獨有. 獨有之人, 是謂至貴.

『장자(莊子)·재유(在宥)』

친지 사방을 출입하고 천하를 노닐며 사물에 구애됨이 없이 자유자재로 드나든다. 이를 일컬어 '독유(獨有)'라 하니, 독유(獨有)하는 사람은 지극히 존귀(尊貴)하다고 하는 것이다.

주해

- 육합(六合) : 천시사방(天地四方)을 말함.
- 구주(九州) : 중국 고대에 전국을 나눈 9개의 주(州). '신주(神州)'라고도 한다. 『상서(尙書)·우공(禹贡)』에서 구주(九州)를 각각 기주(冀州)·연주(兖州)·청주(青州)·서주(徐州)·양주(扬州)·형주(荆州)·예주(豫州)·양주(梁州)·옹주(雍州) 등으로 나누었는데, 『이아(爾雅)』에는 유주(幽州)와 영주(营州)가 있고 천주(青州)와 양주(梁州)는 없으며, 『주례(周禮)』에는 유주(幽州)와 병주(并州)가 있고 서주(徐州)와 양주(梁州)가 없다.
- 독왕독래(獨往獨來) : 사람의 사상과 행위가 사물에 구애(拘礙)됨이 없이 천지간에 자유자재로 드나드는 것을 말한다.
- 독유(獨有) : 정신적으로 특립독행(特立獨行)하는 것을 말한다. 성현영(成玄英)의 소(疏)에 "人欲出衆, 而己獨遊, 衆無此能, 故名獨有."라고 풀이했다.

6) 『열자(列子)·역명(力命)』에 "至人居若死, 動若械……獨往獨來, 獨出獨入, 孰能礙之."라고 했다.

曾子言曰[7]: "鳥之將死, 其鳴也哀. 人之將死, 其言也善."

『논어(論語)·태백(泰伯)』

증자(曾子)가 말하였다. "새가 죽으려 하면 그 울음소리가 애처롭고, 사람이 죽으려 하면 그 말이 선(善)하다."

주해

- 장(將) : 장차.

曾子曰: "士不可以不弘毅, 任重而道遠. 仁以爲己任, 不亦重乎? 死而後已, 不亦遠乎?"

『논어(論語)·태백(泰伯)』

증자(曾子)가 말하였다. "선비는 도량이 넓고 뜻이 굳세지 않으면 안 되니, 책임이 무겁고 길이 멀기 때문이다. 인(仁)으로 자기의 책임을 삼으니 또한 막중하지 아니한가? 죽은 뒤에야 끝나는 것이니 또한 멀지 않은가?"

---

7) 증자(曾子)가 중병(重病)에 걸렸을 때 노(魯)나라 대부(大夫)인 맹경자(孟敬子)에게 한 말이다. 맹경자는 맹경백(孟敬伯)으로 성(姓)은 희(姬), 이름은 첩(捷)이다. 노(魯)나라 맹손씨(孟孫氏)의 11대 종주(宗主)이다.

주해

- 홍의(弘毅) : 지향(志向)이 원대하고 의지(意志)가 굳세다.
  주희(朱熹) 『사서집주(四書集註)』에 "弘, 寬廣也. 毅, 強忍也. 非弘不能勝其重, 非毅無以致其遠."라고 풀이했다.

自知者不怨人, 知命者不怨天. 怨人者窮, 怨天者無志. 失之己, 反之人, 豈不迂乎哉? …… 故君子道其常, 而小人道其怪.

『순자(荀子)·영욕(榮辱)』

자신을 아는 자는 남을 원망하지 않고, 운명을 아는 자는 하늘을 원망하지 않는다. 남을 원망하는 자는 곤궁(困窮)하고, 하늘을 원망하는 자는 뜻이 없다.

과실이 자신에게 있는데 도리어 남을 탓하니, 어찌 우원(迂遠)하지 않겠는가? (……) 그러므로 군자는 그 상도(常道)를 말하고, 소인은 그 괴이한 일을 말한다.

주해

- 지명(知命) : 명운(命運)을 알다.
- 무지(無志) : 식견(識見)이 없다.
- 반(反) : 도리어 '반이(反而)'와 같다.
- 우(迂, yū) : 우원(迂遠)하다. 곧 옛 관습에 빠져 시의(時宜)에 부합되지 못함을 말한다. 迂(굽을 우)

제7절 학식(學識)과 언행(言行)

孔子登東山而小魯, 登泰山而小天下. 故觀於海者, 難爲水. 遊於聖人之門者, 難爲言.

『맹자(孟子)·진심상(盡心上)』

공자(孔子)께서 노(魯)나라 동산(東山)에 올라가 보시고 노(魯)나라를 작다고 하셨고, 태산(泰山)에 올라가 보시고 천하가 작다고 하셨다.

그러므로 바다를 구경한 자에게는 보통 물은 물이 되기가 어렵고, 성인(聖人)의 문하(門下)에서 유학(遊學)한 자에게는 보통 말은 말이 되기가 어렵다.

주해

- 동산(東山) : 노(魯)나라 동쪽에 위치한 몽산(蒙山)을 말한다.
- 태산(泰山) : 중국 산동성 중부에 위치한 산. 대산(岱山)·대종(岱宗)·대악(岱岳)·동악(东岳)·태악(泰岳)이라고도 한다. 오악(五岳)의 하나이며, 높이는 1,532미터이다. 진시황(秦始皇)부터 시작해서 청대(清代)에 이르기까지 모두 13명의 제왕이 태산에 올라 봉선(封禪)의식을 행하였다.

夫辭者意之表也. 鑒其表而棄其意, 悖. 故古之人得其意則舍其言矣. 聽言者以言觀意也. 聽言而意不可知, 其與橋言無擇.

『여씨춘추(呂氏春秋)·이위(離謂)』

무릇 말이라는 것은 마음속의 생각을 겉으로 드러내는 것이다. 그 겉으로 드러난 것만 보고 마음속의 생각을 버리는 것은 어긋나는 일이다.

그러므로 옛 사람들은 그 뜻을 얻으면 그 말을 버렸다. 말을 듣는 사람은 말로써 그 뜻을 살폈다. 말을 듣고도 그 뜻을 알 수 없다면 그것은 교언(橋言)과 다를 바가 없다.

주해

- 패(悖, bó) : 어긋나다. '패류(悖謬)'의 뜻이다.
- 교언(橋言) : 어긋난 말. '교(橋)'는 '교(矯)'와 같다. 矯(속일 교, jiáo) 고유(高誘)의 주(註)에 "橋, 戾也."라고 풀이했다.

君子欲訥於言而敏於行.
德不孤, 必有隣.

『논어(論語)·이인(里仁)』

군자는 말을 어눌하게 하고, 실행에는 민첩하고자 한다.

덕이 있는 사람은 외롭지 않고 반드시 이웃이 있다.

주해

- 눌(訥, nè) : 말이 어눌하고 삼가다. 곧 참고 말을 적게 한다는 뜻이다.
- 민(敏, mǐn) : 기민하다. 적극적이다.
- 인(隣, lín) : 이웃. 여기서는 '지동도합(志同道合)'한 사람을 말한다.

言必信，行必果. 使言行之合，猶合符節也. 無言而不行也.

『묵자(墨子)·겸애(兼愛)』

말은 반드시 미덥게 하고 행동은 반드시 결과가 있어야 한다. 가사 말과 행동이 일치하는 것이 부절(符節)을 합한 것과 같아야 한다. 어떤 말이라도 실행하지 않으면 안 된다.

주해

- 부절(符節) : 옛날 관문(關門)을 출입할 때 지니고 다니던 신표. 주로 대나무를 둘로 나누어 각기 한 쪽을 지니고 있다가 서로 짝을 맞추어 징험으로 삼았다. 병부(兵符)도 같은 경우이다.
- 『논어(論語)·자로(子路)』에 "말을 반드시 미덥게 하고 행실을 반드시 과단성 있게 하는 것은 국량이 좁은 소인이나, 그래도 또한 그 다음이 될 만하다. [言必信, 行必果, 硜硜然小人, 抑亦可以爲次矣.]"라고 했다.
  硜(돌소리 갱, kēng)

可以生而生, 天福也. 可以死而死, 天福也. 可以生而不生, 天罰也. 可以死而不死, 天罰也.

『열자(列子)·역명(力命)』

살 수 있는데 사는 것은 천복(天福)이요, 죽을 수 있는데 죽는 것도 천복(天福)이다. 살 수 있는데 살지 못하는 것은 천벌(天罰)이요, 죽을 수 있는데 죽지 않는 것도 천벌(天罰)이다.

주해

- 열자(列子) : 중국 도가(道家) 경전(經典)의 하나. 『충허지덕진경(沖虛至德眞經)』이라고도 한다. 전국시대(戰國時代) 사상가 열자(列子, BC.450?~375)가 쓴 책으로, 『한서(漢書)· 예문지(藝文志)』에 8편으로 기록되어 있으나 이미 망실되었고, 현전하는 『열자(列子)』 8편은 진(晉)나라 장담(張湛)이 쓴 것이다. 주석본으로 장담의 『열자주(列子註』와 양백준(楊伯峻)의 『열자집석(列子集釋)』이 있다.

제8절 계신(戒愼)

吾日三省吾身，爲人謀而不忠乎？與朋友交而不信乎？傳不習乎？

『논어(論語)·학이(學而)』

나는 날마다 세 가지로 내 자신을 반성한다. 남을 위해 일을 도모하면서 최선을 다하지 않았는가? 친구와 사귀면서 신의를 지키지 않았는가? 스승에게 배운 것을 열심히 익히지 않았는가?

주해

- 전(傳) : 스승이 전수한 지식을 말한다.

君子有三戒. 少之時，血氣未定，戒之在色. 及其壯也，血氣方剛，戒之在鬪. 及其老也，血氣既衰，戒之在得.

『논어(論語)·계씨(季氏)』

군자에게 세 가지 경계할 것이 있으니, 젊을 때에는 혈기가 안정되지 않았으므로 여색(女色)을 경계해야 하고, 장성해서는 혈기가 한창 강하므로 싸움을 경계해야 하고, 늙어서는 혈기가 쇠하므로 욕심을 경계해야 한다.

주해

- 소(少, shào) : 젊다.
- 득(得, dé) : 얻다. 여기서는 '탐득(貪得)'의 뜻이다.

飯疏食飮水, 曲肱而枕之, 樂亦在其中矣. 不義而富且貴, 於我如浮雲.

『논어(論語)·술이(述而)』

거친 밥을 먹고 물을 마시며 팔을 베고 눕더라도 즐거움이 또한 그 속에 있나니, 의롭지 못하게 얻은 부귀(富貴)는 나에게 뜬 구름과 같다.

주해

- 반(飯) : 밥을 먹다.
- 소사(疏食) : 거친 밥.
- 곡굉(曲肱) : 팔뚝을 베다. 肱(팔뚝 굉, gōng)
- 『중용장구(中庸章句)』에 "큰 덕을 지닌 자는 반드시 이에 합당한 지위를 얻고, 반드시 이에 합당한 작록(爵祿)을 받고, 반드시 이에 합당한 명성을 얻고, 반드시 이에 합당한 수명을 누리기 마련이다. [大德必得其位, 必得其祿, 必得其名, 必得其壽.]"라고 했다.

五色令人目盲，五音令人耳聾，五味令人口爽. 馳騁田獵，令人心發狂. 難得之貨，令人行妨. 是以，聖人爲腹不爲目，故去彼取此.

『노자(老子)』 12장

다섯 가지 색깔은 사람의 눈을 멀게 하고, 다섯 가지 소리는 사람의 귀를 멀게 하며, 다섯 가지 맛은 사람의 입맛을 잃게 한다. 말을 타고 달리며 사냥을 하는 것은 사람의 마음을 미치게 하고, 얻기 어려운 재화(財貨)는 사람을 헤매게 만든다.

이런 까닭으로 성인(聖人)의 다스림은 배를 위하되 눈을 위하지 않는다. 그러므로 저것을 버리고 이것을 취한다.

주해

- 오색(五色) : 청황적백흑(靑黃赤白黑).
- 목맹(目盲) : 눈이 침침하고 어지럽다. 盲(소경 맹, máng)
- 오음(五音) : 궁상각치우(宮商角徵羽). 徵(음이름 치, zhǐ)
- 이농(耳聾) : 청각을 잃다. 聾(귀머거리 농, lóng)
- 오미(五味) : 산고감신함(酸苦甘辛鹹).
- 구상(口爽) : 미각이 마비되다. '상(爽, shuǎng)은 구병(口病)을 의미한다.
- 전(畋, tián) : 사냥하다. 수렵하다.
- 행방(行妨) : 행위가 법도에 어긋나다. '방(妨)'은 저해(沮害)의 뜻이다.
- 위복(爲腹) : 순박돈후(淳樸敦厚)한 천명(天命)과 본성(本性)을 보존하는 것을 말한다.
- 위목(爲目) : 탐욕과 허영을 추구하는 것을 말한다.
- 피(彼) : 외부 물질과 명리(名利)의 유혹을 말한다.
- 차(此) : 순박(淳樸)하고 돈후(敦厚)한 도심(道心)을 말한다.

제9절 처세(處世)와 교우(交友)

吾生也有涯, 而知也无涯. 以有涯隨无涯, 殆已. 已而爲知者, 殆而已矣.

『장자(莊子)·양생주(養生主)』

우리의 삶은 종말이 있으나 지식은 끝이 없다. 유한(有限)한 삶으로 무한한 지식을 추구하니 위태로울 뿐이다. 이처럼 위태로운데도 지식을 추구하는 사람은 더욱 위태로울 뿐이다.

주해

- 양생주(養生主) : 양생(養生)의 주요 요소나 요령(要領)을 말한다.
- 애(涯, yá) : 경계. 끝.
- 지(知) : 지식. 재지(才智).
- 수(隨, suí) : 따르다. 추구하다.
- 태(殆, dài) : 위험하다. 위태롭다.
- 이(已, yǐ) : 이처럼. 이와 같이.

里仁爲美, 擇不處仁, 焉得知?

『논어(論語)·이인(里仁)』

마을이 인후(仁厚)한 것이 아름다우니, 인후(仁厚)한 마을을 가려서 살지 않는다면 어찌 지혜롭다 하겠는가?

주해

- 이인(里仁) : 마을이 인후(仁厚)하다. 인후(仁厚)한 마을에 살다. '리(里)'는 마을 또는 '거주[거처]하다'는 뜻이다.
- 처(處) : 거주하다.
- 知(zhì) : 지혜롭다. '지(智)'와 같다.

可與言而不與之言，失人. 不可與言而與之言，失言. 知者，不失人亦不失言.

『논어(論語)·위령공(衛靈公)』

더불어 말할 만한데 더불어 말하지 않는다면 사람을 잃고, 더불어 말할 만하지 않은데 더불어 말한다면 말을 잃는다. 지혜로운 사람은 사람도 잃지 않고 말도 잃지 않는다.

주해

- 여언(与言) : 남과 더불어 말하다. '언(言)'은 담론(谈论)의 뜻이다.
- 실인(失人) : 좋은 인재를 잃다.
- 실언(失言) : 잘못 말하다.
- 지(知) : 지혜. 총명. '지(智)'와 같다.

蓬生麻中，不扶而直. 白沙在涅，與之俱黑.

『순자(荀子)·권학(勸學)』

굽어지기 쉬운 쑥대도 삼밭에서 자라면, 저절로 곧아진다. 흰 모래를 개흙 속에 있으면 개흙처럼 검게 변한다.

주해

- 봉(蓬, péng) : 쑥대. 곧 '봉초(蓬草)'를 말한다.
- 마(麻, má) : 삼밭. 곧 '마총(麻丛)'을 말한다.
- 열(涅, niè) : 검은 색 염료.

太山之與蟻垤, 江河之與行潦[8], 非難也. 大聖之與大佞, 難也. 烏呼! 能別似者爲無難.

『법언(法言)·문신(問神)』

태산과 개밋둑, 강하(江河)와 고인물은 서로 구별하기가 어렵지 않다. 대성(大聖)과 대녕(大佞)은 서로 분별하기가 쉽지 않다.

오호라, 서로 유사한 것을 능히 분별할 수 있다면 무슨 어려운 일이 있겠는가?

주해

- 의질(蟻垤, yǐ dié) : 개밋둑. 개미가 집을 짓기 위해 파낸 흙가루더미. 蟻(개미 의) 垤(개밋둑 질)
- 강하(江河) : 장강(長江)과 황하(黃河).
- 행료(行潦, xíng lǎo) : 길바닥에 고인 물. 潦(괸물 료)
- 대녕(大佞, dà nìng) : 크게 간사한 자. 뛰어난 아첨꾼. 佞(아첨할 녕)

---

8) 『시경(詩經)·대아(大雅)·형작(泂酌)』에 "泂酌彼行潦, 挹彼注茲, 可以餴饎."라고 했고, 이에 대해 정현(鄭玄)의 전(箋)에 "流潦, 水之薄者也. 遠酌取之, 投大器之中, 又挹之, 注之於此小器, 而可以沃酒食之餴者. 以有忠信之德齊絜之誠以薦之故也."라고 풀이했다. 挹(뜰 읍) 餴(되끓일 분) 饎(익힐 희)

益者三友, 損者三友. 友直, 友諒, 友多聞, 益矣. 友便辟, 友善柔, 友便佞, 損矣.

『논어(論語)·계씨(季氏)』

유익한 벗이 세 가지이며, 해로운 벗이 세 가지이다. 정직한 사람과 벗하고 성실한 사람과 벗하고 박학다식(博學多識)한 사람과 벗하면 유익하다. 편벽(偏僻)된 사람과 벗하거나 아첨하고 간교한 사람과 벗하거나 교묘하게 말하는 사람과 벗하면 해롭다.

주해

- 양(諒) : 성실하다. 미덥다. '성신(誠信)'의 뜻이다.
- 편벽(便辟, pián pì) : 편벽되고 아첨하는 사람.
- 선유(善柔, shàn róu) : 겉으로 유순하나 내심은 간교한 사람.
- 편녕(便佞, pián nìng) : 교묘한 말로 남을 즐겁게 하는 사람.

益者三樂, 損者三樂. 樂節禮樂, 樂道人之善, 樂多賢友, 益矣. 樂驕樂, 樂佚遊, 樂宴樂, 損矣.

『논어(論語)·계씨(季氏)』

좋아하는 일 중에 유익한 것이 세 가지이고 해로운 것이 세 가지이다. 예악(禮樂)을 따르기 좋아하며, 남의 선함을 말하기 좋아하며, 어진 벗이 많음을 좋아하면 유익하다. 교만함을 좋아하며, 안일하게 노는 것을 좋아하며, 향락의 즐거움을 좋아하면 손해가 된다.

주해

- 삼요(三樂, sān yào) : 세 가지 좋아하는 일. 樂(좋아할 요)
- 교락(驕樂) : 교만하고 방종하다. '교오(驕傲)'와 같다.
- 일유(佚遊) : 안일(安逸)하게 노닐다. '일(佚)'은 '일(逸)'과 같다.

제3장

중국의 교육과 학업

제1절 교육(教育)

君子有三樂, 而王天下不與存焉. 父母俱存, 兄弟無故, 一樂也. 仰不愧於天, 俯不怍於人, 二樂也. 得天下英才而教育之, 三樂也.

『맹자(孟子)· 진심상(盡心上)』

군자(君子)에게 세 가지 즐거움이 있으니, 천하에 왕 노릇하는 것은 여기에 들지 않는다. 부모가 모두 생존하고 형제가 무고(無故)한 것이 첫 번째 즐거움이요, 위로는 하늘에 부끄럽지 않고 아래로는 남에게 부끄럽지 않은 것이 두 번째 즐거움이요, 천하 영재(英才)를 얻어서 교육시키는 것이 세 번째 즐거움이다.

주해

- 왕천하(王天下) : 천하의 왕이 되다. '왕(王)'은 동사로, '왕 노릇하다'는 뜻이다.
- 고(故) : 사고나 재난. 병으로 죽다.
- 작(怍, zuò) : 부끄럽다. 곧 '참괴(慚愧)'의 뜻이다.

子以四教[1], 文行忠信.

『논어(論語)·술이(述而)』

---

1) 주희(朱熹)의 『논어집주(論語集註)』에 "行, 去聲. 程子曰 : '教人以學文修行而存

공자(孔子)는 네 가지로 가르치셨는데, 학문(學文)과 행실(行實)과 성심(誠心)과 신의(信義)였다.

주해

- 사교(四教) : 고대 상(商)나라와 주(周)나라 때 관학(官學)에서 가르치던 '시서예악(詩書禮樂)'의 네 가지 과목을 말한다. 여기에서 '문(文)'은 시서(詩書)와 육예(六藝)의 글을 말한다.

從我於陳蔡者, 皆不及門也. 德行顏淵 閔子騫 冉伯牛 仲弓. 言語宰我 子貢. 政事冉有 季路. 文學子游 子夏.

『논어(論語)·선진(先秦)』

진(陳)나라나 채(蔡)나라에서 나를 따르던 자들이 지금은 모두 문하(門下)에 있지 않다. 덕행(德行)에는 안연(顏淵)과 민자건(閔子騫), 염백우(冉伯牛)와 중궁(仲弓)이고, 언어(言語)에는 재아(宰我)와 자공(子貢)이고, 정사(政事)에는 염유(冉有)와 계로(季路)이고, 문학(文學)에는 자유(子游)와 자하(子夏)이다.

주해

- 위는 공자(孔子)가 제자들을 장점에 따라 네 가지로 분류한 것으로 '공문

忠信也. 忠信, 本也.'"라고 했다. 『예기(禮記)·왕제(王制)』에 "樂正崇四術, 立四教, 順先王詩書禮樂以造士. 春秋教以禮樂, 冬夏教以詩書."라고 했다.

사과(孔門四科)'라고 한다. 주자(朱子)는 이에 대해 다음과 같이 말했다. "덕행(德行)이란 마음을 가라앉히고 도(道)를 체득하여 마음 한가운데에 묵묵히 맺어 뜻을 돈독히 하고 힘써 행하니 말하지 않아도 믿는 것이다. 언어(言語)는 응대(應對)하는 말(외교적 수사나 문서를 꾸미는 일)을 잘 하는 것이다. 정사(政事)는 나라를 운영하고 백성을 다스리는 일에 통달하는 것이다. 문학(文學)이란 시서예악(詩書禮樂)의 글을 배우고 문식(文飾)하여 그 뜻을 잘 말할 수 있는 것이다. [德行者, 潛心體道, 默契於中, 篤志力行, 不言而信者也. 言語者, 善爲辭令者也. 政事者, 達於爲國治民之事者也. 文學者, 學於詩書禮樂之文, 文而能言其意者也.]"라고 풀이했다.

- 급문(及門) : 스승을 뵙고 정식으로 문하에서 공부하는 학생.
- 문(文) : 문헌(文獻). 고적(古籍). 문화(文化).
- 행(行) : 덕행(德行). 실천.
- 충(忠) : 충심. 『중용장구(中庸章句)』에 "盡己之謂忠"이라 했다.
- 신(信) : 성실. 『중용장구(中庸章句)』에 "以實之謂信"이라 했다.

當仁, 不讓於師.
有教無類.
辭達而已矣.

『논어(論語)·위령공(衛靈公)』

인(仁)을 실천하는데 있어서는 스승에게도 양보하지 아니한다.
가르침은 있되, 귀천존비(貴賤尊卑)의 구분이 없다.
언사(言辭)는 뜻을 통하게 할 따름이다.

주해

- 유교무류(有敎無類) : 가르치는데 빈부(貧富)·귀천(貴賤)·현우(賢愚)·선악(善惡)의 구별이 없다. 한편 가르침을 받으면 귀천(貴賤)과 현우(賢愚)의 차이가 없게 된다는 해석도 있다.
- 사달(辭達) : 문사(文辭)는 뜻을 표달(表達)하는데 그칠 뿐이라는 뜻이다. 위(魏)나라 하안(何晏)의 『논어집해(論語集解)』에 "辭達則足矣, 不煩文豔之辭."라고 풀이했다.

性雖善, 待敎而成. 性雖樂, 待法而消. 唯上智下愚不移, 其次善惡交爭. 於是敎扶其善, 法抑其惡.

『신감(申鑒)·잡언(雜言)』

사람의 본성이 비록 선(善)하다고 해도 교육을 통해 완성되고, 사람의 본성이 비록 악(惡)하다고 해도 법을 통해 제거할 수 있다.

오직 상지(上智)와 하우(下愚)는 변화시킬 수 없으니, 그 다음 단계의 사람은 선성(善性)과 악성(惡性)이 서로 싸우게 된다.

그러므로 교육으로 그 선성(善性)을 돕고, 법으로 그 악성(惡性)을 억제해야 한다.

주해

- 상지(上智) : 지극히 지혜로운 자. 곧 성인(聖人) 또는 보통의 사람보다 지혜가 뛰어난 사람을 말한다.
- 하우(下愚) : 지극히 어리석은 자. 변화시킬 수 없는 지극히 어리석은 사람.

『논어(論語)·양화(陽貨)』에 "오직 지극히 지혜로운 자와 지극히 어리석은 자는 변화시킬 수 없다.[唯上知與下愚不移]"라고 하였다. 곧 '상지(上智)'는 이미 선(善)의 극치에 이르렀으므로 더 변화할 수 없고, '하우(下愚)'는 선(善)을 믿지도 않고[自暴] 선(善)을 행하지도 않기 때문에[自棄] 변화해 갈 수 없다는 말이다.

- 불이(不移) : 바꿀 수 없다. 변화하기 어렵다. '이(移)'는 '변(變)'과 같다.

一年之計，莫如樹穀. 十年之計，莫如樹木. 終身之計，莫如樹人.

『관자(管子)·권수(勸修)』[2]

일 년의 계획은 곡식을 심는 것만 같은 것이 없고, 십 년의 계획은 나무를 심는 것만 같은 것이 없으며, 종신 백년의 계획은 사람을 기르는 것만 같은 것이 없다.

주해

- 수곡(樹穀) : 곡식을 심다. 수(樹)는 동사이며, '심다'는 뜻이다.
- 막여(莫如) : ~ 만 같은 것이 없다. 莫(없을 막)

2) 춘추시대(春秋時代) 제(齊)나라 재상인 관중(管仲)의 저작. 관중(管仲)의 이름은 이오(夷吾)이며, 제(齊)나라 환공(桓公)을 보좌하여 춘추오패(春秋五霸)의 으뜸으로 만들었다. 『관자(管子)』는 원래 86편이었으나 10편은 분실되고 76편이 현존한다. 전체가 「경언(經言)」, 「외언(外言)」, 「내언(內言)」, 「단어(短語)」, 「구언(區言)」, 「잡편(雜篇)」, 「관자해(管子解)」, 「경중(輕重)」의 8부로 나뉘어 있는데, 제나라의 법가를 위주로 하여 기타 여러 학파의 학술사상을 포괄하였다. 내용이 잡다하여 법가·도가·명가의 사상과 천문·역수·지리·경제·농업 등의 과학지식을 포함한다.

제2절 학업(學業)

生而知之者, 上也. 學而知之者, 次也. 困而學之, 又其次也. 困而不學, 民斯爲下矣.

『논어(論語)·계씨(季氏)』

나면서부터 도리를 아는 자는 상등(上等)의 자질이요,
배워서 아는 자는 차등(次等)의 자질이며,
곤궁에 처해 힘들게 배우는 자는 그 다음의 자질이며,
곤궁에 처해서도 배우지 않는 자는 이는 하등(下等)의 자질이다.

주해

- 『중용장구(中庸章句)』 제20장에 "어떤 사람은 태어나면서부터 도(道)를 알고, 어떤 사람은 배워서 알고, 어떤 사람은 곤고(困苦)해진 뒤에야 알게 되지만, 그 도(道)를 알게 되는 점에서는 모두 마찬가지이다. 어떤 사람은 자연히 편안하게 도(道)를 행하고, 어떤 이는 이롭게 생각해서 행하고, 어떤 사람은 억지로 힘써서 행하지만, 공(功)을 이루는 점에서는 모두 마찬가지이다. [或生而知之, 或學而知之, 或困而知之, 及其知之, 一也. 或安而行之, 或利而行之, 或勉强而行之, 及其成功, 一也.]"라고 했다.

博學而篤志, 切問而近思, 仁在其中矣.

『논어(論語)·자장(子張)』

배우기를 널리 하고 뜻을 돈독(敦篤)히 하며, 절실하게 묻고 가까이 생각하면 인(仁)이 그 가운데 있을 것이다.

주해

- 박학(博學) : 두루 군서(群書)를 보고 폭넓게 배우다. '박(博)'은 '광(廣)'과 같다.
- 독지(篤志) : 자신의 지향(志向)을 굳게 지키다. '독(篤)'은 견수(堅守)의 뜻이다.
- 절문(切問) : 절실하게 묻다. 곧 자신이 깨우치지 못한 일을 절실하게 물어서 안다는 뜻이다.
- 근사(近思) : 생각이 미치지 못한 일을 먼 데서 찾지 않다.

古之學者爲己, 今之學者爲人.[3)]

『논어(論語)·헌문(憲問)』

옛날에 배우고자 하는 사람은 자기 자신을 위해서 하였는데, 오늘날 배우는 사람은 남 때문에 한다.

주해

- 위기(爲己) : '위기지학(爲己之學)'. 곧 자신의 덕성을 함양하는 공부를 말한다.

  정자(程子)는 『심경부주(心經附註)』 권2에서 "학문은 다만 채찍질하여 내

3) 『안씨가훈(顔氏家訓)』에 "古之學者爲己, 以補不足也. 今之學者爲人, 但能說之也. 古之學者爲人, 行道以利世也. 今之學者爲己, 修身以求進也."라고 하였다.

면으로 가까이하여 자신에게 절실하게 해야 할 뿐이다. [學只要鞭辟近裏著己而已.]"라고 하였다.

知之者不如好之者, 好之者不如樂之者.

『논어(論語)·옹야(雍也)』

도(道)를 아는 것은 도(道)를 좋아하는 것만 못하고, 도(道)를 좋아하는 것은 도(道)를 즐기는 것만 못하다.

주해

- 지(知) : 알다. 이해하다.
- 지(之) : 여기서는 학문(學問)과 사업(事業), 또는 인(仁)을 말한다.
- 호(好, hào) : 좋아하다.

仁, 人心也. 義, 人路也. 舍其路而弗由, 放其心而不知求, 哀哉! 人有鷄犬放, 則知求之. 有放心, 而不知求. 學問之道無他, 求其放心而已矣.

『맹자(孟子)·고자상(告子上)』

인(仁)은 사람의 본심이요, 의(義)는 사람이 가야할 길이다. 그 길을 버리고 가지 않으며 그 본심(本心)을 잃고도 찾을 줄 모르니 슬프도다.

사람이 닭이나 개를 잃으면 다급하게 찾을 줄은 알지만, 본심(本心)을 잃으면 찾을 줄 모른다.

학문의 길은 다른 것이 아니라 그 잃어버린 본심(本心)을 구할 따름이다.

주해

- 사(舍, shě) : '사(捨)'와 같다. 捨(버릴 사)
- 계견(鷄犬) : 닭과 개.
- 방심(放心) : 방종(放縱)하다. 선심(善心)을 잃다.

『서경(書經)·필명(畢命)』에 "雖收放心, 閑之維難."라고 했다.

學不可以已. 青, 取之於藍而青於藍. 氷, 水爲之而寒於水.

『순자(荀子)·권학(勸學)』

배움은 멈출 수 없다. 푸른빛은 남빛으로부터 나왔으나 남빛보다 푸르고, 얼음은 물이 얼어서 만들어진 것이나 물보다 차갑다.

주해

- 남(藍, lán) : 쪽빛, 남빛.
- 학(学) : 배우다. 학문을 구하다.
- 이(已, yǐ) : 그치다. 멈추다.

不聞不若聞之, 聞之不若見之, 見之不若知之, 知之不若行之. 學至於行之而止矣.

『순자(荀子)·유효(儒效)』

듣지 않는 것은 듣는 것만 같지 못하고, 듣는 것은 보는 것만 같지 못하며, 보는 것은 아는 것만 같지 못하고, 아는 것은 행하는 것만 같지 못하다. 배움은 행한 후에야 그치는 것이다.

주해

- 행(行) : 실행하다. 곧 입힉(立學)과 입교(立行)를 말힌다.

少而好學, 如日出之陽. 長而好學, 如日中之光. 老而好學, 如炳燭之明.

『설원(說苑)·건본(建本)』

젊어서 배우기를 좋아하는 것은 일출 때의 햇빛과 같고, 장년(壯年)이 되어 배움을 좋아하는 것은 한낮의 햇빛과 같으며, 늙어서 학문을 좋아하는 것은 한밤중의 촛불과 같다.

주해

- 호학(好學) : 배움을 좋아하다. '호(好)'는 동사이다.
- 병촉(炳燭) : 밝은 촛불.

• 『안씨가훈(顔氏家訓)·면학(勉學)』에 "어려서 공부하는 것은 떠오르는 일출 때의 햇빛과 같고, 늙어서 공부하는 것은 등불을 들고 밤길을 가는 것과 같지만, 그래도 눈을 감고 아무 것도 보지 않는 것보다는 낫다. [幼而學者, 如日出之光. 老而學者, 如炳燭夜行, 猶賢乎瞑目而無見者也.]"라고 했다. 瞑(소경 명)

雖有嘉肴, 弗食, 不知其旨也. 雖有至道, 弗學, 不知其善也. 是故, 學然後知不足, 教然後知困. 知不足然後能自反也, 知困然後能自强也. 故曰 教學相長也. 「兌命」曰 '斅學半', 其此之謂乎!

『예기(禮記)·학기(學記)』

비록 좋은 음식이 있으나 먹어 보지 않으면 그 맛을 알지 못한다. 비록 지극한 도(道)가 있으나 배우지 않으면 그 선(善)을 알지 못한다. 이런 연고로 배운 뒤에야 자신의 부족함을 알고, 남을 가르친 뒤에야 곤궁함을 안다.

부족함을 안 뒤에야 스스로 돌이킬 수 있고 곤궁함을 안 뒤에야 스스로 힘쓸 수 있다. 그러므로 '가르치고 배우는 것이 서로 자라고 보탬이 된다.'고 한 것이다.

『서경(書經)·열명(說命)』에 '가르침과 배움은 절반이다.' 하였으니, 이것을 말한 것이다

주해

- 가효(嘉肴, jia yáo) : 좋은 음식, 안주. 嘉(아름다울 가) 肴(안주 효) 旨(맛 지)
- 곤(困) : 곤궁(困窮). 곤혹(困惑). 곧 이해가 안 된다는 뜻이다.
- 자반(自反) : 돌이켜 자신에게서 구하다.
- 강(强, qiǎng) : 힘쓰다. 면려하다.
- 효학반(斅学半, xiào xué bàn) : 남을 가르치고 배우는 것은 반반이다. 곧 '교학상장(教學相長)'의 뜻이다. '斅(가르칠 효, xiào)'는 '교인(教人)'이다. '학(學, xué)'은 '학습(學習)'이다. 공전(孔傳)에 "斆, 教也, 教然後知所困, 是學之半."이라 했다.

黙而識之, 學而不厭, 誨人不倦, 何有於我哉?

『논어(論語)·술이(述而)』

묵묵히 배운 바를 기억하고, 배우되 만족하지 않으며, 남을 깨우치되 피곤함을 모르면 나에게 무슨 어려움이 있겠는가?

주해

- 염(厭, yàn) : 물리다. 실컷 먹다. '염(饜)'과 통한다.
- 묵(默, mò) : 말을 하지 않다.
- 식(识, zhì) : 기억하다. 보고 들은 바를 마음속에 기억하다.
- 회(誨, huì) : 가르치다. '교회(教誨)'의 뜻이다.
- 권(倦, juàn) : 게으르다. '권(惓)'과 같다.

積土成山, 風雨興焉. 積水成淵, 蛟龍生焉. 積善成德, 而神明自得, 聖心備焉.

『순자(荀子)·권학(勸學)』

토석(土石)이 쌓여 높은 산을 이루니 비바람이 그 곳에서 일어난다. 작은 물줄기가 모여 큰 연못을 이루니 교룡(蛟龍)이 그 곳에서 산다.

선(善)을 쌓고 덕(德)을 이루니 신명(神明)이 자득(自得)하여 성인(聖人)의 심덕(心德)이 갖추어진다.

주해

- 신명(神明) : 정신과 지혜.
- 자득(自得) : 자연스럽게 얻다. 스스로 그 도(道)를 얻다.

學而不思則罔, 思而不學則殆.

『논어(論語)·위정(爲政)』

배우기만 하고 생각하지 않으면 어두워지고, 생각만 하고 배우지 않으면 위태롭다.

주해

- 망(罔, wǎng) : 어둡다. 미망(迷惘)에 빠지다. 곧 방향을 잃는다는 뜻이다.
- 태(殆, dài) : 위험하다. 위태롭다.

子絶四. 毋意, 毋必, 毋固, 毋我.

『논어(論語)·자한(子罕)』

공자(孔子)는 네 가지의 마음이 전혀 없으셨으니, 억측하는 마음이 없으셨고 기필(期必)하는 마음이 없으셨으며, 고집하는 마음이 없으셨고 아집을 부리는 마음이 없으셨다.

주해

- 의(意) : 주관으로 억단(臆斷)하다.
- 필(必) : 기필(期必)하다.
- 고(固) : 고집(固執)하다.
- 아(我) : 스스로 옳다고 생각하다.

제4장

중국의 사상철학

제1절 자연과 도(道)

子曰 "予欲無言."
子貢曰 "子如不言, 則小子何述焉."
子曰 "天何言哉? 四時行焉, 百物生焉, 天何言哉?"

『논어(論語)·양화(陽貨)』

공자께서 말씀하셨다. "나는 말을 하지 않으려 한다."

자공(子貢)이 말하였다. "스승께서 만일 말씀하지 않으시면 저희들이 어떻게 도(道)를 전하겠습니까?"

공자께서 답하셨다. "하늘이 무슨 말씀을 하시던가? 그럼에도 불구하고 사시(四時)는 운행하고 만물은 생장(生長)하나니, 하늘이 무슨 말씀을 하시던가?"

주해

- 소자(小子) : 젊은 사람. 여기서는 자공(子貢) 자신 또는 공자(孔子)의 제자들을 말한다.
- 행(行) : 운행(運行)하다.

上善若水. 水善利萬物而不爭, 處衆人之所惡, 故幾于道. 居善地, 心善淵, 與善仁, 言善信, 政善治, 事善能, 動善時. 夫唯無爭, 故無尤.

『노자(老子)』 제8장

상선(上善)은 물과 같다. 물은 만물을 이롭게 하나 다투지 않고, 사람들이 싫어하는 곳에 처하기 때문에 도(道)에 가깝다.

사는데 좋은 곳에 처하고, 마음은 고요하여 연못처럼 넓으며, 사람을 대하는데 어질게 하고, 말은 믿음을 주며, 정사(政事)는 편안하게 잘 다스리고, 일처리는 능력을 잘 발휘하며, 행동은 시기를 잘 파악힌다. 무릇 자신의 이익을 위해 다투지 않으니 허물이 없다.

주해

- 상선(上善) : 최선(最善).
- 오(惡, wù) : 싫어하다. 미워하다.
- 기우도(幾于道) : 도(道)에 가깝다. 幾(거의 기)
- 우(尤) : 허물. 근심.

天之道, 損有餘而補不足. 人之道則不然, 損不足以奉有餘.

『노자(老子)』 제77장

하늘의 도(道)는 남는 것을 덜고 부족한 것을 채워준다. 사람의 도(道)는 그러하지 않으니, 부족한 자의 것을 빼앗아서 남는 자에게 바친다.

주해

- 손(損, sǔn) : 빼앗다. 박탈하다.

春者, 陽氣始上, 故萬物生. 夏者, 陽氣畢上, 故萬物長. 秋者, 陰氣始下, 故萬物收. 冬者, 陰氣畢下, 故萬物藏. 故春夏生長, 秋冬收藏, 四時之節也.

『관자(管子)·형세(形勢)』

봄은 양기(陽氣)가 비로소 올라오기 때문에 만물이 소생(蘇生)한다. 여름은 양기(陽氣)가 모두 올라왔기 때문에 만물이 성장한다. 가을은 음기(陰氣)가 비로소 내려오기 때문에 만물을 수렴(收斂)한다. 겨울은 음기(陰氣)가 모두 내려왔기 때문에 만물을 저장한다.

그러므로 봄과 여름에 만물이 생장(生長)하고, 가을과 겨울에 거두고 저장하는 것은 사시의 절기(節氣)이다.

주해

- 『귀곡자(鬼穀子)·지구(持樞)·전편(全篇)』에 "持樞, 謂春生夏長秋收冬藏, 天之正也, 不可幹而逆之. 逆之者, 雖成必敗. 故人君亦有天樞, 生養成藏, 亦復不可幹而逆之, 逆之雖盛必衰. 此天道人君之大綱也."라고 했다.
- 『사기(史記)·태사공자서(太史公自序)』에 "夫春生夏長, 秋收冬藏, 此天道之大經也. 弗順則無以爲天下綱紀."라고 했다.

제2절 자연과 사람

故道大, 天大, 地大, 人亦大. 域中有四大而人居一焉. 人法地, 地法天, 天法道, 道法自然.

『노자(老子)』 제25장

그러므로 도(道)는 광대무변하고 하늘은 광대무변하며 땅은 광대무변하고 사람도 광대무변하다. 우주 안에 '사대(四大)'가 있으니 사람은 그중 하나를 차지하고 있다. 사람은 땅을 법으로 삼고 땅은 하늘을 법으로 삼고, 하늘은 도(道)를 법으로 삼고, 도(道)는 자연을 법으로 삼는다.

주해

- 역중(域中) : 공간 또는 우주의 가운데를 말한다.

水火有氣而無生, 草木有生而無知, 禽獸有知而無義. 人有氣有生有知, 亦且有義, 故最爲天下貴也.

『순자(荀子)·왕제(王制)』

수화(水火)는 기(氣)가 있으나 생명이 없고, 초목(草木)은 생명이 있으나 지혜(智惠)가 없으며, 금수(禽獸)는 지혜가 있으나 도의(道義)가 없다.

사람은 기(氣)가 있고 생명이 있고 지혜가 있으며 또한 도의(道義)가 있다. 그러므로 천하에서 가장 귀한 존재이다.

주해

- 금수(禽獸, qín shòu) : 날짐승과 길짐승. 禽(날짐승 금) 獸(짐승 수)

天地有大美而不言, 四時有明法而不議, 萬物有成理而不說. 聖人者, 原天地之美而達萬物之理. 是故至人無爲, 大聖不作, 觀於天地之謂也.

『장자(莊子)·지북유(知北遊)』

천지자연은 위대한 아름다움이 있지만 그것을 말로 표현하지 않고, 사시(四時)는 분명한 법칙이 있지만 따지지 않으며, 만물은 정해진 이치가 있지만 말하지 않는다.

성인은 천지의 아름다움에 근원하여 만물의 이치에 통달한 사람이다. 이 때문에 지인(至人)은 자연에 순응하여 작위(作爲)하지 않으며, 대성(大聖)은 함부로 행동하지 않으니, 천지자연을 체득한 것을 말한 것이다.

주해

- 대미(大美) : 천지가 덮어주고 실어주는 아름다움을 말한다. 당(唐)나라 육덕명(陸德明)은 『장자음의(莊子音義)』에서 "대미(大美)는 하늘이 덮어주고 땅이 실어주는 아름다움을 말한다. [大美謂覆載之美也.]"라고 풀이했다. 육

수지(陸樹芝)는 "천지의 화육은 큰 아름다움을 지니고 있다.[天地之化育, 有大美矣.]"라고 풀이했다.

- 무위(無爲) : 자연에 순응하여 작위(作爲)한 바가 없다.
- 부작(不作) : 함부로[망령되이] 행동하지 않다.
- 관어천지(觀於天地) : 천지자연을 살피다. 천지자연을 체득(體得)하다. 임운명(林雲銘, 1628~1697)의 『장자인(莊子因)』에 "천지를 살펴본다는 것은 또한 자연을 체득했을 뿐이다. [觀於天地, 亦體其自然而已.]"라고 풀이했다.

凡回於天地之間, 包於四海之內, 天壤之情, 陰陽之和, 莫不有也. 雖至聖不能更也. 何以知其然? 聖人有傳. 天地也, 則曰上下. 四時也, 則曰陰陽. 人情也, 則曰男女. 禽獸也, 則曰牡牝雄雌也. 眞天壤之情, 雖有先王不能更也.

『묵자(墨子)·사과(辭過)』

무릇 하늘과 땅 사이를 둘러싸고 사해(四海)의 안을 포함해서 천지의 실정(實情)과 음양의 조화가 없는 곳이 없으니, 비록 지극한 성인(聖人)일지라도 바꿀 수 없다. 어떻게 그런 줄을 아는가?

성인(聖人)이 전한 글이 있으니, 천지(天地)는 상하(上下)로 말하고, 사시(四時)는 음양(陰陽)으로 말하며, 인정(人情)은 남녀로 말하고, 금수(禽獸)는 암컷과 수컷으로 말한다. 진실로 천지의 실정(實情)은 비록 선왕(宣王)일지라도 바꿀 수 없다.

주해

- 회(回) : 주회(周回). 주위. 둘러싸다.
- 천양지정(天壤之情) : 천지지정(天地之情). 천지의 마음 또는 천지의 실정(實情)을 말한다.

  『주역(周易)·대장(大壯)·단(彖)』에 "'대(大)' 바른 것이다. 그 정대함 속에서 천지의 실정을 볼 수가 있다. [大者, 正也. 正大而天地之情, 可見矣.]"라고 하였다.
- 모빈(牡牝, mǔ pìn) : 암컷과 수컷. 牡(수컷 모) 牝(암컷 빈)

제3절 물성(物性)과 사리(事理)

爲學日益, 爲道日損. 損之又損, 以至於無爲. 無爲而無不爲, 取天下常以無事. 及其有事, 不足以取天下.

『노자(老子)』 제48장

정교(政教)와 예악(禮樂)을 공부하면 정욕(情欲)과 문식(文飾)이 날로 더해지고, 자연의 도(道)를 닦으면 정욕(情欲)과 문식(文飾)이 날로 줄어든다. 줄어들고 또 줄어들면 무위(無爲)의 경계에 이르게 된다.

만일 무위(無爲)를 할 수 있다면 세상에 하지 않는 일이 없게 된다. 천하를 다스리는 자는 항상 무사(無事)로 다스려야 한다. 만일 유사(有司)로 다스린다면 결코 천하를 다스릴 수 없을 것이다.

주해

- 위학(爲學) : 정교(政教)와 예악(禮樂)을 공부하다. 여기에서 '학(學)'은 정교예악(政教禮樂)을 말한다.
- 일익(日益) : 정욕(情欲)과 문식(文飾)이 날로 더하다.
- 위도(爲道) : 도(道)를 닦다. 여기에서 '도(道)'는 자연의 도(道) 또는 무위(無爲)의 도(道)를 말한다.
- 일손(日損) : 정욕(情欲)과 문식(文飾)이 날로 감소하다.
- 취(取) : 다스리다. '섭화(攝化)'의 뜻이다.

聖人千慮, 必有一失. 愚人千慮, 必有一得.

『안자춘추(晏子春秋)·잡하(雜下)』

아무리 현명한 사람이라도 천 번 생각에 한 번은 잘못하기 마련이고, 아무리 어리석은 사람이라도 천 번 생각에 한 번은 성공을 하기 마련이다.

주해

- 실(失) : 실수. 착오(錯誤).

事有緣微而成著, 物有治近而致遠.

『포박자(抱朴子)·광비(廣譬)』

일은 작은 데서 시작하여 현저한 공적(功績)을 이루고, 사물은 가까운 곳을 다스려 공효(功效)가 먼 곳에 이르게 된다.

주해

- 연(緣) : 따르다. 의지하다. '연(沿)'과 같다.

信言不美，美言不信．善者不辯，辯者不善．知者不博，博者不知．聖人無積，旣已爲人，己愈有．旣已與人，己愈多．天之道，利而不害．人之道，爲而不爭．

『노자(老子)』 제81장

진실한 말은 화려하지 않고, 화려한 말은 진실하지 못하다. 선(善)한 자는 말이 교묘하지 않고 말이 교묘한 자는 선(善)한 자가 아니다. 지혜로운 자는 박식하지 않고, 박식한 자는 지혜롭지 못하다.

성인(聖人)은 인색하지 않아서, 힘을 다해 남을 도와주어도 오히려 자신의 것이 더 충족되고, 힘을 다해 남에게 베풀어도 도리어 자신의 것이 많아진다. 하늘의 도(道)는 만물을 이롭게 하되 해치지 않으며, 성인(聖人)의 도(道)는 남을 위하되 다투지 않는 법이다.

주해

- 신언(信言) : 진실하고 성실한 말.
- 변(辯) : 말이 교묘하다. '교변(巧辯)'의 뜻이다.
- 지(知) : 지혜롭다. '지(智)'와 같다.
- 적(積) : 인색하다.
- 기(旣) : 모두. 전부.
- 인지도(人之道) : '성인(聖人)의 도(道)'를 말한다.

夫大道不稱, 大辯不言, 大仁不仁, 大廉不嗛[謙], 大勇不忮.

『장자(莊子)·제물론(齊物論)』

무릇 대도(大道)는 헤아릴 수 없고, 대변(大辯)은 말이 많지 않고, 대인(大仁)은 편애(偏愛)하지 않고, 대렴(大廉)은 청렴함을 드러내지 않고, 대용(大勇)은 남을 해치지 않는다.

주해

- 불칭(不稱) : 느끼기만 할 뿐 확실하게 말하지 않다.
- 불언(不言) : 말이 많지 않다.
- 불인(不仁) : 편애(偏愛)하지 않다. 『노자(老子)』의 "天地不仁"과 같은 뜻이다.
- 불겸(不嗛) : 겸양하지 않다. '겸(嗛)'은 '겸(謙)'과 통한다.
- 불기(不忮, zhì) : 남을 해치지 않다.

海不辭水, 故能成其大. 山不辭土石, 故能成其高. 明主不厭人, 故能成其衆. 士不厭學, 故能成其聖.

『관자(管子)·형세(形勢)』

바다는 작은 물줄기를 사양하지 않기 때문에 저 대해(大海)를 이룰 수 있고, 산은 토석(土石)을 사양하지 않기 때문에 저 높은 산을 이룰 수 있다.

현명한 군주(君主)는 사람을 싫어하지 않기 때문에 그 무리를 얻을 수 있고, 선비는 배움을 싫어하지 않기 때문에 그 성덕(聖德)을 이룰 수 있다.

주해

- 사(辭) : 사양하다. 물리치다.
- 염(厭) : 싫어하다. 싫증내다.

志得則顏怡, 意失則容戚. 本朽則末枯, 源淺則流促. 有諸中者必形乎表, 發乎邇者必著乎遠.

『포박자(抱朴子)·박유(博喩)』

뜻을 얻으면 안색이 피어나고 뜻을 잃으면 안색이 슬퍼진다. 뿌리가 썩으면 가지가 마르고, 근원이 얕으면 물소리가 급박해진다.

심중에 간직한 것은 반드시 겉으로 드러나고, 가까운데서 일어난 일은 반드시 먼데서 드러나기 마련이다.

주해

- 척(戚, qī) : 슬프다. 근심하다.
- 이(邇, ěr) : 가깝다. '근(近)'과 같다. 邇(가까울 이)

제5장

중국의 문학예술

제1절 문학(文學)

質勝文則野, 文勝質則史. 文質彬彬, 然後君子.

『논어(論語)·옹야(雍也)』

바탕이 문채보다 지나치면 조야(粗野)하게 되고, 문채가 바탕보다 지나치면 겉치레에 흐르게 된다. 문채와 바탕이 조화를 이룬 뒤에야 군자라고 할 수 있다.

주해

- 질(质) : 바탕. 질박(質樸). 곧 사상과 내용을 말한다.
- 문(文) : 문채(文彩). 문식(文飾). 곧 형식과 수사(修辭)를 말한다.
- 사(史) : 공허하여 실제와 맞지 않다. 곧 문채가 바탕을 이기는 것을 말한다.
- 빈빈(彬彬) : 서로 뒤섞여 조화를 이루다. 彬(빛날 빈)

故說詩者, 不以文害辭, 不以辭害志. 以意逆志, 是爲得之.[1)]

『맹자(孟子)·만장상(萬章上)』

그러므로 『시경(詩經)』의 시를 말하는 자는 자구(字句)로 시

1) 맹자(孟子)가 제자 함구몽(咸丘蒙)에게 시(詩)를 말하는 사람은 그 구절만 보고 이해해서는 안 된다고 가르치는 내용이다.

의 사구(辭句)를 방해해서는 안 되고, 시의 사구(辭句)로 시인의 뜻을 방해해서도 안 된다. 자신의 뜻으로 작자의 뜻[意旨]을 취해야 시의 본의를 얻을 수 있다.

주해

- 역(逆) : 맞이하다. '영(迎)'과 같다.
- 해(害) : 방해하다.
- 역(逆) : 헤아리다. 구하다.
- 지(志) : 시인의 뜻. 곧 시인이 시에서 표달(表達)한 사상과 감정을 말한다.

荃者所以在魚, 得魚而忘荃. 蹄者所以在兎, 得兎而忘蹄. 言者所以在意, 得意而忘言.

『장자(莊子)·외물(外物)』

통발은 물고기를 잡는 도구이니, 물고기를 잡으면 통발을 잊어야 한다. 올무는 토끼를 잡는 도구이니, 토끼를 잡으면 올무를 잊어야 한다. 말이란 뜻을 전달하는 도구이니, 뜻을 얻으면 말을 잊어야 한다.

주해

- 전(荃, quán) : 물고기 잡는 통발. '전(筌)'과 통한다.
- 제(蹄, tí) : 굽. 올무[兎網].

故言, 心聲也. 書, 心畵也. 聲畵形, 君子小人見矣. 聲畵者, 君子小人之所以動情乎.

『법언(法言)·문신(問神)』

그러므로 언어는 마음의 소리요, 문자는 마음의 그림이다. 소리와 그림은 겉으로 드러나는 법이니, 군자(君子)인지 소인(小人)인지를 알 수 있다. 소리와 그림이란 것은 군자와 소인의 감정이 촉발하여 생겨난 것이다.

주해

- 언(言) : 언어.
- 서(書) : 문자(文字).
- 형(形) : 겉으로 드러나다.
- 현(見, xiàn) : 나타나다.

詩賦者, 所以頌善醜之德, 泄哀樂之情也. 故溫雅以廣文, 興喩[2]以盡意.

『잠부론(潛夫論)·무본(務本)』

시(詩)와 부(賦)는 선덕(善德)을 칭송하고 악행(惡行)을 풍자하

2) 『시경(詩經)·대서(大序)』에 "詩有六義, 一曰興, 二曰賦, 三曰比, 四曰風, 五曰雅, 六曰頌."이라 했다. 『주례(周禮)·춘관(春官)·대사(大師)』에서 정현(鄭玄)의 註에: "興, 見今之美, 嫌於媚諛, 取善事以喩勸之."라고 풀이했다.

며. 슬프고 즐거운 감정을 발설(發泄)하는 것이다. 그러므로 온화(溫和)하고 문아(文雅)함으로 문덕(文德)을 넓히고, 비흥(比興)으로 뜻을 모두 드러낸다.

주해

- 흥유(興喩) : 흥유함풍(興喩含諷). '비방(比方)'과 같다. 모두 시가 창작수법의 하나로, '흥(興)'은 사물에 기탁하여 뜻을 말하는 것이고, '유(喩)'는 다른 사물을 취하여 비유하는 것이다.

文章當從三易, 易見事一也, 易識字二也, 易讀誦三也.

『안씨가훈(顔氏家訓)·문장(文章)』

문장은 마땅히 '삼이(三易)'를 따라야 한다. 쉽게 전고(典故)를 알 수 있는 것이 하나요, 쉽게 문자를 알 수 있는 것이 둘이요, 쉽게 암송할 수 있는 것이 셋이다.

주해

- 견사(見事) : 쉽게 전고(典故)를 이해하게 만들다. '사(事)'는 전고(典故)이다.

제2절 예술(藝術)

治世之音, 安以樂, 其政和. 亂世之音, 怨以怒, 其政乖. 亡國之音, 哀以思, 其民困. 凡音樂通乎政, 而移風平俗者也.

『예기(禮記)·악기(樂記)』

치세(治世)의 음악은 편안하고 즐거우니 정사(政事)가 화평하기 때문이고, 난세(亂世)의 음악은 원망하고 분노하니 정사(政事)가 어긋났기 때문이고, 망국(亡國)의 음악은 슬프고 생각이 많으니 백성이 곤궁하기 때문이다.

무릇 음악은 정사(政事)에 통하고, 풍속을 변화시키는 작용이 있다.

주해

- 괴(乖, guāi) : 어긋나다. '괴려(乖戾)'의 뜻이다.
- 이풍평속(移風平俗) : 풍기(風氣)를 바꾸고 습속(習俗)을 변화시키다.
  『여씨춘추(呂氏春秋)·치악(侈樂)』에 나온다.
  "凡音樂通乎政, 而移風平俗者也."

凡音者, 産乎人心者也. 感於心則蕩乎音, 音成於外而化乎內. 是故聞其聲而知其風, 察其風而知其志, 觀其志而知其德. 盛衰賢不肖, 君子小人, 皆形於樂, 不可隱匿. 故曰: 樂之爲觀也, 深矣.

『여씨춘추(呂氏春秋)·음초(音初)』

무릇 음악이란 사람의 마음에서 생겨난다. 마음속에 감응한 바가 있으면 음악으로 표현되니, 음악은 겉으로 표현되어 내면을 화육(化育)한다. 이 때문에 그 지역의 음악을 들으면 그 지역의 풍속(風俗)을 일 수 있고, 그 지역의 풍속을 관찰하면 그 지역의 지향(志向)을 알 수 있으며, 그 지역의 지향을 관찰하면 그 지역의 도덕을 알 수 있다.

흥망괴 성쇠, 현명함과 불초(不肖), 군자와 소인이 모두 음악으로 드러나서 감출 수가 없다. 그러므로 '음악을 관찰의 대상으로 삼는다.'고 말하니 그 뜻이 깊다.

주해

- 화호내(化乎內) : 내면을 화육(化育)하다. '화(化)'는 화육(化育)의 뜻이다.
- 지(志) : 지취(志趣). 지향(志向).

제3절 미학(美學)

「關雎」[3] 樂而不淫, 哀而不傷.

『논어(論語)·팔일(八佾)』

『시경(詩經)·관저(關雎)』편의 시는 즐거우면서도 넘치지 않고, 슬프면서도 마음을 상하게 하지 않는다.

주해

- 관저(關雎) : 『시경(詩經)·주남(周南)』의 맨 처음에 나오는 시. 문왕(文王)과 그 후비(后妃)의 덕을 노래한 것이다. "관관히 우는 저구새, 하수의 모래섬에 있도다. 요조숙녀는 군자의 좋은 짝이로다.[關關雎鳩, 在河之洲. 窈窕淑女, 君子好逑.]"
- 음(淫) : 넘치다. 방탕하다.

子夏[4] 問曰: "'巧笑倩兮, 美目盼兮, 素以爲絢兮.' 何謂也?"
子曰: "繪事後素."
曰: "禮後乎"
子曰: "起予者, 商也. 始可與言詩已矣."

『논어(論語)·팔일(八佾)』

3) 주희(朱熹)의 『사서집주(四書集註)』에 "淫者, 樂之過而失其正者也. 傷者, 哀之過而害於和者也."라고 풀이했다.

4) 자하(子夏) : 공자(孔子)의 제자인 복상(卜商)의 자(字)이다. 『논어(論語)·학이(學

자공(子貢)이 물었다. "'보조개 생긴 입가에 웃음이 예쁘고, 흑백이 분명한 눈동자가 선명하구나. 흰 바탕에 채색을 한다.' 라고 하였는데, 무슨 말입니까?"[5)]

공자가 말씀하셨다. "그림 그리는 일은 흰 비단을 마련한 것보다 뒤에 한다는 것이다."

자공이 다시 물었다. "그렇다면 예(禮)가 뒤라는 말씀이군요."

공자가 말씀하셨다. "나를 일깨우는 자는 상(商)이로다. 비로소 함께 시(詩)를 말할 수 있겠구나."

주해

- 회사후소(繪事後素) : 채색을 칠하는 일은 흰 비단을 마련한 뒤에 한다. 곧 문식(文飾)보다 아름다운 바탕이 먼저라는 의미이다.
  주희(朱熹)의 『사서집주(四書集註)』에 "繪事, 繪畫之事也. 後素, 後於素也." 라고 해석했다. 『고공기(考工記)』에 "'繪畫之事後素功'. 謂先以粉地爲質, 而後施五采, 猶人有美質, 然後可加文飾."라고 하였다.
- 倩(예쁠 천, qiàn) 盼(눈 예쁠 반, pàn) 絢(문채 현, xuàn)

子謂韶, 盡美矣, 又盡善也. 謂武, 盡美矣, 未盡善也.

『논어(論語)·팔일(八佾)』

而)』에 자하가 말하였다. "어진 이를 어질게 여기되 여색을 좋아하는 마음으로 바꿔서 하고, 부모를 섬기되 자신의 힘을 다하고, 군주를 섬기되 자신의 몸을 바치고, 붕우와 사귀되 말한 것을 실천하여 신의가 있으면, 그가 배우지 않았다 하더라도 나는 반드시 배웠다고 하겠다. [賢賢, 易色. 事父母, 能竭其力. 事君, 能致其身, 與朋友交, 言而有信, 雖曰未學, 吾必謂之學矣.]"

공자께서 소악(韶樂)을 평하여 '악곡이 지극히 아름답고 내용도 지극히 좋다.'라고 하셨고, 무악(武樂)을 평하여 '악곡은 지극히 아름다우나 내용이 완전하지 못하다.'라고 하셨다.

주해

- 소(韶, sháo) : 제순(帝舜) 때 지어진 악곡명(樂曲名).
- 미(美) : 악곡의 성음(聲音)상 아름다움을 말한다.
- 선(善) : 악곡의 내용(內容)상 아름다움을 말한다.
- 무(武, wǔ) : 주(周)나라 무왕(武王) 때 지어진 악곡명(樂曲名).

可欲之謂善, 有諸己之謂信, 充實之謂美, 充實而有光輝之謂大, 大而化之之謂聖, 聖而不可知之之謂神.

『맹자(孟子)·진심하(盡心下)』

누구나 원하는 것을 '선(善)'이라 하고, 자기 몸에 선(善)을 간직한 것을 '신(信)'이라 하고, 선(善)을 행하여 몸 안에 충만한 것을 '미(美)'라 하고, 몸 안에 충만하여 겉으로 빛이 발하는 것을 '대(大)'라 하고, 선성(善性)을 발양하여 만물을 화육(化育)하는 것을 '성(聖)'이라 하고, 성스러워 예측할 수 없는 경계에 이르게 하는 것을 '신(神)'이라 한다.

주해

- 화(化) : 화육(化育)하다.

  주희(朱熹)는 『사서집주(四書集註)』에서 "천하의 이치로 말하면, 선(善)한 것은 누구나 반드시 그렇게 되고 싶어 하고 악(惡)한 것은 반드시 싫어하는 법이다. 그 사람됨이 누구나 그렇게 되고 싶어 하고 싫어하지 않는다면 선인(善人)이라고 말할 수 있다. [天下之理, 其善者, 必可欲, 其惡者, 必可惡, 其爲人也, 可欲而不可惡, 則可謂善人矣.]"라고 해설하였다.

天命之謂性, 率性之謂道, 修道之謂教. 道也者, 不可須臾離也, 可離, 非道也.
是故, 戒愼乎其所不睹, 恐懼乎其所不聞.

『중용(中庸)』

하늘이 모든 사물에 부여(賦與)한 것을 '성(性)'이라 하고, 성(性)을 따르는 것을 '도(道)'라 하고, 도(道)를 중도(中道)에 맞게 닦는 것을 '교(教)'라 한다. 도(道)라는 것은 잠시도 떠날 수 없는 것이다. 떠날 수 있으면 도(道)가 아니다.

그러므로 군자는 그 보지 않는 바에도 경계하고 삼가며, 그 듣지 않는 바에도 두려워하고 조심하는 것이다.

주해

- 명(命) : 부여(賦與)하다.
- 솔성(率性) : 천성(天性)을 따르다.
- 교(教) : 교화(教化).

- 부도(不睹) : 보지 않는 곳을 말한다.
- 불문(不聞) : 듣지 않는 일을 말한다.

喜怒哀樂之未發，謂之中．發而皆中節，謂之和．中也者，天下之大本也．和也者，天下之達道也．致中和，天地位焉，萬物育焉．

『중용(中庸)』

희노애락(喜怒哀樂)의 감정이 아직 발현되지 않아 치우침이 없는 상태를 '중(中)'이라 하고, 그 감정이 발하여 모두 절도(節度)에 맞는 것을 '화(和)'라 한다.

그러므로 중(中)이라는 것은 천하의 큰 근본이며, 화(和)라는 것은 천하의 공통된 도(道)이다. 중화(中和)의 경지를 이루면 천지가 제 자리에 있고 만물이 제대로 길러진다.

주해

- 중(中) : 어느 한곳에도 치우치지 않는 자리.
- 중절(中節, zhòng jié) : 절도(節度)와 법도(法度)에 맞다.
- 화(和) : 평정(平正)하고 어긋나지 않는 자리.
- 대본(大本) : 최고의 근원. 곧 '천명지성(天命之性)'을 말한다.
- 달도(達道) : 공동(共同)의 도(道). 보편적 원칙.

제6장

중국의 양생의학

제1절 과욕(寡欲)[1)]

養心莫善於寡欲. 其爲人也寡欲, 雖有不存焉者, 寡矣. 其爲人也多欲, 雖有存焉者, 寡矣.

『맹자(孟子)·진심하(盡心下)』

마음을 기르는 데에는 욕심을 적게 가지는 것보다 좋은 것이 없다. 사람이 욕심을 적게 가지면 본심이 보존되지 못하는 일이 있을지라도 적을 것이요, 사람이 욕심을 많이 가지면 본심이 보존되는 일이 있을지라도 적을 것이다.

주해

- 과욕(寡欲) : 욕심을 적게 가지다. 寡(적을 과)

起居時, 飮食節, 寒暑適, 則身利而壽命益. 起居不時, 飮食不節, 寒暑不適, 則形體累而壽命損.

『관자(管子)·형세(形勢)』

기거(起居)를 때에 맞게 하고, 음식은 절제하며, 추위와 더위

1) 『근사록집해(近思錄集解)』 권2 「존양(存養)」에 "致知在所養, 養知莫過於寡欲二字. 外無物欲之撓則心境淸, 內有涵養之素則明睿生."라고 했다.

에 적응하면 몸에 이롭고 수명이 증가된다.

기거(起居)를 때에 맞게 하지 않고, 음식이 절제가 없으며, 추위와 더위에 적응하지 못하면, 몸이 피로하여 수명이 감소될 것이다.

주해

- 시(時) : 때에 맞게 하다. '안시(按時)'의 뜻이다.
- 절(節) : 절제(節制)하다.
- 적(適) : 적응(適應)하다.
- 형체(形體) : 신체(身體).

  『장자(莊子)·달생(達生)』편에 "齊七日, 輒然忘吾有四枝形體也."라고 했다.

天有大命, 人有大命. 夫香美脆味, 厚酒肥肉, 甘口而病形. 曼理皓齒, 說情而損精. 故去甚去泰, 身乃無害.

『한비자(韓非子)·양권(揚權)』

하늘에는 자연의 정해진 법칙이 있고, 사람에게는 인간의 정해진 법칙이 있다. 향기롭고 먹기 좋은 음식과 진한 술이며 기름진 고기는 먹기는 좋지만 몸을 병들게 한다. 살결이 곱고 이가 하얀 여인은 마음을 즐겁게 하지만 정기(精氣)를 손상시킨다. 그러므로 지나치거나 과도하지 말아야 몸에 해로움이 없다.

주해

- 대명(大命) : 자연의 정해진 법칙. 자연규율.

  진기유(陳奇猷)의 『한비자집석(韓非子集釋)』에 "大命, 謂自然之數."라고 했다. 왕선신(王先愼)의 『한비자집해(韓非子集解)』에 "주야(晝夜)와 사시(四時)의 절후(節候)는 하늘의 정해진 법칙이고, 군신(君臣)과 상하(上下)의 질서는 인간의 정해진 법칙이다. [晝夜四時之候, 天之大命. 君臣上下之節, 人之大命也.]"라고 했다.
- 만리호치(曼理皓齒) : 살결이 곱고 피부가 하얀 여인. 곧 미인을 말한다.
- 열정(說情) : 마음을 기쁘게 하다. '열(說)'은 '열(悅)'과 같다.
- 심태(甚泰) : 과분하다. 지나치다.

  남조(南朝) 송(宋)나라 하승천(何承天)의 「답종거사서(答宗居士書)」에 나온다. "順其天性, 去其甚泰."

『禮』云 : "欲不可縱, 志不可滿."[2] 宇宙可臻其極, 情性不知其窮, 唯在少欲知足, 爲立涯限爾.

『안씨가훈(顔氏家訓)·지족(止足)』

『예기(禮記)』에 이르기를 "사욕(私欲)은 멋대로 따라가서도 안 되고, 자신의 뜻만 채우려고 해서도 안 된다."라고 했다. 우주는

2) 『예기(禮記)·곡례상(曲禮上)』의 첫머리에 나오는 말이다. "언제 어디서나 공경하는 마음이 없어서는 안 된다. 항상 진지하게 생각하고, 안정된 말을 해야 하니, 그렇게 하면 백성들이 편안할 것이다. 거만한 마음을 자라게 해서는 안 되며, 욕망을 멋대로 따라가도 안 되며, 자기 뜻만 채우려 해서도 안 되며, 쾌락이 극도에 이르게 해서도 안 된다. [毋不敬, 儼若思, 安定辭, 安民哉. 傲不可長, 欲不可縱, 志不可滿, 樂不可極.]"

그 극한(極限)에 이를 수 있어도, 정욕(情欲)은 그 끝이 없다. 오로지 사욕(私欲)을 줄이고 만족을 알아야 이에 그 한계를 세울 수 있다.

주해

- 『예기(禮記)·곡례상(曲禮上)』의 첫머리에 나오는 말이다.
- 욕(欲) : 사욕(私欲).
- 지(志) : 사지(私志).
- 정성(情性) : 정욕(情欲). 곧 사람의 본질적인 욕망을 뜻한다.
- 지족(知足) : 지지지족(知止知足). 그칠 줄 알고 만족할 줄 알다. 『노자(老子)』에 나온다. "知足不辱, 知止不殆, 可以長久."
- 애한(涯限) : 한계(限界). 한도(限度). 涯(끝 한)

世之人主貴人, 無賢不肖, 莫不欲長生久視[3], 而日逆其生, 欲之何益? 凡生之長也, 順之也. 使生不順者, 欲也. 故聖人必先適欲.

『여씨춘추(呂氏春秋)·중기(重己)』

세상의 인군(人君)과 공경대부(公卿大夫) 중에 잘나고 못나고를 떠나서 장생불로(長生不老)를 바라지 않는 사람은 없다. 그러나 그들은 매일 장생(長生)의 도(道)를 위배하고 있으니, 장수(長

3) 소철(蘇轍)의 「황주쾌재정기(黃州快哉亭記)」에 "變化倏忽, 動心駭目, 不可久視."라고 하였고, 『노자(老子)』 제59장에 "是謂深根固柢, 長生久視之道."라고 하였다. 倏(갑자기 숙)

壽)를 원한들 무슨 소용이 있겠는가?

무릇 장수는 생명의 규율(規律)을 따라야 한다. 생명의 규율을 따르지 않게 하는 것은 욕망이다. 그러므로 성인(聖人)께서는 반드시 욕망의 절제를 우선시하였다.

주해

- 귀인(貴人) : 여기서는 공경대부(公卿大夫)를 말한다. 고유(高誘)의 주(註)에 "貴人, 謂公卿大夫也."라고 풀이했다.
- 구시(久視) : 장구주시(長久注視). 곧 장수(長壽)나 불로(不老)를 의미한다.
- 적욕(適欲) : 욕망을 절제하다.
  교유(高誘)의 주(註)에 "適猶節也."라고 풀이했다.

제2절 양성(養性)

靜然可以補病, 眥搣可以休老, 寧可以止遽.

『장자(莊子)·외물(外物)』

마음이 고요하면 병을 치료할 수 있고, 안마를 하면 노화를 방지할 수 있고, 마음이 편안하면 번뇌를 그치게 할 수 있다.

주해

- 정연(靜然) : 마음이 청정(淸靜)하고 고요한 모습. 일본(一本)에는 '정묵(靜默)'으로 되어 있다.
- 자멸(眥搣, zì miè) : 눈가를 비비다. 눈 주위를 지압하다. '안마(按摩)'와 같다. 眥(눈가 자) 搣(비빌 멸)
- 영(寧) : 편안하다. 안정되다. '심녕(心寧)'의 뜻이다.
- 거(遽, jù) : 마음이 두렵고 황망하다. '거황(遽惶)' 또는 '거척(遽惕)'의 뜻이다. 惕(두려워할 척)
  성현영(成玄英)은 "遽, 疾速也.]"라고 풀이했다.

流水不腐, 戶樞不蠹, 動也. 形氣亦然, 形不動則精不流, 精不流則氣鬱.

『여씨춘추(呂氏春秋)·진수(盡數)』

흐르는 물이 썩지 않고, 문지도리에 좀이 먹지 않는 것은 바로 끊임없이 움직이기 때문이다. 사람의 육신과 정기(精氣)도 마찬가지이다. 육신이 움직이지 않으면 정기(精氣)가 유통되지 못하고, 정기가 유통되지 못하면 기(氣)가 울결(鬱結)된다.

주해

- 호추(戶樞) : 문지도리. 樞(지도리 추)
- 형기(形氣) : 정기(精氣). 원기(元氣). 형기(形氣)와 정기(精氣).
- 울(鬱) : 막히다. '울결(鬱結)'의 뜻이다.
- 두(蠹, tán) : 좀. 해충.

夫善養性者無常術，得其和而已矣.
凡陽氣生養陰氣消殺. 和喜之徒，其氣陽也. 故養性者，崇其陽而絀其陰. 陽極則亢，陰結則凝. 亢則有悔，凝則有凶.

『신감(申鑒)·속혐(俗嫌)』

무릇 성정(性情)을 잘 기르는 데는 일정한 방법이 없으니, 그 화평함을 얻을 따름이다.

무릇 양기(陽氣)에는 생양(生養)하는 작용이 있고, 음기(陰氣)에는 소살(消殺)하는 작용이 있다. 화평하고 즐거워하는 자는 그 기(氣)가 양(陽)에 속한다. 그러므로 성정(性情)을 기르는 자는 그 양기(陽氣)를 숭상하고 그 음기(陰氣)를 물리친다. 양기가 지나치게 성하면 항진(亢進)되고, 음기가 맺히면 응체(凝滯)된다.

끝까지 올라가면 후회가 있고, 응체되면 흉하게 된다.

주해

- 출(絀, chù) : 물리치다.
- 항즉유회(亢則有悔) : 끝까지 올라가면 후회가 있다. 곧 양기(陽氣)가 항진(亢進)되면 병이 생긴다는 말이다. 亢(오를 항, kàng)
- 응(凝, níng) : 응체(凝滯)되다. 응결(凝結)되다.

제3절 건신(健神)

形勞而不休則弊, 精用而不已則勞. 勞則竭. 水之性, 不雜則淸, 莫動則平.[4] 鬱閉而不流, 亦不能淸, 天德之象也. 故曰 純粹而不雜, 靜一而不變, 惔而無爲, 動而以天行, 此養神之道也.

『장자(莊子)·각의(刻意)』

사람의 육신은 혹사만 하고 쉬지 않으면 피폐해지고, 정신은 쓰기만 하고 멈추지 않으면 피로하게 된다. 피로하면 정신이 고갈된다.

물의 본성은 이물질이 섞이지 않으면 맑은 상태를 유지하고, 교란시키지 않으면 평정을 유지한다. 그러나 물길을 가로 막고 흐르지 못하게 하면 또한 맑은 상태를 유지할 수 없으니, 이것은 타고난 천성의 표상이다.

그러므로 "순수하여 잡스럽지 않고, 전일(專一)하여 변하지 않으며, 담연(淡然)하게 무위(無爲)의 도를 행하고, 하늘의 운행에 따라 움직인다."고 하니, 이것이 바로 정신을 기르는 도(道)이다.

---

4) 『여씨춘추(呂氏春秋)·본성(本生)』편에 "무릇 물의 본성은 맑은 것인데, 흙으로 휘저어 놓아서 맑지 못하는 것이다. 인간의 본성은 장수를 누리게 되어 있는데 물욕으로 휘저어 놓아서 장수하지 못하는 것이다. [夫水之性淸, 土者抇之, 故不得淸. 人之性壽, 物者抇之, 故不得壽.]"라고 하였다.

주해

- 정일(精一) : 고요하고 전일(專一)하여 변하지 않다.
  성현영(成玄英)의 소(疏)에 "縱使千變萬化, 而心恆靜一."이라고 풀이했다.
- 惔(편안할 담, dàn) : 담연(淡然)하다. 담박(淡泊)하다. '담(淡)'과 통한다.

大甘大酸大苦大辛大鹹, 五者充形, 則生害矣. 大喜大怒大憂大恐大哀, 五者接神, 則生害矣. 大寒大熱大燥大濕大風大霖大霧, 七者動精, 則生害矣. 故凡養生莫若知本. 知本, 則疾無由至矣.

『여씨춘추(呂氏春秋)·진수(盡數)』

지나치게 달고, 지나치게 시고, 지나치게 쓰고, 지나치게 맵고, 지나치게 짠 다섯 가지 맛이 몸에 들어가면 해를 입게 된다.

지나치게 기뻐하고, 지나치게 성내고, 지나치게 근심하고, 지나치게 두려워하고, 지나치게 슬퍼하는 다섯 가지 감정이 정신과 접촉하면 해를 입게 된다.

지나치게 춥고 지나치게 덥고 지나치게 건조하고 지나치게 습하고 지나치게 바람 불고 지나치게 비오고 지나치게 안개가 낀 일곱 가지 자연현상이 정기(精氣)에 침습하면 해를 입게 된다.

그러므로 무릇 양생(養生)이란 근본을 아는 것이 가장 중요하다. 근본을 알면 질병이 생겨날 수 없다.

주해

- 대림(大霖) : 심한 장맛비. 霖(장마 림)
- 대무(大霧) : 심한 안개. 霧(안개 무)

以神爲主者, 形從而利. 以形爲制者, 神從而害. 夫精神氣志[5]者, 靜而日充者以壯, 躁而日耗者以老. 是故聖人將養其神, 和弱其氣, 平夷其形, 而與道沈浮俛仰.

『회남자(淮南子)·원도훈(原道訓)』

정신을 주인으로 삼으면 육신이 따라서 이롭고, 육신의 통제를 받으면 정신이 따라서 해를 입는다.

무릇 정신과 의지가 고요히 날로 충실하면 몸이 강건해지고, 조급해져 날로 소모하면 몸이 노쇠해진다. 이 때문에 성인(聖人)은 자신의 정신을 기르고, 그 기(氣)를 부드럽게 하며, 그 몸을 편안하게 하여 대도(大道)와 더불어 부침면앙(浮沈俛仰)한다.

주해

- 기지(氣志) : 정신(精神) 또는 의지(意志).
- 침부면앙(沈浮俛仰) : 부침부앙(浮沈俯仰). 부침면앙(浮沈俛仰). 곧 사람과 사물 및 시세(時勢)의 성쇠(盛衰)를 의미한다. 고유(高誘)의 주(註)에 "沉浮猶盛衰."라고 풀이했다.

---

5) 『예기(禮記)·공자한거(孔子閑居)』에 "清明在躬, 氣志如神. "이라 했고, 『초사(楚辭)·구장(九章)·석왕일(惜往日)』에 "信讒諛之溷濁兮, 盛氣志而過之."라고 했다. 讒(참소할 참) 諛(아첨할 유) 溷(어지러울 혼)

제4절 양생(養生)

養生之方, 唾不及遠, 行不疾步, 耳不極聽, 目不久視, 坐不至久, 臥不及疲, 先寒而衣, 先熱而解, 不欲極飢而食, 食不過飽, 不欲極渴而飮, 飮不過多.

『포박자(抱朴子)·극언(極言)』

양생(養生)의 방법은 침을 멀리 뱉지 말고, 지나치게 빨리 걷지 말며, 지나치게 귀를 기울여 듣지 말고, 눈으로 오래도록 보지 말며, 오래도록 앉아 있지 말고, 피로가 쌓이게 눕지 말며, 춥기 전에 따뜻한 옷을 입고, 덥기 전에 두꺼운 옷을 벗으며, 지나치게 배고파서 음식을 먹지 말고, 음식을 과식하지 말며, 지나치게 목말라서 마시지 말고, 술은 과음하지 않는 것이다.

주해

- 타(唾, tuò) : 침. 침을 뱉다.
- 극청(極聽) : 지나치게 귀를 기울여 듣다.
- 기(飢, jī) : 굶주리다.

夫治病者當知標本. 以身論之, 外爲標, 內爲本. 陽爲杓, 陰爲本. 故六腑屬陽爲標, 五臟屬陰爲本. 臟腑在內爲本, 十二經絡在外爲標. 而臟腑陰陽氣血經絡又各有標本焉. 以病論之, 先受爲本, 後傳爲標. 故百病先治其本, 後治其標. 否則邪氣滋甚, 其病益蓄.

『본초강목(本草綱目)』[6)]

병을 치료하는 자는 반드시 표(標)와 본(本)을 알아야 한다. 몸으로 말하자면 겉은 표가 되고 속은 본이 된다. 양(陽)은 표가 되고 음(陰)은 본이 된다. 그러므로 육부(六腑)는 양(陽)이니 표가 되고, 오장(五臟)은 음(陰)이니 본이 된다.

장부(臟腑)는 안에 있으므로 본이 되고, 십이경락(十二經絡)은 겉에 있으므로 표가 된다. 또한 음양(陰陽)·기혈(氣血)·경락(經絡)에도 각각 표와 본이 있다.

질병으로 논하자면, 먼저 생긴 것이 본이 되고, 뒤에 생긴 것이 표가 된다. 그러므로 모든 병은 먼저 그 본을 치료하고 나중에 그 표를 치료한다. 그렇지 않으면 사기(邪氣)가 더욱 심해져서 그 병은 더욱 깊어진다.

---

6) 중국 명(明)나라의 이시진(李時珍, 1518~1593)이 질병의 치료에 쓰이는 약물을 관찰·수집하고 문헌을 참고하여 저술한 의서(醫書). 모두 52권 37책으로 필사본이다. 모든 약에 대해 "정명(正名)으로 강(綱)을 나타내고 석명으로 목(目)을 붙였다"고 하여 '본초강목(本草綱目)'이라 이름지었다.

주해

- 육부(六腑) : 뱃속에 있는 여섯 가지 기관(腑). 곧 위(胃), 소장(小腸, 작은창자), 대장(大腸, 큰창자), 방광(膀胱), 담(膽, 쓸개), 삼초(三焦)를 말한다. 육부(六腑)는 음식물을 받아들여 소화하고 영양분을 흡수하며 찌꺼기를 내려 보내는 역할을 한다.
- 오장(五臟) : 심장(心臟, 염통), 간장(肝臟), 비장(脾臟, 지라), 폐장(肺臟, 허파), 신장(腎臟, 콩팥)을 말한다. 오장(五臟)은 실질적인 장기(臟器)를 의미하기보다는 장기(臟器)의 기능활동과 병리변화 등을 뜻하며, 서양의학에서의 장기(臟器)와는 다른 특징이 있다.

魏文侯問扁鵲[7]曰: "子昆弟三人, 其孰最爲善醫乎?"

扁鵲曰: "長兄最善, 仲兄次之, 扁鵲最爲下."

魏文侯曰: "可得聞耶?"

扁鵲曰: "長兄於病視神, 未有形而除之, 故名不出於家. 仲兄治病, 其在毫毛, 故名不出於閭. 若扁鵲者, 鑱血脈, 投毒藥, 副肌膚, 閒而名出聞於諸侯."

『갈관자(鶡冠子)[8]·세현(世賢)』

7) 편작(扁鵲, BC.401~BC.310) : 춘추전국시대(春秋戰國時代) 때 발해군(渤海郡) 출신의 명의. 괵(虢)나라의 태자를 살리고 제(齊)나라의 환공(桓公)의 병세를 진단한 것으로 전해지며, 위(魏)나라 문후(文侯)가 편작에게 의술(醫術)에 대하여 물었다고 한다. 그가 저술한 『난경(難經)』은 그 당시의 난해하고 어려운 의학적 내용을 간결하고 체계적인 문답 형식으로 기술한 것이다.

위(魏)나라 문후(文侯)가 편작(扁鵲)에게 물었다. "그대는 형제가 셋이라 했는데, 그 중에서 누구의 의술이 가장 뛰어납니까?"

편작이 대답했다. "맏형이 가장 뛰어나고, 둘째형이 그 다음이며, 저는 가장 아래입니다."

위나라 문후가 다시 물었다. "그 이유를 들어 볼 수 있겠소."

편작이 대답했다. "맏형은 병을 살피는데 발병하기 전에 먼저 병의 원인을 치료합니다. 그래서 이름이 집 밖을 벗어나지 않습니다. 둘째형은 병을 치료하는데 병이 처음 발병했을 때 치료합니다. 그래서 이름이 마을 밖을 벗어나지 않습니다. 저와 같은 경우는 혈맥에 침을 놓고, 독한 약을 투여하고, 살갗을 찢고 치료를 합니다, 그래서 이름이 여러 제후들에게 알려진 것입니다."

주해

- 참(鑱, chán) : 침. 돌침.
- 곤제(昆弟, kūn dì) : 형제(兄弟).

---

8) 갈관자(鶡冠子) : 생몰년 미상. 춘추시대(春秋時代) 또는 전국시대(戰國時代) 초(楚)나라 사람이라고 한다. 깊은 산에 은거하면서 갈조(鶡鳥)의 깃털로 관(冠)을 쓰고 다녀 '갈관자(鶡冠子)'로 불렸다. 황로(黃老)의 학문과 형명(刑名)의 술법을 공부했다. 『한서(漢書)·예문지(藝文志)』「도가편(道家篇)」에 『갈관자』 1편이 전한다.

佗[9]語普曰: "人體欲得勞動, 但不當使極爾. 動搖則穀氣得消, 血脈流通, 病不得生, 譬猶戶樞不朽是也. 是以, 古之仙者, 爲導引之事, 熊經鴟顧, 引挽腰體, 動諸關節, 以求難老. 吾有一術, 名五禽之戲[10], 一曰虎, 二曰鹿, 三曰熊, 四曰猿, 五曰鳥, 亦以除疾, 並利蹄足, 以當導引. 體中不快, 起作一禽之戲, 霑濡汗出, 因以着粉, 身體輕便, 腹中欲食."

普施行之, 年九十餘, 耳目聰明, 齒牙完堅.

『삼국지(三國志)·위서(魏書)·방기전(方技傳)』

화타(華佗)가 제자인 오보(吳普)에게 말하였다.

"사람의 몸은 움직이려고 한다. 하지만 몸을 지나치게 움직여

9) 화타(華佗, 145~208) : 중국 후한(後漢) 말의 명의(名醫). 이름은 부(旉), 자는 원화(元化), 예주 패국 초현(譙縣) 사람이다. 동시대의 동봉(董奉)과 『상한론(傷寒論)』을 지은 장중경(張仲景)과 더불어 "건안삼신의(建安三神醫)"라고 불린다. 화타는 오보(吳普), 번아(樊阿), 이당지(李當之) 등을 제자로 두었는데, 오보에게 오금희(五禽戲)라는 체조를 가르쳤으며, 번아에게는 옻나무 잎과 청점(青黏)을 이용한 칠엽청점산(漆葉青黏散)을 전수하였다.

10) 오금희(五禽戲) : 중국 후한의 화타(華佗)가 창시했다고 전해지는 도인술. "戶樞不蠹, 流水不腐"의 원리에 따라 다섯 가지 동물의 동작을 모방하였으므로 '오금희(五禽戲)'라고 명명하였다. '오금(五禽)'은 곧 호랑이, 사슴, 곰, 원숭이, 새 등을 말하며, 이들의 동작이나 자세를 모방하여 단련함으로써, 근육과 뼈를 움직이고 기혈을 소통시키며 체질을 증강시켰다.

서는 안 된다. 몸을 움직이면 음식물을 소화시킬 수 있고, 혈맥이 유통되어 질병이 생기지 않는다. 비유컨대 자주 움직이는 문지도리가 썩지 않는 것과 같다. 이 때문에 옛날 신선들은 몸과 팔다리를 굽혔다 폈다 하는 도인술(導引術)을 했다. 곰처럼 나무를 끌어안고 올빼미처럼 몸은 움직이지 않고 뒤를 돌아보며, 허리를 끌어당기고 각 부위의 관절들을 운동시키면서 노화를 방지했다.

내가 다섯 가지 동물의 동작을 활용한 기공체조를 아는데, 첫째는 호희(虎戲), 둘째는 녹희(鹿戲), 셋째는 웅희(熊戲), 넷째는 원희(猿戲), 다섯째는 조희(鳥戲)이다. 마찬가지로 질병을 제거하고 팔다리를 이롭게 하니 도인술(導引術)에 해당한다. 몸이 불편할 때 이런 오금희(五禽戲) 운동을 하면 온 몸이 땀에 젖으면서 몸이 가벼워지고 뱃속에서 식욕을 느끼게 된다."

오보(吳甫)가 스승의 말대로 따라했더니 나이가 아흔 살이 넘도록 이목(耳目)이 영민하고 치아도 온전하였다.

주해

- 동요(動搖) : 움직이다. 활동하다.
- 호추(戶樞) : 문지도리. 樞(지도리 추)
- 인만(引挽) : 끌어당기다. 挽(당길 만)

藥有君臣佐使[11], 以相宣攝. 合和宜用一君 二臣 三佐 五使, 又可一君 三臣 九佐使也. 今按用藥, 猶如立人之制. 若多君少臣多臣少佐, 則氣力不周也.

『신농본초경(神農本草經)』 권3

처방에는 군약(君藥)·신약(臣藥)·좌약(佐藥)·사약(使藥)이 있어, 서로 퍼져 나가게도 하고 거둬들이기도 한다. 그러므로 약을 처방할 때 마땅히 군약(君藥)1·신약(臣藥)2·좌약(佐藥)3·사약(使藥)5로 하거나, 또는 군약(君藥)1·신약(臣藥)3·좌사약(佐使藥)9로 하는 것이 좋다.

요즘 약 처방을 보면 마치 인재를 적소(適所)에 배치하는 것과 같다. 만약 군약(君藥)이 많고 신약(臣藥)이 적거나, 신약(臣藥)이 많고 좌약(佐藥)이 적다면 환자의 기력이 충분히 미치지 못한다.

주해

- 합화(合和) : 처방(處方)하다. 조제(調劑)하다.
  북위(北魏) 가사협(賈思勰)의 『제민요술(齊民要術)·백료주(白醪酒)』에 나온다. "作白醪麹法, 取小麥三石, 一石熬之, 一石蒸之, 一石生. 三等合和, 細磨作屑." 醪(막걸리 료) 麹(누룩 부) 熬(볶을 오)

11) 『황제내경(黃帝內經)』에 "병 치료를 주관하는 것이 군약(君藥)이고, 군약을 보좌하는 것이 신약(臣藥)이며, 신약에 응하는 것이 사약(使藥)입니다. 상중하(上中下)의 삼품(三品)을 말하는 것이 아닙니다. [主病之謂君, 佐君之謂臣, 應臣之謂使, 非上中下三品之謂也.]"라고 하였다.

問：經[12]言望而知之謂之神，聞而知之謂之聖，問而知之謂之工，切脈而知之謂之巧，何謂也？[13]
然：望而知之者，望見其五色，以知其病．聞而知之者，聞其五音，以別其病．問而知之者，問其所欲五味，以知其病所起所在也．切脈而知之者，診其寸口，視其虛實，以知其病，病在何藏府也．經言以外知之曰聖，以內知之曰神．此之謂也．

『난경(難經)』 61난(難)

문) 『난경(難經)』에 '보아서 아는 것은 신(神)이요, 들어서 아는 것은 성(聖)이요, 물어서 아는 것은 공(工)이요, 진맥(診脈)을 하여 아는 것은 교(巧)이다.'라고 하였는데, 이것은 무엇 말입니까?

답) 그렇습니다. 보아서 안다는 것은 그 오색(五色)을 바라보고

12) 난경(難經) : 고대 중국의 의서(醫書). 원명은 『황제팔십일난경(黃帝八十一難經)』이며, 작자 미상이나 진월인(秦越人)이 지은 것으로 가기(假記)되어 있다. 주로 문답형식을 취하여 기초이론을 주로 논술하고 병증(病證)도 분석하였다. 제1~22난은 맥진(脈診)을, 제23~29난은 경락(經絡)을, 제30~47난은 장부(臟腑)를, 제48~61난은 병(病)을, 제62~68난은 혈도(穴道)를, 제69~81난은 침법(針法)을 논하였다.

13) 망문문절(望聞問切) : 사진(四診)에 대한 기록은 최초로 『난경(難經)』 제61난에 나타난다. 그러나 '망문문절(望聞問切)' 사자(四字)는 『고금의통(古今醫統)』에 보인다. "望聞問切四字, 誠爲醫之綱領."

그 병을 알 수 있다는 것이요, 들어서 안다는 것은 그 오음(五音)을 듣고 그 병을 알 수 있다는 것이요, 물어서 안다는 것은 그 원하는 오미(五味)를 물어서 그 병이 생겨난 곳과 그 병이 자리하고 있는 곳을 알 수 있다는 것입니다. 진맥(診脈)을 하여 안다는 것은 촌구(寸口)를 진찰하고 그 허실을 살펴서, 그 병명과 그 병이 자리한 장부(臟腑)를 알 수 있다는 것입니다. 경(經)에 이르기를 밖으로 드러난 것을 보아서 아는 것을 '성(聖)'이요, 안에 숨어 있는 것을 보아서 아는 것을 '신(神)'이라 하였으니, 바로 이것을 말하는 것입니다.

주해

- 망(望) : 망진(望診). '망(望)'은 환자의 기색(氣色)을 살피는 것이다.
- 문(聞) : 문진(聞診). '문(聞)'은 환자의 음성(音聲)과 기식(氣息)을 살피는 것이다.
- 문(問) : 문진(問診). '문(問)'은 환자의 병증을 물어보는 것이다.
- 절(切) : 절진(切診). '절(切)'은 환자의 맥(脈)을 보는 것이다. 切(진맥할 절)
- 연(然) : 그렇다. 곧 상대방에 대한 긍정적인 답변을 말한다.
  『사기(史記)·계포란포열전(季布欒布列傳)』에 나온다.
  "諸將皆阿呂後意, 曰 : '然.'"
- 오음(五音) : 궁상각치우(宮商角徵羽)를 말한다.

黃帝曰: "夫百病者, 多以旦慧晝安, 夕加夜甚, 何也?"
岐伯[14]曰: "四時之氣使然."
黃帝曰: "願聞四時之氣."
岐伯曰: "春生, 夏長, 秋收, 冬藏, 是氣之常也, 人亦應之. 以一日爲四時, 朝則爲春, 日中爲夏, 日入爲秋, 夜半爲冬. 朝則人氣始生, 病氣衰, 故旦慧. 日中人氣長, 長則勝邪, 故安. 夕則人氣始衰, 邪氣始生, 故加. 夜半人氣入臟, 邪氣獨居于身, 故甚也."

『황제내경(黃帝內經)·순기일일분위사시(順氣一日分爲四時)』[15]

---

14) 기백(岐伯) : 중국 고대 황제(黃帝) 때의 명의(名醫). 황제와 함께 한의학계 내과경전인 『황제내경(黃帝內經)』을 저술했다고 전해진다.

15) 『황제내경(黃帝內經)』: 『내경(內經)』이라고도 하며, 의학오경(醫學五經) 중의 하나이다. 중국 신화의 인물인 황제(黃帝)와 그의 신하이며 천하의 명의인 기백(岐伯)과의 의술에 관한 토론을 기록한 것으로 전해지지만, 사실은 진한(秦漢)시대에 황제의 이름에 가탁(假託)한 저작으로 보여진다. 이 책은 원래 18권으로 전반 9권은 「소문(素問)」, 후반 9권은 「영추(靈樞)」로 구분된다. 소문(素問)은 천인합일설(天人合一說)·음양오행설(陰陽五行說) 등 자연학에 입각한 병리학설을 주로 다루고 있으며 실제 치료에 대한 기록은 적다. 「영추(靈樞)」는 침구(鍼灸)와 도인(導引) 등 물리요법을 상술하고 있으며, 약물요법에 대하여는 별로 언급이 없다. 현존하는 내경으로는 당(唐)나라의 왕빙(王氷)이 주석(注釋)한 24권이 있으며, 이보다 앞서 수(隋)나라의 양상선(楊上善)이 편집한 『황제내경태소(黃帝內經太素)』 30권이 있었으나 소실되고 전해지지 않는다.

황제(黃帝)가 물었다. "무릇 모든 병은 대부분 아침에는 가뿐하고 낮에는 안정되며, 저녁에는 가중(加重)되고 밤중에 심해지는데, 이것은 무엇 때문인가?"

기백(岐伯)이 아뢰었다. "이것은 사시(四時)의 기후변화 때문에 그런 것입니다."

황제가 물었다. "사시(四時)의 기후변화에 대해 듣고사 하노라."

기백이 아뢰었다. "봄에는 만물이 생겨나고, 여름에는 자라며, 가을에는 수렴(收斂)하고 겨울에는 저장하는데, 이것이 사시(四時) 기후변화의 규율(規律)입니다. 인체 역시 이에 상응합니다. 하루를 사시(四時)로 나누면, 아침은 봄과 같고 낮은 여름과 같으며, 저녁은 가을과 같고 밤중은 겨울과 같습니다. 아침에는 인체의 정기(正氣)가 상승하기 시작하여 병기(病氣)가 쇠퇴하므로 아침에는 가뿐합니다. 낮에는 인체의 정기(正氣)가 지극히 성(盛)하여 사기(邪氣)를 억세하므로 환사가 안성됩니다. 저녁에는 정기(正氣)가 쇠락하여 사기(邪氣)가 자라기 시작하므로 환자의 병정(病情)이 가중됩니다. 밤중에는 인체의 정기(正氣)가 오장(五臟)에 저장되고 사기(邪氣)가 전신을 지배하기 때문에 병정(病情)이 가중됩니다.

주해

- 기백(岐伯, qí bó) : 중국 고대 황제(黃帝) 때의 명의(名醫).
- 사연(使然) : '사지연(使之然)'의 준말. '지(之)'는 '병자(病者)'를 말한다.
- 입장(入臟) : 오장(五臟)에 들어가다.

陽中有陰, 陰中有陽. 平旦至日中, 天之陽, 陽中之陽也. 日中至黃昏, 天之陽, 陽中之陰也. 合夜至鷄鳴, 天之陰, 陰中之陰也. 鷄鳴至平旦, 天之陰, 陰中之陽也. 故人亦應之. 夫言人之陰陽, 則外爲陽, 內爲陰. 言人身之陰陽, 則背爲陽, 腹爲陰. 言人身之臟腑中陰陽, 則臟者爲陰, 腑者爲陽, 肝·心·脾·肺·腎五臟皆爲陰, 膽·胃·大腸·小腸·膀胱·三焦六腑皆爲陽.

『내경(內經)·금궤진언론(金櫃眞言論)』[16)]

양(陽) 가운데 음(陰)이 있고, 음(陰) 가운데 양(陽)이 있습니다. 동틀 무렵에서 정오에 이르기까지는 양(陽) 중의 양(陽)이라고 하고, 정오에서 황혼에 이르기까지는 양(陽) 중의 음(陰)이라고 합니다. 해질 무렵부터 닭이 우는 새벽까지는 음(陰) 중의 음(陰)이라 하고, 새벽부터 동틀 무렵까지는 음(陰) 중의 양(陽)이라고 합니다.

인체도 이에 상응합니다. 인체를 음양(陰陽)으로 나누어 보면, 체표(體表)는 양(陽)이고 체내(體內)는 음(陰)이 됩니다. 몸의 부위

16) 『황제내경(黃帝內經)·소문(素問)·음양응상대론(陰陽應象大論)』에서는 음양의 상대속성에 대해 자세하게 언급하고 있다. "천지는 만물의 상하이며, 음양은 혈기의 남녀이며, 좌우는 음양의 도로이며, 수화는 음양의 징조이며, 음양은 만물의 능시이다. [天地者, 萬物之上下也. 陰陽者, 血氣之男女也. 左右者, 陰陽之道路也. 水火者, 陰陽之徵兆也. 陰陽者, 萬物之能始也.]"

를 음양으로 나누어 보면, 등[배(背)]은 양이고 배[복(腹)]는 음이 됩니다. 몸의 장부(臟腑)를 음양으로 나누어 보면, 장(臟)은 음이고 부(腑)는 양이 됩니다.

즉, 간장(肝臟), 심장(心臟), 비장(脾臟), 폐장(肺臟), 신장(腎臟)의 오장(五臟)은 음(陰)이고, 담(膽), 위(胃), 대장(大腸), 소장(小腸), 방광(膀胱), 삼초(三焦)의 육부(六腑)는 양(陽)입니다.

주해

- 평단(平旦) : 이른 아침.
- 합야(合夜) : 해질 무렵.
- 장부(臟腑) : '오장육부(五臟六腑)'. '오장(五臟)'은 간(肝)·심(心)·비(脾)·폐(肺)·신(腎)을 말하고, '육부(六腑)'는 담(膽)·위(胃)·대장(大腸)·소장(小腸)·방광(膀胱)·삼초(三焦)를 말한다.

제7장

중국의 문화유람

제1절 정대누각(亭臺樓閣)[1]

'정대누각(亭臺樓閣)'은 모두 원림(園林)이나 정원(庭園) 또는 승경지(勝景地)에 경치를 감상하며 휴식을 취할 수 있는 건축물을 말한다. 이를 좀 더 자세히 살펴보면 다음과 같다.

먼저 '정(亭)'은 지붕이 있으나 벽면이 없이 사방으로 뚫린 건축물을 말하는데, 주로 경치가 좋은 길가나 물가에 위치하여 행인들이 휴식과 더위를 피하면서 경치를 감상할 수 있다. 중국 최초의 원림(園林) 이론서라 할 수 있는 『원야(園冶)』[2]에 다음과 같은 기록이 있다.

> "『석명(釋名)』에 이르기를 '이른바 정(亭)이란 곧 '정(停)'의 의미이니, 여행하는 사람이 잠시 머무르고 휴식을 취하는 공간이다.'라고 하였다. 사공도(司空圖)의 '휴휴정(休休亭)'은 바로 이런 뜻을 취한 것이다. [『釋名』云: 「亭者, 停也, 所以停休遊行也.」司空圖有休休亭, 本此義.]"

다음으로 '대(臺)'는 네모진 양식의 높고 평평한 건축물로서, 대(臺)

1) '정대누각(亭臺樓閣)'에 대한 기록으로는 『아녀영웅전(兒女英雄傳)』 제1회에 나오는 "又在東南上蓋了一座小小莊子, 雖然算不得大園庭, 那亭臺樓閣, 樹木山石, 卻也點綴結構得幽雅不俗."의 내용과, 서지(徐遲)의 『재신화관음(財神和觀音)』에 나오는 "這一道高牆裏面, 自然有亭台樓閣之勝."의 내용을 들 수 있다.

2) 『원야(園冶)』: 중국 최초의 원림(園林) 이론서. 명말(明末) 계성(計成)이 지은 것으로, 숭정(崇禎) 4년(1631)에 시작해서 숭정 7년에 간행되었으며, 모두 3권이다.

위에 구조물을 지을 수도 있고 짓지 않을 수도 있다. 『원야(園冶)』에서 다음과 같이 설명하고 있다.

"『석명(釋名)』에 이르기를, '대(臺)란 지탱한다는 뜻이다. 이는 흙을 견고하게 높이 쌓되 능히 스스로 무게를 지탱할 수 있는 건축물을 말한다.' 원림의 대(臺)를 살펴보면, 어떤 것은 돌로 층계를 높이 쌓았는데 그 상부가 평탄하며, 어떤 것은 목재로 구조물을 만들어 높이 쌓았는데 그 위는 평판(平板)을 깔되 지붕이 없으며, 어떤 것은 누각(樓閣)의 전면을 일보(一步) 정도 튀어나오게 하고 나머지 삼면은 개방시켜 놓았는데, 이런 것들을 모두 '대(臺)'라고 부른다. [《釋名》云:「臺者, 持也. 言築土堅高, 能自勝持也」園林之臺, 或掇石而高上平者, 或木架高而版平無屋者, 或樓閣前出一步而敞者, 俱爲臺.]"

'누(樓)'와 '각(閣)'은 모두 다층 건축물을 말한다. 초기에는 '누(樓)'와 '각(閣)'의 구별이 있었지만 나중에는 엄격하게 따지지 않았다. 불교가 중국에 전해진 뒤 대량으로 세워진 불탑들은 모두 누각(樓閣)의 형식을 취하고 있다.

'누(樓)'는 사람이 거주할 수 있는 다층(多層) 건축물로서 대부분 협소하고 굴곡이 있다. 『원야(園冶)』의 기록을 보면 다음과 같다.

"『설문(說文)』에 이르기를 '중첩하여 지은 집을 누(樓)라 한다.'고 하였고, 『이아(爾雅)』에 '높은 누대 위에 폭이 좁으면서 길고 굴곡이 있는 집을 누(樓)라 한다.'고 하였다. 이는 창문이 열려 있듯이 모든 창구멍으로 빛이 스며들어와 내부가 환히 밝다는 말이다. 누(樓)의 건축 양식은 당(堂) 위에 한 층을 더 높인 것과 같다. [『說文』云: 重屋曰「樓」. (爾雅)云: 陜而修曲爲「樓」. 言窓牖虛開, 諸孔慺慺然也. 造式, 如堂高一层者是也,]"[3)]

'각(閣)'은 지면에서 띄워 올려 경치를 감상하거나 서적을 보관하던 건축물을 말한다. 『원야(園冶)』에서는 다음과 같이 설명하고 있다.

"각(閣)이란 사방에 지붕의 비탈면이 있고, 사방에 벽에 창문을 낸 건축물을 말한다. 한(漢)나라의 기린각(麒麟閣)과 당(唐)나라의 능연각(凌烟閣)이 모두 이런 양식이다. [閣者, 四阿開四牖. 漢有麒麟閣, 唐有凌烟閣等, 皆是式.]"

3) 이 밖에도 『이아(爾雅)·석고(釋詁)』에 "樓, 聚也."라고 하였고, 『동국이상국집(東國李相國集)·사륜정기(四輪亭記)』에 "構屋於屋謂之樓."라고 하였다.

제2절 호남(湖南) 악양(岳陽)의 악양루(岳陽樓)[4)]

악양루(岳陽樓)는 중국 호남성(湖南省) 악양성(岳陽城)의 서문루(西門樓)를 말하는데 눈앞에 흘러가는 동정호(洞庭湖)를 내려다보고 있다. 악양루는 원래 삼국시대 오(吳)나라의 명장인 노숙(魯肅)이 건립한 군루(軍樓)였다. 동한(東漢) 건안(建安) 20년(215) 손권(孫權)과 유비(劉備)가 형주(荊州)를 놓고 다툴 때 노숙(魯肅)이 전략적 요충지인 파구(巴丘)에 주둔하면서 동정호(洞庭湖)에서 군사를 훈련시키며 동정호 인근에 파구성(巴丘城)을 건립하고 수군(水軍)의 검열을 위한 열군루(閱軍樓)로 건설한 것이 현재 악양루(嶽陽樓)의 전신이다. 이 열군루(閱軍樓)는 양진(兩晉)과 남북조(南北朝) 시기에 '파릉성루(巴陵城樓)'로 개명되었으며, 시인들이 시를 짓기 시작하였다.

당(唐)나라 현종(玄宗) 개원(開元) 4년(716)에 중서령(中書令) 장열(張說)이 악주(岳州)에 귀양 와서 누각을 보수하고 '악양루(岳陽樓)'로 명명하였고, 후세에 "동정천하수, 악양천하루(洞庭天下水, 岳陽天下樓)"로 불리게 되었다.

그 후 장구령(張九齡)·맹호연(孟浩然)·가지(賈至)·이백(李白)·두보(杜甫)·한유(韓愈)·유우석(劉禹錫)·백거이(白居易)·이상은(李商隱) 등이 무수한 시와 글을 남겼는데, 그 중에서도 맹호연(孟浩然)의 「망동정호증장승상(望洞庭湖贈張丞相)」과 두보(杜甫)의 「등악양루(登岳陽樓)」 및 범중엄(范仲淹)의 「악양루기(岳陽樓記)」가 가장 유명하다.

---

4) 중국의 '강남삼대명루(江南三大名樓)' 중의 하나이다. 강남삼대명루(江南三大名樓)는 곧 강서(江西) 남창(南昌)의 등왕각(滕王閣), 호북(湖北) 무한(武漢)의 황학루(黃鶴樓), 호남(湖南) 악양(岳陽)의 악양루(岳陽樓)를 말한다.

망동정호증장승상(望洞庭湖贈張丞相)[5]

맹호연(孟浩然)[6]

八月湖水平，涵虛混太清.
氣蒸雲夢澤，波撼岳陽城.
欲濟無舟楫，端居恥聖明.
坐觀垂釣者，空有羨魚情.

팔월 동정호의 물이 불어나 언덕까지 차오르고,
허공을 머금어 하늘과 하나 됐네.
운몽택(雲夢澤)에 수증기 가득 피어오르고,
호수의 물결은 악양성(岳陽城)을 뒤흔드네.
호수를 건너려 해도 배는 보이지 않고
태평성세에 초야에 묻히니 성군(聖君)에게 부끄럽구나.
낚시질하는 이를 앉아서 바라보다가
공연히 고기 얻을 생각에 마음만 부끄럽네.

---

5) 이 시는 작자가 장안(長安)에서 양양(襄陽)으로 돌아간 후, 다시 남쪽으로 동정호(洞庭湖)를 유람할 때 쓴 것이다. 겉으로는 동정호의 장활(壯闊)한 풍경을 묘사하고 있지만, 내심으로는 장승상(張丞相)의 추천을 받아 벼슬에 나아가려고 하는 염원을 노래하고 있다.

6) 맹호연(孟浩然, 689~740) : 중국 당(唐)나라 때 산수전원(山水田園) 시인(詩人). 자는 호연(浩然), 호(號)는 맹산인(孟山人)이며, 녹문거사(鹿門居士)로 불린다. 양양(襄陽) 사람으로 절개와 의리를 존중하였고, 한 때 녹문산(鹿門山)에 은거하면서 시 짓는 일에 전념하였다. 40세 때 장안(長安)에 나아가 이름을 날렸고, 왕유(王維)·장구령(張九齡) 등과 사귀었다.

주해

- 동정호(洞庭湖) : 중국 호남성(湖南省) 북부에 위치해 있는 제2의 담수호. 악양루(岳陽樓) 앞에 있는 높이 128m의 군산(君山)에는 순제(舜帝)의 죽음을 슬퍼하며 상수(湘水)에 몸을 던진 아황(娥皇)·여영(女英) 두 비(妃)를 모신 묘우(廟宇)가 있다.
- 장승상(張丞相) : 당(唐)나라 현종(玄宗) 때의 재상 장구령(張九齡, 678~740)을 말한다. 장구령의 자는 자수(子壽), 호는 박물(博物), 소주(韶州) 곡강(曲江) 사람이다. 서한(西漢)의 유후(留侯) 장량(張良)의 후예이며, 서진(西晉)의 장무군공(壯武郡公) 장화(張華)의 14세손이다. 저서로 『곡강집(曲江集)』이 있다.
- 함허(涵虛) : 하늘을 적시다. 곧 하늘이 물속에 잠긴 것을 말한다. '함(涵)'은 포용(包容)의 뜻이다. '허(虛)'는 허공(虛空) 또는 높은 하늘을 말한다.
- 혼태청(混太清) : 하늘과 하나가 되다. '태청(太清)'은 하늘이다.
- 기증(氣蒸) : 수증기가 피어오르다. 일설(一說)에는 '기탄(氣呑)'으로 되어 있다.
- 운몽택(雲夢澤) : 태고에 '운몽대택(雲夢大澤)'이라고 불린 큰 호수가 일대를 뒤덮고 있다가, 여러 하천의 퇴적작용에 의해 광대한 호광(湖廣) 평야와 크고 작은 무수한 소택군(沼澤群)이 형성되었는데, 동정호도 그 중의 하나이다.
- 감(撼, hàn) : 뒤흔들다. 일설(一說)에는 '동(動)'으로 되어 있다.
- 욕제무주즙(欲濟無舟楫) : 호수를 건너려 해도 배가 없다. 곧 벼슬에 나아가고자 해도 추천해줄 사람이 없다는 의미이다. '주즙(舟楫)'은 배이다. 楫(노 즙, jí)
- 단거(端居) : 한가로이 살다.
- 성명(聖明) : 태평성세.
- 좌관(坐觀) : 앉아서 바라보다. 일설(一說)에는 '도린(徒憐)'으로 되어 있다.
- 공(空) : 공연히. 부질없이. 일설(一說)에는 '도(徒)'로 되어 있다.
- 선어(羨魚) : 물고기 잡는 것을 부러워하기만 하다. 곧 어떤 일을 성취하고

자 할 뿐 아무런 실천이 없는 것을 비유한 말이다.
『회남자(淮南子)·설림훈(說林訓)』에 나온다. "물가에서 물고기 잡기만을 바라는 것은 집에 돌아가 그물망을 짜는 것만 같지 못하다. [臨河而羨魚, 不如歸家織網.]"

등악양루(登岳陽樓)[7)]

두보(杜甫)[8)]

昔聞洞庭水, 今上岳陽樓.
吳楚東南坼, 乾坤日夜浮.
親朋無一字, 老病有孤舟.
戎馬關山北, 憑軒涕泗流.

예전에 동정호에 대해 들었는데,
이제야 악양루(岳陽樓)에 올랐네.
오(吳)나라와 초(楚)나라는 동남으로 갈라져 있고,

7) 이 시는 두보(杜甫)가 죽기 2년 전인 767년(57세)에 지은 것이다. 당시 두보는 몸이 노쇠하고 생활도 곤경에 처했는데, 유랑 중에 악양루에 올라 동정호를 바라보다가 우국(憂國)과 향수(鄉愁)에 젖어 이 오언율사(五言律詩)를 지었다.

8) 두보(杜甫, 712~770) : 중국 성당시대(盛唐時代)의 시인. 자는 자미(子美), 호는 소릉(少陵). '시성(詩聖)'이라 불렸으며, 이백(李白)과 병칭하여 '이두(李杜)'라고 일컫는다.

건곤(乾坤)은 밤낮으로 떠 있네.

친한 벗에게 소식 한 자 없고,

늙고 병든 몸에는 외로운 배 한 척이라네.

오랑캐 군대가 관산 이북을 막고 있으니,

난간에 기대어 눈물만 흘리네.

주해

- 악양루(嶽陽樓) : 호남성 악양시(嶽陽市) 서문루(西門樓)를 말함. 아래로 동정호(洞庭湖)가 내려다보이는 명승지이다.
- 오초(吳楚) : 동정호(洞庭湖)를 중심으로 오(吳)나라는 동쪽에 초(楚)는 남쪽에 있나.
- 탁(坼, chè) : 터지다, 분열되다.
- 건곤(乾坤, qián kūn) : 천지(天地) 혹은 일월(日月)을 말한다.
- 무일자(無一字) : 소식을 전하는 편지조차 없다. '자(字)'는 편지를 말한다.
- 융마(戎馬) : 전쟁을 의미한다. 이 해 토번(吐蕃)이 중국을 침입하자, 곽자의(郭子儀)가 군사 5만을 이끌고 봉천(奉天)에서 방비했다.
- 빙헌(憑軒, píng xuān) : 창이나 난간에 기대다. 憑(기댈 빙)
- 체사(涕泗, tì sì) : 눈물과 콧물.

악양루기(岳陽樓記)[9]

범중엄(范仲淹)[10]

慶曆四年春，滕子京謫守巴陵郡．越明年，政通人和，百廢具興．乃重修岳陽樓，增其舊制，刻唐賢今人詩賦於其上，屬予作文以記之．

인종(仁宗) 경력(慶曆) 사년(四年, 1044) 봄, 등자경(滕子京)이 파릉군(巴陵郡)의 수령으로 좌천되었다. 2년 후 정사(政事)가 잘 다스려지고 민심이 화합하여 온갖 폐지되었던 사업(事業)들이 모두 복구되었다.

이에 악양루(岳陽樓)를 중수(重修)하되 옛 모습보다 규모를 확대했으며, 그 위에 당대(唐代)와 당대(當代) 명인(名人)들의 시부(詩賦)를 새긴 후, 나에게 글을 지어 이 일을 기록해달라고 부탁하였다.

주해

- 경력(慶曆) 4년(四年) : '경력(慶曆)'은 북송(北宋) 인종(仁宗)의 연호(1041~

---

9) 「악양루기(岳陽樓記)」는 북송(北宋) 인종(仁宗) 경력(慶曆) 4년(1044년)에 범중엄(范仲淹)의 친구인 등자경(滕子京)이 파릉군(巴陵郡) 태수로 좌천되어 부임하였는데, 2년 뒤인 1046년에 악양루(岳陽樓)를 중수(重修)한 후 범중엄에게 기문(記文)을 부탁하였고, 범중엄이 이에 짓게 된 글이다.

10) 범중엄(范仲淹, 989~1052) : 북송의 정치가, 시인, 문장가. 강소성 소주(蘇州) 출신으로 자는 희문(希文), 시호는 문정(文正)이다. 저서로 『범문정공시문집(范文正公詩文集)』(20권)이 있다.

1048)이며, 경력 4년은 1044년에 해당한다.

- 등자경(滕子京) : 범중엄과 동년에 진사(進士)가 된 등종량(滕宗諒)으로 자가 자경(子京)이다. 당시에 악주(岳州) 파릉현(巴陵縣)의 태수로 좌천되었다.
- 적수(謫守) : 조정의 벼슬아치가 지방이나 변방의 수령으로 좌천되다.
- 월명년(越明年) : 이듬해 또는 2년 후. 여기에는 두 가지 설이 있는데, 하나는 경력(慶曆) 5년(1045)이고, 다른 하나는 경력(慶曆) 6년(1046)이다.
- 당현(唐賢) : 당조(唐朝)의 두 시인인 맹호연(孟浩然)과 두보(杜甫)를 말한다. 두 사람은 각각 악양루(岳陽樓)와 동정호(洞庭湖)를 소재로 오언율시(五言律詩)를 남겼다.
- 촉여(属予) : 나에게 부탁하다. '촉(屬, zhǔ)'은 '촉(嘱)'과 통한다.
  嘱(부탁할 촉),

予觀夫巴陵勝狀, 在洞庭一湖. 銜遠山, 呑長江, 浩浩湯湯, 横無際涯. 朝暉夕陰, 氣象萬千. 此則岳陽樓之大觀也, 前人之述備矣. 然則北通巫峽, 南極瀟湘, 遷客騷人, 多會於此, 覽物之情, 得無異乎?

내가 보건대 파릉군(巴陵郡)의 훌륭한 경치는 동정호(洞庭湖) 하나에 달려 있다. 먼 산들을 머금고 장강의 물줄기를 삼켜 물결이 넘실거리고 광활하게 끝이 없다. 이른 아침에 햇살이 비추고 해질 무렵에 그늘이 드리워져 경물의 변화가 무궁무진하다. 이것이 바로 악양루(岳陽樓)의 뛰어난 경관이니, 옛사람들이 모두 자세히 기술한 것이다.

그러므로 북쪽으로 무협(巫峽)과 통하고 남쪽으로 소수(瀟水)와 상수(湘水)까지 이어졌고, 좌천된 사람들과 시인들이 대부분 이곳으로 모여들었으니, 이곳의 경물(景物)을 보고 일어나는 감정에 어찌 다른 점이 없겠는가?

주해

- 파릉(巴陵) : 지금의 호남성(湖南省) 악양현(岳陽縣) 지역이다. 현(縣)의 서남쪽에 파릉산이 있고 동정호(洞庭湖)가 가까이 있다.
- 함원산(銜遠山) : 동정호에는 크고 작은 산들이 많은데 그 중에서 악양루를 정면으로 보고 있는 군산(君山)이 가장 아름답다.
- 탄장강(呑長江) : 동정호가 장강(長江)에 닿은 모양이 마치 강물을 삼키는 것 같은 모양을 나타낸 것이다.
- 소상(瀟湘) : 호남(湖南)의 소수(瀟水)와 상수(湘水) 두 강을 말하는데, 소수(瀟水)는 상수(湘水)의 지류이다. 상수(湘水)는 북쪽으로 흘러 동정호로 들어간다.
- 천객소인(遷客騷人) : 좌천되어 멀리 변방으로 쫓겨난 관리와 시인. '소인(騷人)'은 소객(騷客)이나 시인을 말하는데, 굴원(屈原)의 「이소(離騷)」에서 나온 말이다.

若夫霪雨霏霏, 連月不開, 陰風怒號, 濁浪排空. 日星隱耀, 山岳潛形. 商旅不行, 檣傾楫摧. 薄暮冥冥, 虎嘯猿啼. 登斯樓也, 則有去國懷鄕, 憂讒畏譏, 滿目蕭然, 感極而悲者矣.

어떤 때는 장맛비가 계속 내려 몇 달 동안 개이지 않고, 음산한 바람이 세차게 불어와 혼탁한 물결이 허공에 치솟는다. 해와

별이 빛을 감추고 산악이 모습을 감추며, 상인들과 나그네가 다닐 수가 없고 돛대가 기울고 노가 부러진다. 해질 무렵 날이 어두워지면 호랑이가 울부짖고 원숭이가 울어댄다.

이 때 누대에 오르면 도성을 떠나 고향을 그리워하며, 참소를 근심하고 비난을 두려워하며, 눈에 보이는 모든 것들이 쓸쓸하고 감정이 복받쳐서 슬퍼하는 사람이 있을 것이다.

주해

- 음우(霪雨) : 장맛비. 霪(장마 음, yín)
- 비비(霏霏) : 비나 눈이 끊임없이 내리는 모양.
- 장경즙최(檣傾楫摧) : 배의 돛대가 기울고 노가 부러지다. 檣(돛대 장, qiáng) 楫(노 즙, jí)
- 거국(去國) : 도성을 떠나다.
- 만목소연(滿目蕭然) : 눈에 보이는 모든 것이 쓸쓸함.

至若春和景明, 波瀾不驚, 上下天光, 一碧萬頃. 沙鷗翔集, 錦鱗游泳, 岸芷汀蘭, 郁郁青青. 而或長煙一空, 皓月千里, 浮光躍金, 静影沉璧, 漁歌互答, 此樂何極. 登斯樓也, 則有心曠神怡, 寵辱皆忘, 把酒臨風, 其喜洋洋者矣.

봄날 화창하고 햇살이 따뜻하게 비칠 때, 호수의 물결은 잔잔하고 하늘빛과 호수물이 맞닿아 푸른빛이 끝없이 펼쳐진다. 모래섬의 갈매기들이 날아들고, 예쁜 물고기들이 헤엄치며 논다.

언덕의 지초(芝草)와 물가의 난초는 향기롭고 푸르다.

때로는 자욱한 안개가 완전히 걷히고, 새하얀 달빛이 천리를 비춘다. 때로는 물결 위에 떠다니는 달빛이 금빛으로 빛나고, 고요한 달그림자는 물에 잠긴 옥구슬과 같다. 어부들의 노래 소리 서로 화답하니 이런 즐거움을 어찌 다하겠는가?

이 때 누대에 오르면 가슴이 탁 트이고 마음이 유쾌하며, 영예와 치욕을 모두 잊고 바람 앞에 술잔을 들면서 그 즐거움이 넘쳐나는 사람이 있을 것이다.

주해

- 상하천광(上下天光) : 하늘빛과 동정호의 물결이 맞닿아 서로 이어지다.
- 일벽만경(一碧萬頃) : 푸른빛이 한없이 넓게 펼쳐지다.
- 금린(錦鱗) : 아름다운 물고기.
- 정(汀) : 물가. 모래섬.
- 욱욱청청(郁郁青青) : 향기가 진하고 초목이 무성한 모양.
- 일공(一空) : 완전히 없어지다. '일(一)'은 '전(全)'과 같다. '공(空)'은 '소산(消散)'의 뜻이다.
- 총욕(寵辱) : 영예와 치욕.

嗟夫. 予嘗求古仁人之心, 或異二者之爲, 何哉? 不以物喜, 不以己悲, 居廟堂之高, 則憂其民. 處江湖之遠, 則憂其君. 是進亦憂, 退亦憂. 然則何時而樂耶? 其必曰: "先天下之憂而憂, 後天下

之樂而樂歟?" 噫. 微斯人, 吾誰與歸? 時六年九月十五日.

오호라. 내 일찍이 옛 성현의 마음을 구하건대, 혹 이 두 가지 마음이 다른 것은 무엇 때문인가? 그것은 외물(外物)과 자신의 득실 때문에 기뻐하거나 슬퍼하지 않기 때문이다. 조정의 높은 자리에 있으면 그 백성들을 걱정하고, 강호(江湖)의 먼 곳에 있으면 그 군왕을 근심하니, 이는 벼슬에 나아가도 근심이요 물러나도 근심인 것이다.

그렇다면 어느 때나 즐거워할 수 있겠는가? 그들은 반드시 "천하 사람들이 근심하기 전에 먼저 근심하고, 천하 사람들이 즐거워한 후에 나중에 즐거워하리라!"라고 말할 것이다. 아! 이런 사람들이 없다면 나는 누구와 더불어 돌아갈 것인가?

때는 경력 6년(1046년) 9월 15일이라.

주해

- 차부(嗟夫) : 아아. 슬프다.
- 이자(二者) : 두 가지 마음. 곧 '비(悲)'와 '희(喜)'를 말함.
- 인인(仁人) : 품덕(品德)이 고상한 사람.
- 묘당(廟堂) : 조정(朝廷)
- 미사인(微斯人) : 이런 사람이 없다면. '미(微)'는 없다는 뜻이다.
- 오수여귀(吾誰與歸) : 나는 누구와 함께 돌아갈 것인가? '吾與誰歸'의 도치형이다. '귀(歸)'는 '귀의(歸依)'의 뜻이다.

제3절 호북(湖北) 무한(武漢)의 황학루(黃鶴樓)

황학루는 중국 호북성 무한시(武漢市) 사산(蛇山)에 위치에 있으며, '천하강남제일루(天下江南第一樓)' 또는 '천하절경(天下絕景)'으로 불린다. 원래 삼국시대 오(吳)나라 손권(孫權)이 관우(關羽)가 지키던 형주(荊州)를 빼앗은 후, 촉(蜀)나라와의 전쟁에 대비하기 위해 황무(黃武) 2년(223)에 세운 '군사망루(軍事望樓)'였다.

황학루는 당(唐)나라 때 이미 상당한 규모를 갖추었으나, 수차례에 걸친 병화(兵火)로 훼손되었다가 새로 건립되었다. 명청(明淸) 때만 해도 모두 일곱 차례나 훼손되었고, 매번 복원(復原)과 중수(重修)를 거듭하였다. 이처럼 여러 차례 복구될 때마다 그 규모와 형태가 조금씩 달라졌는데, 당(唐)나라 이전에는 2층이었다가 송(宋)나라 때 3층으로 개축되었고, 청(淸)나라 말기 동치제(同治帝) 때는 3층 규모의 십자찬첨식(十字攢尖式) 목조건물로 건립되었다. 그러다가 1884년 광서제(光緒帝) 때 민가의 화재로 훼손되었고, 백년 후인 1985년 무한 시 정부가 동치제 때의 자료에 근거하여 5층 건물로 재건해서 오늘에 이르고 있다.

황학루를 노래한 유람시로 최호(崔顥)의 「황학루(黃鶴樓)」와 이백(李白)의 「황학루송맹호연지광릉(黃鶴樓送孟浩然之廣陵)」이 가장 유명하고, 청초(淸初) 진공윤(陳恭尹)의 「세모등황학루(歲暮登黃鶴樓)」도 널리 인구에 회자(膾炙)되는 시이다. 현대에 들어서는 모택동(毛澤東)의 「보살만(菩薩蠻)·황학루(黃鶴樓)」가 있다.

황학루(黃鶴樓)

최호(崔颢)[11]

昔人已乘黃鶴去, 此地空餘黃鶴樓.
黃鶴一去不復返, 白雲千載空悠悠.
晴川曆曆漢陽樹, 芳草萋萋鸚鵡洲.
日暮鄉關何處是, 煙波江上使人愁.

옛 선인(仙人)은 이미 황학을 타고 떠나갔고,
텅 빈 이곳에는 황학루만 남았구나.
황학은 한번 떠나가 다시 돌아오지 않고,
흰 구름만 천년 동안 덧없이 흘러가네.
밝은 강물에 한양의 나무 환히 비추고,
방초는 앵무주에 무성하구다.
해가 저무니 고향 땅은 어디인고?
강가의 물안개에 시름겨워 하노라.

11) 최호(崔顥, 704？－754) : 당대(唐代) 시인. 변주(汴州, 지금의 하남 개봉시)인이다. 개원(開元) 11년(723) 진사(進士)에 급제하였고, 현종(玄宗) 천보(天寶) 초년에 태부사승(太仆寺丞)이 되었다가 상서사훈원외랑(尚書司勳員外郎)을 지냈다. 초기 시는 대부분 규정시(閨情詩)가 많았으나, 후기에는 변새생활의 영향을 받아 호매분방(豪邁奔放)하고 비분강개(悲憤慷慨)한 풍골시(風骨詩)를 많이 지었다. 『전당시(全唐詩)』에 42수(首)가 전한다.

주해

- 석인(昔人) : 전설중의 황학(黃鶴)을 타고 다녔다는 선인(仙人) 자안(子安)을 말함.
- 역력(歷歷) : 분명한 모양.
- 한양(漢陽) : 지명으로 황학루 서쪽과 한수(漢水) 북쪽에 있다.
- 처처(萋萋) : 초목이 무성한 모양.
- 앵무주(鸚鵡洲) : 호북성 무창현(武昌縣) 서남에 있는 작은 모래섬.
- 향관(鄕關) : 향성(鄕城). 고향(故鄕).

황학루송맹호연지광릉(黃鶴樓送孟浩然之廣陵)[12]

이백(李白)

故人西辭黃鶴樓, 煙花三月下揚州.
孤帆遠影碧空盡, 惟見長江天際流.

고인은 나를 황학루에 남겨두고,
안개 낀 삼월에 배에 올라 양주로 떠나가네.
외로운 돛대 먼 그림자 푸른 하늘 너머로 사라지고,
오직 장강만이 하늘 끝까지 흘러가노라.

---

12) 이는 이백(李白)이 오랜 친구 맹호연(孟浩然)을 양주(揚州)로 떠나보내며 지은 시이다. 맹호연은 이백보다 나이가 많으며 시단(詩壇)에서 명망이 높아서 이백이 고인(故人)이라고 칭한 것이다.

주해

- 지(之) : 가다. '왕(往)'과 같다.
- 광릉(廣陵) : 지금의 강소성(江蘇省) 양주시(揚州市)를 말함.
- 서사(西辭) : 황학루에서 고별하며 동쪽으로 떠나는 것을 말함.
- 연화(煙花) : 봄날 안개와 버들 솜이 자욱하고 꽃이 만발한 경치를 말함.
- 벽공(碧空) : 푸른 하늘. 일설(一說)에는 '벽산(碧山)'으로 되어 있다.

보살만(菩薩蛮)·황학루(黃鶴楼)[13)]

모택동(毛澤東)

茫茫九派流中國,
沉沉一線穿南北.
煙雨莽蒼蒼,
龜蛇鎖大江.
黃鶴知何去?
剩有遊人處.
把酒酹滔滔,
心潮逐浪高.

13) 「보살만(菩薩蠻)·황학루(黃鶴楼)」는 모택동(毛澤東)이 1927년에 지은 사(詞)이다. 이 때 중국은 장개석(蔣介石)이 대권을 장악한 후 적극적으로 반공(反共) 정책을 펼치는 등 혁명의 물결이 저조했다. 왕정위(汪精衛)가 무한(武漢)에서 '청당(清黨)'을 함으로써 제1차 국공합작(國共合作)이 와해되자, 모택동은 처량하고 비장한 마음으로 무한을 지나는 길에 황학루(黃鶴楼)에 올라 이 사를 창작한 것이다.

망망한 아홉 물줄기가 장강으로 흘러 들어오고
아득히 뻗은 두 철로는 남북을 이어주네.
안개비는 사방에 자욱하고
구산(龜山)과 사산(蛇山)은 장강을 가로막네.
황학은 어디로 날아갔는가?
옛사람이 노닐던 흔적만 남았구나.
한 잔 술을 도도히 흐르는 강물에 따르니
내 마음은 드높은 물결 따라 일렁이네.

주해

- 보살만(菩薩蠻) : 사패(詞牌)의 이름. '자야가(子夜歌)' 또는 '중첩금(重疊金)'이라고도 부른다. 당(唐)나라 때 여만국(女蠻國)에서 공물을 바치기 위해 들어왔는데, 이들은 높다란 상투를 틀고 금으로 장식한 모자를 썼으며, 목에 구슬 장식을 둘렀는데, 이들을 '보살만(菩薩蠻)'이라고 불렀다.
- 구파(九派) : 아홉 개의 물줄기. 장강(長江) 중류지역에 아홉 개의 물줄기가 장강으로 유입되기 때문에 '구파(九派)'라고 부른다.
  포조(鮑照)의 「등황학기(登黃鶴磯)」 시에 "九派引滄流."라고 했다.
- 중국(中國) : 나라 안. 곧 '국중(國中)'과 같다.
  『맹자(孟子)·공손추하(公孫丑下』에 "我欲中國而授孟子室."이라 했고, 조기(趙岐)의 주(註)에 "王欲於國中而爲孟子築室."이라 풀이했다.
- 침침(沉沉) : 물이 깊은 모양. 심원(深遠)한 모양. '침침(沈沈)'과 같다.
  『문선(文選)』에 실린 사마상여(司馬相如)의 「상림부(上林賦)」에 "沈沈隱隱"이라 했고, 이선(李善)의 주(註)에 "沈沈, 深貌也."라고 풀이했다.
- 일선(一線) : 경한철로(京漢鐵路)와 월한철로(粵漢鐵路)를 가리킨다. 이 두 철로는 1957년 무한장강대교(武漢長江大橋)가 완공된 후 경광철로(京廣鐵路)로 명명되었다.

- 망창창(莽蒼蒼) : 광대무변하여 뚜렷하게 보이지 않다. '미망(迷茫)'과 같다.
- 구사(龜蛇) : 구산(龜山)과 사산(蛇山)을 말함. 구산(龜山)과 한양(漢陽)에 위치해 있고 사산(蛇山)은 무창(武昌)에 위치해 있어, 서로 장강을 사이에 두고 마주보는 형국이다.
- 뇌(酹, lèi) : 제사를 지내거나 맹세를 할 때 땅에 술을 붓는 일.
  酹(부울 뇌)
  소식(蘇軾)의 「염노교(念奴嬌)」에 "一樽還酹江月"이라는 구절이 나온다.
- 도도(滔滔) : 큰 강물이 흘러가는 모양.
  『시경(詩經)소아(小雅)사월(四月)』에 "滔滔江漢."이라 했다.
- 심조(心潮) : 마음이 일렁이다. 곧 마음이 격동되어 조수(潮水)처럼 기복이 일어나는 경우를 말한다.

제4절 강서(江西) 남창(南昌)의 등왕각(滕王閣)

등왕각서(滕王閣序)[14]

왕발(王勃)[15]

豫章故郡, 洪都新府. 星分翼軫, 地接衡廬. 襟三江而帶五湖, 控蠻荊而引甌越. 物華天寶, 龍光射牛斗之墟. 人傑地靈, 徐孺下陳蕃之榻. 雄州霧列, 俊采星馳, 臺隍枕夷夏之交, 賓主盡東南之美. 都督閻公之雅望, 棨戟遙臨. 宇文新州之懿範, 襜帷暫駐. 十旬休假, 勝友如雲. 千里逢迎, 高朋滿座. 騰蛟起鳳, 孟學士之詞宗. 紫電清霜, 王將軍之武庫. 家君作宰, 路出名區. 童子何知, 躬逢勝餞.

---

14) 원래 제목은 「추일등홍부등왕각전별서(秋日登洪府滕王閣餞別序)」이다. 변려문(騈儷文) 가운데 대표적인 명문으로, 「등왕각시서(滕王閣詩序)」 또는 「연등왕각서(宴滕王閣序)」 라고도 부른다.

15) 왕발(王勃, 650~676) : 당(唐)나라 초기의 대표적 시인. 자는 자안(子安), 강주(絳州) 용문(龍門) 출생이다. 수(隋)나라 말기의 학자인 왕통(王通)의 손자이다. 6세 때부터 문장을 잘하였고, 17세 때인 666년 유소과(幽素科)에 급제하였다. 젊어서 그 재능을 인정받아 664년에 이미 조산랑(朝散郎)의 벼슬을 받았다. 왕족인 패왕(沛王) 현(賢)을 섬겼으나, 당시 유행하였던 투계(鬪鷄)에 대하여 장난삼아 쓴 글로 고종(高宗)의 노여움을 사서 사천(四川) 지방을 방랑하였다. 그 후 교지(交趾)의 영(令)으로 좌천된 아버지 복치(福畤)를 만나러 갔다가 돌아오던 중에 배에서 바다로 떨어져 익사하였다. 5언 절구(五言絶句)에 뛰어났으며, 시문집으로 『왕자안집(王子安集)』이 있다. 양형(楊炯), 노조린(盧照鄰), 낙빈왕(駱賓王) 등과 함께 '초당사걸(初唐四傑)'로 불린다.

예장(豫章)은 옛 군의 이름이요, 홍도(洪都)는 새 도읍이다. 별자리는 익(翼)과 진(軫)으로 나뉘었고, 땅은 형산(衡山)과 여산(廬山)에 접해 있다. 삼강(三江)을 옷깃으로 두르고 오호(五湖)를 띠로 둘렀으며, 형만(荊蠻) 땅을 제어하고 구월(甌越) 지역과 연접하고 있다.

물산(物產)의 정화는 하늘이 내린 보배이니 용천검의 광채가 견우성과 남두성 사이로 뻗고, 인걸은 지령(地靈)을 받아 나오니 서유(徐孺)가 태수 진번(陳蕃)의 걸상을 내려오게 하였다. 웅장한 홍주(洪州)는 안개처럼 크게 번성하고, 걸출한 인재들이 별처럼 많이 출현하였으며, 대황(臺隍)은 중국과 변방의 접경에 위치해있고, 연회에 모인 빈객과 주인은 모두 동남 지역의 인물들이다.

고상한 명망을 지닌 도독(都督) 염공(閻公)이 먼 곳에서 참석하였고, 아름다운 덕행을 갖춘 신주(新州)의 우문(宇文)태수가 찾아와 잠시 머물렀다. 순휴(旬休)의 휴가를 맞이한 좋은 벗들이 구름처럼 모여들었고, 천리 먼 곳에서 찾아온 훌륭한 벗들이 자리를 가득 메웠다. 교룡이 날고 봉황이 춤을 추니 맹학사의 시문(詩文)이요, 자전과 청상은 왕장군이 보관하고 있는 보검이로다.

내 부친은 교지(交址)의 현령으로, 이번에 뵈러가는 길에 이 좋은 고을을 지나게 되었다. 아무것도 모르는 어린 내가 뜻밖에도 이런 성대한 연회에 참석하게 되었도다.

주해

- 등왕각(滕王閣) : 중국 강서성(江西省) 남창(南昌)에 있는 누각. 653년 당(唐)나라 고종(高宗)의 22번째 아들인 滕王(등왕) 이원영(李元嬰, ?~684)이 홍주도독(洪州都督)이 되었을 때 세웠다.
- 예장(豫章) : 한대(漢代)에 설치된 행정구역으로 치소(治所)가 남창(南昌)에 있었기 때문에 고군(故郡)이라 하였다.
- 홍도(洪都) : 당(唐)나라 초기에 예장(豫章)을 '홍주(洪州)'로 변경했기 때문에 '신부(新府)'라 하였다.
- 익진(翼軫) : '익(翼)'과 '진(軫)'은 모두 별이름으로, 홍주(洪州)는 두 별이 대치하고 있는 지면에 속한 지역이다.
- 형여(衡廬) : 형산(衡山)과 여산(廬山)을 말함.
- 삼강(三江) : 장강 중하류 유역을 말함. 옛날에는 장강(長江)이 팽려(彭蠡)를 지나면서 세 갈래로 나뉘어 바다로 들어가기 때문에 '삼강(三江)'이라 불렀다.
- 오호(五湖) : 태호(太湖) 부근의 호수들을 말함. 또는 태호(太湖)·파양호(鄱陽湖)·청초호(青草湖)·단양호(丹陽湖)·동정호(洞庭湖)를 지칭하기도 한다.
- 형만(荊蠻) : 옛날 초(楚)나라 지역. 오늘날 호북(湖北)과 호남(湖南) 일대를 말한다.
- 구월(甌越) : 동구(東甌) 지역. 오늘날 절강성(浙江省) 영가(永嘉) 일대를 말한다.
- 대황(臺隍) : 성대(城臺)와 성지(城池). 여기서는 남창성(南昌城)을 말함.
- 빈주(賓主) : 연회에 참석한 빈객과 주인. 주인은 염공(閻公)을 말하는데, 이름은 미상이다.
- 계극(棨戟) : 의장용(儀仗用) 창. 곧 도독(都督)의 행차를 의미한다.
- 신주(新州) : 지명. 지금의 광동성 '신흥(新興)'을 말한다.
- 첨유(襜帷, chān wéi) : 수레의 장막. 곧 태수의 행차를 의미한다.
- 십순유가(十旬休假) : 순휴(旬休). 옛날 관리들이 십 일 동안 일하고 하루를 쉬는 제도를 말한다.
- 맹학사지사종(孟學士之詞宗) : 문단의 중심인물인 맹학사. 이름은 미상이다.

- 자전청상(紫電淸霜) : '자전(紫電)'과 '청상(淸霜)'은 모두 보검의 이름이다. 『고금주(古今注)』에 "吳大皇帝[孫權]有寶劍六, 二曰紫電."이라 했고, 『서경잡기(西京雜記)』 권1에 "高祖斬白蛇劍, ……刃上常若霜雪."라고 했는데, '청상(青霜)'과 같은 의미이다.
- 재(宰) : 현령(縣令). 당시 왕발(王勃)의 아버지가 교지(交址)의 현령으로 부임했다.

時維九月, 序屬三秋. 潦水盡而寒潭清, 煙光凝而暮山紫. 儼驂騑於上路, 訪風景於崇阿. 臨帝子之長洲, 得仙人之舊館. 層巒聳翠, 上出重霄. 飛閣流丹, 下臨無地. 鶴汀鳧渚, 窮島嶼之縈回. 桂殿蘭宮, 即岡巒之體勢.

때는 바야흐로 구월, 계절은 계추(季秋)이다. 길가에 고인 물이 마르니 차가운 연못이 맑고, 구름 노을이 엉기니 저무는 산이 자색으로 빛난다. 네 필이 끄는 수레를 위엄 있게 치장하여 길을 나서고, 좋은 경치를 찾아 높은 산을 오른다. 등왕각 앞의 모래섬을 찾아와 선인이 머물던 옛 터를 찾았다.

중첩한 산봉우리는 높이 솟아 위로 하늘까지 찌르고, 높다란 누각은 단청 빛을 띠고 아래로 땅이 보이지 않는다. 학이 노는 물가와 오리가 노니는 모래섬이 섬들을 둘러싸고 있고, 계수나무 궁전과 목란 궁궐이 산등성이를 따라 줄지어 있다.

주해

- 삼추(三秋) : 계추(季秋). 곧 구월(九月)을 말한다.
- 참비(驂騑, cān fēi) : 곁마. 네 필의 말이 끄는 마차에서 바깥의 두 말.
- 장주(長洲) : 등왕각 앞에 있는 모래섬.

披繡闥, 俯雕甍, 山原曠其盈視, 川澤紆其駭矚. 閭閻撲地, 鍾鳴鼎食之家. 舸艦彌津, 青雀黃龍之舳. 雲銷雨霽, 彩徹區明. 落霞與孤鶩齊飛, 秋水共長天一色. 漁舟唱晚, 響窮彭蠡之濱, 雁陣驚寒, 聲斷衡陽之浦.

채색한 문을 열고 조각한 용마루 누각에서 내려다보니, 산과 들은 광활하여 눈앞에 가득하고 시내와 못은 광대하여 보는 이의 눈을 놀라게 한다.

집들이 도처에 늘어서 있는데 종을 울려 솥을 걸어놓고 식사하는 명문거족(名門巨族)들이요, 큰 배들이 나루터에 가득 정박해있는데 뱃머리를 청작(靑雀)과 황룡(黃龍)으로 장식하였다.

무지개 사라지고 비도 개니 햇살이 비추고 하늘은 청명하다. 저녁노을은 외로운 기러기와 나란히 날고, 가을 물빛은 높은 하늘과 같은 색이다. 저녁 고깃배 노래소리가 팽려(彭蠡)의 물가에 울려 퍼지고, 추위에 놀란 기러기 울음소리가 형양(衡陽)의 포구에서 그친다.

주해

- 조맹(雕甍, dīao méng) : 조각한 용마루. 雕(새길 조) 甍(용마루 맹)
- 해촉(駭矚, hài zhǔ) : 보는 눈을 놀라게 하다. 駭(놀랄 해) 矚(볼 촉)
- 박지(撲地, pū dì) : 도처에 있다. 여기저기 있다. '편지(遍地)'와 같다. 『문선(文選)·포조(鮑照)』에 "廛閈撲地, 歌吹沸天."이라 했고, 이선(李善)의 주(註)에 『방언(方言)』을 인용하여 "撲, 盡也."라고 풀이했다.
  廛(가게 전) 閈(이문 한)
- 여염(閭閻, lǘ yán) : 마을. '이문(里門)'과 같다. 여기서는 집을 말한다.
- 팽려(彭蠡, péng lǐ) : 팽려. 현재의 파양호(鄱陽湖)를 말한다.
- 형양(衡陽) : 중국 호남성(湖南省) 중남부에 있는 도시. 옛 이름은 형주(衡州)이다. 이곳에 '회안봉(回雁峰)'이 있는데, 가을에 기러기들이 이곳까지 날아와 머무르다가 이듬해 봄이 되면 다시 돌아간다고 한다.

遙襟甫暢, 逸興遄飛. 爽籟發而清風生, 纖歌凝而白雲遏. 睢園綠竹, 氣淩彭澤之樽. 鄴水朱華, 光照臨川之筆. 四美具, 二難並. 窮睇眄於中天, 極娛遊於暇日. 天高地迥, 覺宇宙之無窮. 興盡悲來, 識盈虛之有數. 望長安於日下, 目吳會於雲間. 地勢極而南溟深, 天柱高而北辰遠. 關山難越, 誰悲失路之人. 萍水相逢, 盡是他鄉之客. 懷帝閽而不見, 奉宣室以何年?

높이 올라 먼 곳을 바라보니 가슴속이 후련해지고, 세속을 초탈한 흥취가 저절로 생겨난다. 맑은 피리소리에 시원한 바람이 일어나고, 아름다운 노랫소리 감돌아 흰 구름도 멈추게 한다.

휴원(睢園)의 푸른 대나무는 그 기상이 팽택현령(彭澤縣令) 도연명(陶淵明)의 주량을 능가하고, 업수(鄴水)의 붉은 연꽃은 그 광채가 임천내사(臨川內史) 사령운(謝靈運)의 문채보다 뛰어나다.

오늘 이 자리는 네 가지 아름다움을 다 갖추었고, 현주(賢主)와 가빈(嘉賓)이 만나기 어렵다는 두 가지 일도 아울러 구비되었다. 눈으로 저 하늘 끝까지 바라다보고 한가한 날에 즐거움을 마음껏 누린다. 하늘은 높고 땅은 아득하니 우주의 무궁함을 깨닫고, 흥이 다하면 슬픔이 찾아오니 성쇠에 정해진 운명이 있음을 알겠노라. 멀리 태양 아래 장안을 바라보고, 구름 사이로 오회(吳會)를 살핀다.

지세가 다한 곳에 깊은 남쪽 바다가 있고, 하늘기둥 높은 데 북극성은 멀기만 하다. 관산은 넘기도 어려운데 누가 길 잃은 사람을 슬퍼해주고, 부평초와 물이 만났으니 모두가 타향의 나그네라네. 황제가 사는 곳을 그리워해도 보이지 않으니, 어느 해에나 선실(宣室)에서 봉명(奉命)할까?

주해

- 휴원녹죽(睢園綠竹) : 휴원(睢園)의 푸른 대나무. '휴원(睢園)'은 서한(西漢) 양효왕(梁孝王)이 휴수(睢水)에 세운 대나무 정원을 말한다.
  睢(우러러볼 휴)
- 업(鄴) : 지금의 하북성 임장(臨漳)으로 당시 위(魏)나라 수도였다. 조식(曹植)이 이곳에서 지은 「공영시(公宴詩)」에 "朱華冒綠池"라는 구절이 나온다.
- 임천지필(臨川之筆) : 임천내사(臨川內史)의 붓. 곧 일찍이 임천내사(臨川內

史)를 지낸 사령운(謝靈運)을 말한다. '임천(臨川)'은 오늘날 강서(江西)지역에 해당한다.

- 사미(四美) : 사령운(謝靈運)의 「의위태자업중집시서(擬魏太子鄴中集詩序)」에 나오는 양신(良辰)·미경(美景)·상심(賞心)·낙사(樂事) 등 네 가지 좋은 일을 말한다.
- 제면(睇眄, dì miǎn) : 곁눈질로 보다. 돌아보다. 睇(볼 제) 眄(볼 면)
- 오회(吳會) : 오군(吳郡)과 회계군(會稽郡). 또는 오(吳)나라 땅을 말함.
- 천주(天柱) : 하늘을 떠받치는 높은 청동기둥. '천주(天柱)'와 같다. 『신이경(神異經)』에 곤륜산의 청동기둥이 높이 솟아 하늘을 떠받치고 있다는 기록이 나온다.
- 제혼(帝閽, dì hūn) : 천제(天帝)의 궁문(宮門). 여기서는 황제의 궁문을 말한다.
- 선실(宣室) : 한(漢)나라 미앙궁(未央宮)의 정실(正室). 한(漢)나라 문제(文帝)가 일찍이 이곳에서 가의(賈誼)를 접견하고 한밤중까지 담소를 즐겼다고 한다.

嗟乎! 時運不齊, 命途多舛. 馮唐易老, 李廣難封. 屈賈誼於長沙, 非無聖主. 竄梁鴻於海曲, 豈乏明時? 所賴君子見機, 達人知命. 老當益壯, 寧移白首之心? 窮且益堅, 不墜青雲之志. 酌貪泉而覺爽, 處涸轍以猶歡. 北海雖賒, 扶搖可接. 東隅已逝, 桑榆非晚. 孟嘗高潔, 空餘報國之情. 阮籍猖狂, 豈效窮途之哭!

오호라, 시운(時運)이 순조롭지 못하니 명운(命運)도 험난하구

나. 풍당(馮唐)은 등용되기도 전에 늙어버렸고, 이광(李廣)은 공적이 있어도 제후로 봉해지지 못했네. 가의(賈誼)가 장사(長沙)로 좌천시킨 것은 성주(聖主)가 없어서가 아니며, 양홍(梁鴻)이 바닷가에 은거했다고 해서 어찌 성세(盛世)가 아니라고 하겠는가?

내가 알기로 군자는 사물의 기미(機微)를 살피고, 달인(達人)은 천명을 알 뿐이네. 늙을수록 장지(壯志)가 더욱 곧으니 어찌 늙어서도 뜻을 바꿀 것이며, 곤궁해도 뜻이 더욱 굳세니 청운의 뜻을 저버리지 않네.

탐천(貪泉)의 물을 마셔도 마음은 더욱 맑아지고, 말라버린 수레자국에 처해도 마음은 오히려 즐겁다네. 북해가 비록 멀지만 부요(扶搖)를 타면 다다를 수 있고, 젊은 시절은 이미 지나갔지만 노년이라도 아직 늦지 않았네.

맹상(孟嘗)은 성품이 고결하여 부질없이 나라에 보답하려는 뜻을 품었으며, 완적(阮籍)은 예법에 얽매이지 않아 길이 없는 곳에서 통곡하다 돌아왔는데, 어찌 이를 본받겠는가?

주해

- 풍당(馮唐) : 한(漢)나라 무제(武帝)가 인재를 구할 때 천거를 받았으나 나이가 이미 구십이 넘어 관직을 맡을 수 없었다.
- 이광(李廣) : 한(漢) 무제(武帝) 때의 명장. 70여 차례나 흉노를 정벌하여 큰 공을 세웠지만 제후에 봉해지지 못했다.
- 가의(賈誼) : 한(漢)나라 문제(文帝)가 가의(賈誼)를 공경(公卿)에 임용하려고 했으나 권신(權臣)들의 반대로 가의를 멀리하고 장사왕(長沙王)의 태부(太傅)로 삼았다. 후에 자신의 불우한 처지를 빗대어 「조굴원부(弔屈原賦)」를 지었다.

- 양홍(梁鴻) : 동한(東漢) 사람으로 시(詩)를 지어 장제(章帝)를 풍자하다가 제로(齊魯) 지역으로 피신하였다.
- 탐천(貪泉) : 옛날 광주(廣州)에 있던 석문수(石門水). 이 물을 마시면 탐심(貪心)이 일어난다고 전한다.
- 학철(涸轍) : 수레바퀴 자국에 고인 물. 곤궁에 처한 경우를 비유한 말이다. 涸(물마를 학) 『장자(莊子)·외물(外物)』편에 나오는 고사이다.
- 동우(東隅) : 동쪽의 해가 뜨는 곳. 여기서는 젊은 시절 또는 처음을 말한다.
- 상유(桑榆) : 서쪽의 해가 지는 곳. 여기서는 노년 또는 때가 늦은 것을 의미한다.
- 맹상(孟嘗) : 동한(東漢) 사람. 합포태수(合浦太守)로 있을 때 선정(善政)을 베풀어 백성들의 사랑을 받았으나 조정에 중용되지 못했다.
- 완적(阮籍) : 진(晉)나라 때 시인. 죽림칠현(竹林七賢)의 하나로 예법에 구애받지 않았고 음주를 좋아하였다.

勃, 三尺微命, 一介書生. 無路請纓, 等終軍之弱冠. 有懷投筆, 慕宗慤之長風. 舍簪笏於百齡, 奉晨昏於萬里. 非謝家之寶樹, 接孟氏之芳鄰. 他日趨庭, 叨陪鯉對.[16] 今茲捧袂, 喜托龍門. 楊意不逢, 撫凌雲而自惜.[17] 鍾期旣遇, 奏流水以何慚?

---

16) "공자가 홀로 서 있을 때 아들 리(鯉)가 종종걸음으로 뜰을 지나갔다. 공자가 묻기를 '시(詩)를 배웠느냐?'라고 하니, '아직 배우지 못했습니다.'라고 하였다. 다시 공자가 '시(詩)를 배우지 않으면 말을 할 수 없느니라.'라고 말하자, 리(鯉)가 물러나 시(詩)를 배웠다. 다른 날 공자가 또 홀로 서 있을 때 아들 리(鯉)가 종종걸음으로 뜰을 지나갔다. 공자가 묻기를 '예(禮)를 배웠느냐?' 라고 하니, '아직 배우지 못했습니다.'라고 하였다. 다시 공자가 '예(禮)를 배

나는 신분이 미천한 일개 서생으로, 약관(弱冠)의 종군(終軍)과 나이가 같지만 군대에 들어가 보국(報國)할 기회가 없었다. 반초(班超)와 같이 붓을 버리고 종군하여 공을 세우고, 종각(宗慤)과 같이 장풍을 타고 전공을 세우고자 하였다.

하지만 일생의 부귀공명을 포기하고, 만 리 밖에서 조석으로 부모님을 모시고자 한다. 사씨(謝氏) 집안의 보배로운 나무는 아니지만, 오늘 좋은 가빈(嘉賓)들을 뵙게 되었네. 나중에 집안에서 공리(孔鯉)처럼 공손히 부친의 가르침을 배우겠노라.

오늘 염공(閻公)의 초대를 받아 연회에 참가하니 마치 등용문(登龍門)에 오른 듯하네. 사마상여(司馬相如)가 양의(楊意)의 천거를 받지 못했다면 「대인부(大人賦)」만 어루만지며 스스로 탄식했을 것이요, 종자기(鍾子期)와 같은 지음(知音)을 만났으니 고산유수(高山流水)와 같은 악곡을 연주한들 어찌 부끄럽겠는가?

주해

- 삼척미명(三尺微命) : 신분이 낮은 선비. '삼척(三尺)'은 선비가 허리에 찬 진신(縉紳)을 말한다. '미명(微命)'은 신분이 낮다는 뜻이다. 왕발이 괵주참

우지 않으면 바로 설 수 없느니라.'라고 말하자, 리(鯉)가 물러나 예(禮)를 배웠다. [嘗獨立, 鯉趨而過庭, 曰學詩乎? 對曰未也. 不學詩, 無以言. 鯉退而學詩. 他日又獨立, 鯉趨而過庭. 曰學禮乎? 對曰未也. 不學禮, 無以立. 鯉退而學禮.]"(논어(論語)·계씨(季氏)』)

17) 『사기(史記)·사마상여전(司馬相如傳)』의 기록에 의하면, 사마상여(司馬相如)가 무제(武帝)에게 「대인부(大人賦)」를 바쳤는데, 무제가 크게 기뻐하며 "飄飄有淩雲之氣, 似遊天地之間."라고 말하였다.

군(虢州參軍)에 종사한 적이 있기 때문에 이렇게 말한 것이다.

- 청영(請纓) : 군대에 들어가서 나라의 은혜에 보답하다.

『한서(漢書)·종군전(終軍傳)』의 기록에 의하면, 한(漢) 무제(武帝)가 남월(南越, 지금의 광동과 광서 일대)의 왕을 귀순시키기 위해 종군(終軍)을 파견하려고 하는데, 종군이 무제(武帝)에게 긴 밧줄을 하사해주면 남월왕을 포박해서 황궁에 데려오겠다고 말하였다.

- 투필(投筆) : 붓을 버리다. 한(漢)나라 반초(班超)가 글을 쓰는 일을 버리고 서역(西域) 정벌을 떠나 오십 개가 넘는 나라를 정벌하여 정원후(定遠侯)에 봉해졌다.
- 종각(宗慤) : 남북조시대 송(宋)나라 사람. 젊었을 때 자신의 포부를 ""願乘長風破萬里浪"라고 밝혔는데, 나중에 전공을 세워 조양후(洮陽侯)에 봉해졌다.
- 잠홀(簪笏, zān hù) : 예복입은 관리. 곧 관직을 의미한다. '잠(簪)'은 관(冠)에 꽂는 비녀이고, '홀(笏)'은 조정에서 왕명을 기록하기 위한 수판(手板)이다.
- 사가지보수(謝家之寶樹) : 진(晉)나라 사인(謝安)의 조카인 사현(謝玄)을 말한다.

『진서(晉書)·사현전(謝玄傳)』에 의하면, 사안(謝安)이 조카들에게 "爲什麼人們總希望自己的子弟好?"라고 묻자, 조카 사현(謝玄)이 "譬如芝蘭玉樹, 欲使其生於庭階耳."라고 답한 내용이 나온다.

- 맹씨지방린(孟氏之芳鄰) : 맹자(孟子)의 어머니가 좋은 이웃을 찾기 위해 세 번씩 이사를 갔던 고사. 여기서는 연회에 참석한 가빈(嘉賓)을 말한다.
- 추정(趨庭) : 종종걸음으로 뜰을 지나가다. 곧 부친이나 손윗사람의 가르침을 받는다는 의미이다.
- 도배이대(叨陪鯉對) : 공자(孔子)의 아들 공리(孔鯉)처럼 공손히 부모의 가르침을 받다. '도배(叨陪)'는 외람되이 받들다는 뜻이다. '이대(鯉對)'는 공자의 아들 리(鯉)가 부친의 가르침을 받는다는 뜻이다. 叨(외람될 도) 『논어(論語)·계씨(季氏)』에 나오는 고사이다.

- 봉메(捧袂, pěng mèi) : 소매를 눈높이까지 받들고 예를 차리다. 여기서는 염공(閻公)을 알현했다는 의미이다. 袂(소매 메)
- 용문(龍門) : 염공(閻公)의 접대를 받고 매우 기쁘다는 말이다. '용문(龍門)'은 산서(山西) 하진(河津) 서북쪽 황하유역에 있는 지명으로, 양쪽 언덕에 산이 있어 물살이 험한데 잉어가 이곳을 거슬러 올라가면 용이 되어 승천한다고 한다.
- 양의(楊意) : 한(漢)나라 무제(武帝)때 구감(狗監) 벼슬을 지낸 양득의(楊得意)를 말함. 양의(楊意)가 무제에게 사마상여(司馬相如)를 추천했다고 한다. '능운(凌雲)'은 사마상여가 지은 「대인부(大人賦)」를 말한다.
- 종기(鍾期) : 거문고를 연주한 백아(伯牙)의 지음(知音)인 종자기(鍾子期)를 말함.

嗚乎! 勝地不常, 盛筵難再. 蘭亭已矣, 梓澤丘墟. 臨別贈言, 幸承恩於偉餞. 登高作賦, 是所望於群公. 敢竭鄙懷, 恭疏短引. 一言均賦, 四韻俱成. 請灑潘江[18], 各傾陸海[19]云爾.

오호라! 명승지는 오래 보존되지 못하고, 성대한 연회는 두 번 만나기 어렵다네. 성대했던 난정(蘭亭)의 모임도 옛 자취가 되었고, 번화했던 금곡원(金谷園)도 폐허가 되고 말았네.

---

18) 반악(潘岳, 247~300) : 서진(西晉)의 시인, 문인. 자는 안인(安仁)이다. 어려서부터 신동으로 문학적 재능이 뛰어났으나, 팔왕(八王)의 난(亂)이 일어났을 때 모함을 받아 살해당했다.

19) 육기(陸機, 261~303) : 서진(西晉)의 문인, 서예가. 자는 사형(士衡), 오군(吳郡: 蘇州) 사람이다.

별에 임하여 글을 짓게 된 것은 행운으로 성대한 잔치에 참가했기 때문이요, 높은 곳에 올라 부(賦)를 짓는 일은 여기 참석한 분들께 바라는 바네.

감히 심력을 기울여 공경하게 이 서문을 짓나니, 한 편의 부(賦)와 사운(四韻)의 짧은 시로 모두 마치노라.

청컨대 반악(潘岳)과 육기(陸機)처럼 마음껏 재능을 드러내어 좋은 시문을 쓰기 바라노라.

주해

- 난정(蘭亭) : 절강성(浙江省) 소흥(紹興) 서남쪽에 있는 정자. 동진(東晉)의 명필인 왕희지(王羲之)가 당시 명사들을 초청하여 연회를 베풀고 시를 지었던 곳으로 유명하다.
- 재택(梓澤, zǐ zé) : 금곡원(金谷園)이 별칭. 서진(西晉)의 석숭(石崇)이 지은 별장으로 오늘날 하남(河南) 낙양(洛陽)의 서북쪽에 유지(遺址)가 남아 있다.
- 등고작부(登高作賦) : 높은 곳에 올라 부(賦)를 짓다.
  『한시외전(韓詩外傳)』 권7에 "孔子曰 : '君子登高必賦.'"라고 하였다.
- 단인(短引) : 소서(小序)를 말함.
- 사운(四韻) : 네 구(句)에 압운한 여덟 구의 시(詩).
- 반강(潘江) : 서진(西晉)의 문인 반악(潘岳)의 재능이 강물과 같다는 말이다.
  육해(陸海) : 서진(西晉)의 문인 육기(陸機)의 재능이 바다와 같다는 말이다.
  남조(南朝) 양(梁)나라 종영(鍾嶸)의 『시품(詩品)』에 "陸才如海, 潘才如江"이라는 말이 나온다.

滕王高閣臨江渚，佩玉鳴鸞罷歌舞.
畫棟朝飛南浦雲，珠簾暮卷西山雨.
閑雲潭影日悠悠，物換星移幾度秋.
閣中帝子今何在？檻外長江空自流.

등왕(滕王)의 높은 누각은 강가에 서 있는데,
패옥과 명란 울리던 잔치도 모두 끝났구나.
채색 기둥 위로 아침에는 남포의 구름이 날고,
화려한 주렴 위로 저녁에는 서산의 안개비가 그치네.
한가로운 구름은 연못에 그림자 드리우고 날마다 흘러가니,
물환성이(物換星移) 가운데 얼마나 많은 세월이 흘렀던가?
누각을 세운 등왕(滕王)은 지금 어디 있는가?
난간 밖으로 장강만 도도히 흘러가네.

주해

- 패옥(佩玉) : 사대부의 허리에 차는 옥(玉).
- 명란(鳴鑾) : 수레를 끄는 말의 고삐에 다는 방울.
- 물환성이(物換星移) : 경물(景物)도 변하고 별자리의 위치도 옮겨져 간다. 곧 시간의 변화를 의미한다.

추일등등왕각(秋日登滕王閣)

팽손휼(彭孫遹)[20]

客路逢秋思易傷, 江天煙景正蒼涼.
依然極浦生秋水, 終古寒潮送夕陽.
高士幾回亭草綠? 梅仙一去嶺雲荒.
臨風不見南來雁, 書劄何由達豫章?

나그네가 객지에서 가을을 만나니 쉬이 상심하고,
강 하늘에 물안개 피어나니 처량하기 그지없네.
아스라한 물가에 추수(秋水)는 여전한데,
차가운 조수에 기우는 석양빛은 영원하리.
고사정(高士亭) 뜰의 푸른빛은 얼마나 바뀌었는가?
매선(梅仙)이 떠난 후로 이곳은 황폐해졌네.
바람 속에 남쪽으로 날아오는 기러기 보이지 않으니,
서신을 어떻게 예장(豫章)까지 전하겠는가?

20) 팽손휼(彭孫遹, 1631~1700) : 청(淸)나라 초기 관료. 사인(詞人). 왕사정(王士禎)과 '팽왕(彭王)'이라 불렸다. 자는 준손(駿孫), 호는 선문(羨門) 또는 금속산인(金粟山人)이다. 절강(浙江) 해염(海鹽) 무원진(武原鎭) 출신으로, 순치(順治) 16년 진사에 합격하였고, 강희(康熙) 18년 박학홍사과(博學鴻詞科)에 일등으로 합격하여 편수관(編修官)이 되었다. 저서로 『남왕집(南往集)』과 『연로사(延露詞)』가 있다.

주해

- 창량(蒼涼, cāng liáng) : 처량하다. 비장하다.
- 극포(極浦) : 아득한 물가.

  왕발(王勃)의 「등왕각서(滕王閣序)」에 나오는 "落霞與孤鶩齊飛, 秋水共長天一色"과 "雁陣驚寒, 聲斷衡陽之浦"의 구절을 인용한 표현이다.
- 종고(終古) : 영원하다. '영구(永久)'와 같다.
- 고사(高士) : 동한(東漢)때 남창(南昌)의 선비인 서유자(徐孺子, 97~168)를 말함. 당시 태수인 진번(陳蕃)의 예우를 받았다.

  고사정(高士亭) : 남창(南昌) 서호(西湖)에 있는 유자정(孺子亭)을 말함.
- 매선(梅仙) : 한(漢)나라 매복(梅福)을 말함. 남창위(南昌尉)를 지내다가 왕망(王莽)의 정치가 싫어 사직한 후 성명을 바꿔 오문졸(吳門卒)이라 했는데, 사후에 신선이 되었다고 전한다. 『후한서(後漢書)』에 전(傳)이 있다.
- 영운황(嶺雲荒) : 유적이 황폐해지다.
- 예장(豫章) : 한(漢)나라 고조(高祖) 때 예장군(豫章郡)을 설치했는데, 치소(治所)가 남창(南昌)에 있었다.

제5절 산서(山西) 운성(運城)의 관작루(鸛雀樓)[21]

등관작루(登鸛雀樓)[22]

왕지환(王之渙)[23]

白日依山盡, 黄河入海流.
欲窮千里目, 更上一層樓.

한낮의 해는 서산 너머로 기울고,
황하는 동쪽 바다로 흘러 들어가네.

---

21) 중국 '사대명루(四大名樓)' 중의 하나이다. 사대명루(四大名樓)는 곧 강서(江西) 남창(南昌)의 등왕각(滕王閣), 호북(湖北) 무한(武漢)의 황학루(黃鶴樓), 호남(湖南) 악양(岳陽)의 악양루(岳陽樓), 산서(山西) 운성(運城)의 관작루(鸛雀樓)를 말한다. 일설에는 관작루(鸛雀樓) 대신 산동(山東) 연대(煙臺)의 봉래각(蓬萊閣)을 넣기도 한다.

22) 이 시는 왕지환(王之渙)의 현존하는 절구시(絶句詩) 6수 중의 하나로, 그의 나이 35세 때의 작품이다.

23) 왕지환(王之渙, 688~742) : 당대(唐代) 시인. 자는 계릉(季淩), 산서(山西) 강현(絳縣) 출신이다. 왕지환은 이른 나이에 과거에 급제하여 하북(河北) 형수현(衡水縣)의 주부(主簿)를 지냈는데, 얼마 지나지 않아 남의 모함을 받고 관직에서 쫓겨났다. 그 후 삼십 세가 되기도 전에 15년 동안 천하 유람을 시작했는데, 세속에 얽매이지 않고 의기(義氣)를 중시하면서 주로 격검비가(擊劍悲歌)를 노래했다. 그의 시는 대부분 당시 악공(樂工)들에 의해 노래로 불리어졌는데, 변새(邊塞)의 풍광(風光)을 잘 표현하여 고적(高適)·잠삼(岑參)·왕창령(王昌齡)과 함께 어깨를 나란히 하였다. 『전당시(全唐詩)』에 「양주사(涼州詞)」와 「등관작루(登鸛雀樓)」 등 겨우 6수만 전한다.

천리 풍광을 바라보려고 한다면.
다시 누대 한 층을 올라야하리.

주해

- 관작루(鸛雀樓) : 옛 이름은 '관작루(鸛鵲樓)'이다. 산서성(山西省) 운성시(運城市) 포주진(蒲州鎭)에 위치해 있는 3층 누각으로 황하를 바라다 볼 수 있다. 관작루는 원래 북주(北周) 우문호(宇文護)가 산서성(山西省) 영제시(永濟市) 포주성(蒲州城) 서남쪽 황하유역에 군사용 망루로 지은 것으로, 『포주부지(蒲州府志)』에 "(鸛雀樓)舊在郡城西南黃河中高阜處, 時有鸛雀棲其上, 遂名."라는 기록이 있다. 그 후 금(金)나라 원광(元光) 원년(1222)년에 몽고군(蒙古軍)의 침입으로 소실되어 700년 동안 방치되다가 지난 1997년에서야 현재의 모습으로 복원되었다.
- 백일(白日) : 태양.
- 진(盡) : 없어지다. 소실되다.
- 궁(窮) : 궁극점에 도달하다. '진(盡)'과 같다.
- 천리목(千里目) : 눈앞에 펼쳐지는 광활한 모습을 말한다.
- 갱(更) : 다시. '재(再)'와 같다.

등관작루(登鸛雀樓)[24]

창당(暢當)[25]

迥臨飛鳥上, 高出世塵間.
天勢圍平野, 河流入斷山.

먼 곳에서 관작루를 찾아 오르니,
높이 솟아 속세를 벗어난 듯하네.
하늘의 기세는 광활한 평원을 뒤덮고,
황하는 단산(斷山) 사이로 흘러가네.

주해

- 형림(迥臨, jiŏng lín) : 멀리서 찾아오다.
- 비조(飛鳥) : 여기서는 '관작(鸛雀)'을 가리킨다.
- 천세(天勢) : 하늘.
- 위(圍) : 여기서는 뒤덮는다는 뜻이다.
- 단산(斷山) : 깎아지른 듯이 서 있는 높은 산.

---

24) 이 시의 창작연대는 알 수가 없다. 진사에 급제하였으나 벼슬길이 순탄치 못하여 은유생활을 즐기면서 고원(高遠)하고 격정적인 시를 주로 썼다.

25) 창당(暢當) : 생졸 미상. 당대(唐代) 후기 유생(儒生)으로 하동(河東: 지금의 山西 永濟) 출신이다. 대력(大曆) 7년(722)에 진사에 급제하였고, 정원(貞元) 초에 태상박사(太常博士)가 되었다가 마지막으로 과주자사(果州刺史)를 지냈다.

제6절 산동(山東) 연대(煙臺)의 봉래각(蓬萊閣)[26]

봉래원조(蓬萊遠眺)

이조충(李祚忠)

人間仙境是蓬萊, 遠道而來景自開.
碧海平明無幻影, 丹崖山外起樓台.

인간선경 봉래(蓬萊)를,
멀리서 찾아오니 경치가 광대하구나.
동틀 무렵 푸른 바다에는 해시(海市)도 없고,
단애산(丹厓山) 너머로 누대만 솟아있네.

주해

- 환영(幻影) : 여기서는 해산(海山)을 말함.
- 평명(平明) : 동틀 무렵. '여명(黎明)'과 같다.

---

26) 봉래각(蓬萊閣)은 중국 사대명루(四大名樓) 중의 하나로서 산동성 연대시(煙臺市) 봉래구(蓬萊區)에 위치해 있는데, 송대(宋代) 가우(嘉祐) 6년(1061)에 지어졌다. 예로부터 "인간선경(人間仙境)"으로 일컬어졌고, "팔선과해(八仙過海)" 고사와 "해시신루(海市蜃樓)"의 기이한 경치로 유명하다. 전설에 의하면 바다에는 봉래(蓬萊)·영주(瀛州)·방장(方丈)의 '삼신산(三神山)'이 있고, 그곳에 장생불로(長生不老)하는 선인(仙人)이 살고 있다. 삼신산(三神山)은 '봉래선도(蓬萊仙島)'라고도 하며, 봉래산(蓬萊山)은 또한 봉래(蓬萊)·봉산(蓬山)·봉구(蓬丘)·봉호(蓬壺)·봉래선도(蓬萊仙島) 등으로 불린다.

- 환영(幻影) : 신기루. 여기서는 '해시(海市)' 또는 '해시신루(海市蜃樓)'를 말한다.
- 단애산(丹厓山) : "단애선경(丹崖仙境)" 또는 "봉래선산(蓬萊仙山)"이라고도 한다. 산동성 봉래시(蓬萊市)에 있는데, 산 정상에 유명한 봉래각(蓬萊閣)이 있다. 해발 50미터에 불과한 단애산의 명칭은 산석(山石)이 홍갈색을 띠고 깎아지른 절벽의 형상 때문에 생겨났다는 설과, 옛날 진(晉)나라 갈홍(葛洪)이 이곳에서 연단(鍊丹)을 했기 때문에 생겨났다는 두 가지 설이 있다.

해시시병서(海市詩並序)[27]

소식(蘇軾)[28]

予聞登州海市舊矣. 父老云: "常見於春夏, 今歲晚不復出也." 予到官五日而去, 以不見爲恨, 禱於海神廣德王之廟, 明日見焉. 乃作此詩.

내가 등주(登州)의 해시(海市)에 관해 전해들은 지는 오래되었

27) 이 시는 소식(蘇軾)이 등주(登州)의 해시(海市)를 보고 지은 것이다. 소식(蘇軾)은 원봉(元丰) 8년(1085) 좌천되어 등주지주(登州知州)로 부임한 지 5일 만에 조정으로 소환되었는데, 이 시는 당시에 지은 것이다.

28) 소식(蘇軾, 1036~1101) : 송(宋)나라 때 문인, 정치가, 학자이다. 자는 자담(子膽), 호는 동파(東坡)이며, 시(詩)·사(詞)·서예(書藝)에도 능했다. 아버지 소순(蘇洵), 동생 소철(蘇轍)과 함께 '삼소(三蘇)'라고 부르며 당송팔대가(唐宋八大家) 중의 한 사람이다. 또한 황정견(黃庭堅)·미불(米芾)·채양(蔡襄) 등과 함께 서예 사대가(四大家)로 불린다. 시문집으로 『동파전집(東坡全集)』이 있다.

다. 현지의 부로(父老)들이 말하기를, "해시(海市)는 봄여름에 자주 볼 수 있는데, 지금은 한 해가 저무는 때여서 다시 나타나지 않을 것입니다.'라고 하였다.

내가 부임한 지 닷새 만에 이곳을 떠나게 되어 해시(海市)를 보지 못하는 것을 아쉽게 여겼다. 이에 해신(海神) 광덕왕(廣德王)의 사당에 빌어 이튿날 해시를 보게 되었다. 그래서 이 시를 짓는다.

주해

- 광덕왕(廣德王) : 해신(海神)의 봉호(封號). 당(唐)나라 현종(玄宗)이 천보(天寶) 10년(751)에 해신(海神)을 왕에 봉했는데, 동해신(東海神)은 광덕왕(廣德王), 남해신(南海神)은 광리왕(廣利王), 서해신(西海神)은 광윤왕(廣潤王), 북해신(北海神)은 광택왕(廣澤王)에 각각 봉했다.
- 해시(海市) : 바람이 없는 조용한 날에 대기(大氣)의 밀도(密度)와 광선(光線)의 반사(反射)로 인하여 멀리 해변(海邊)이나 사막(沙漠)의 상공에 성곽(城郭)이나 누대(樓臺) 등이 나타나는 현상.

東方雲海空復空, 群仙出沒空明中.
蕩搖浮世生萬象, 豈有貝闕藏珠宮.
心知所見皆幻影, 敢以耳目煩神工.
歲寒水冷天地閉, 爲我起蟄鞭魚龍.
重樓翠阜出霜曉, 異事驚倒百歲翁.
人間所得容力取, 世外無物誰爲雄.

率然有請不我拒, 信我人厄非天窮.
潮陽太守南遷歸, 喜見石廩堆祝融.
自言正直動山鬼, 豈知造物哀龍鍾.
信眉一笑豈易得, 神之報汝亦已丰.
斜陽萬里孤鳥沒, 但見碧海磨青銅.
新詩綺語亦安用, 相與變滅隨東風.

운해(雲海) 자욱한 동쪽 하늘은 맑고 고요한데,
많은 신선들이 홀연히 나타났다 홀연히 사라지네.
어지러운 세상에 온갖 변화가 일어나는데,
어찌 붉은 조개와 진주로 장식한 패궐(貝闕)이 있겠는가?
마음으로 알고 보는 것은 모두가 환영일 뿐이니,
감히 자신의 이목(耳目)으로 신공(神工)을 어지럽히겠는가.
날도 춥고 바닷물도 차가워 천지가 모두 닫혔는데,
나를 위해 동면을 깨우고 어룡(魚龍)에 채찍질하네.
높은 누각과 푸른 언덕에 새벽 서리 내리더니,
기이한 일이 늙은 나를 놀라게 하네.
세상에서 얻을 수 있는 것은 힘으로 취할 수 있으나,
세상 밖에서는 취할 길이 없으니 누가 영웅이겠는가?
서둘러 신에게 청했는데 나를 거절하지 않았으니,
나는 인액(人厄)이요 천궁(天窮)을 당하지 않았음을 알겠네.
남쪽 조양태수로 좌천되었다가 돌아가는 길에,

석름봉과 축융봉을 보다니 참으로 기쁘구나.
자신이 정직하여 산신령을 감동시켰다고 말하지만,
조물주가 늙고 병든 몸을 가련히 여길 줄 어찌 알았으랴.
진실로 눈썹 펴고 한번 웃는다고 어찌 쉽게 얻겠는가.
신이 그대에게 보답한 것이 또한 이미 충분하도다.
석양에 외로운 새 한 마리 멀어져가고,
다만 거울처럼 맑은 푸른 바다만 보이네.
새로운 시에 어찌 화려한 문사(文辭)가 필요하겠는가.
모두가 동풍을 따라 나타났다 사라지는 것을.

주해

- 운해(雲海) : 광대무변한 바다.
- 공(空) : 하늘. 크다. 다하다. '대(大)' 또는 '진(盡)'과 같다.
- 공명(空明) : 달빛 아래 푸른 물결. 맑고 고요한 하늘.
- 패궐(貝闕) : 붉은 조개로 장식한 화려한 궁궐. 곧 하백(河伯)이 사는 용궁(龍宮)을 말한다. 『초사(楚辭)·구가(九歌)·하백(河伯)』에 "물고기 비늘로 만든 집은 용당이요, 붉은 조개로 만든 궁궐은 주궁이로다. [魚鱗屋兮龍堂, 紫貝闕兮朱宮.]"이라는 구절이 나온다.
- 신공(神工) : 비범한 조예. 신인(神人).
- 중루(重樓) : 높은 누각. '고루(高樓)' 또는 '층루(層樓)'와 같다.
- 솔연(率然) : 경솔하게 서두르는 모습. 앞뒤에서 호응하다.
- 석름(石廩) : 석름봉(石廩峯). 호남성 형산(衡山)의 다섯 봉우리 중의 하나.
- 축융(祝融) : 축융봉(祝融峯). 호남성 형산(衡山)의 봉우리 중의 하나.
- 퇴(堆) : 언덕. 여기서는 작은 산을 말한다.
- 용종(龍鍾) : 몸이 노쇠하여 행동이 불편한 모습.
- 변멸(變滅) : 변화환멸(變化幻滅). 곧 인생의 무상함을 말한다.

달봉기유(达篷纪游)

황종희(黄宗羲)[29]

東盡觀滄海, 往事一概然.
浪中鼓萬疊, 鯨背血千年.
何物始秦皇, 于此求神仙.

동쪽 푸른 바다를 한없이 바라다보니,
세상사 지난 일이 모두 이와 같으리.
파도는 만첩으로 휘몰아치고,
물결은 천년 동안 넘실거리네.
진시황은 어떤 사람이기에
이곳에서 신선이 되길 원했는고?

주해

- 달봉산(達蓬山) : 원명은 향산(香山). 영파시(寧波市) 자계(慈溪) 동남부에 있다.

---

29) 황종희(黄宗羲, 1610~1695) : 절강(浙江) 소흥시(紹興市) 여요현(餘姚縣) 출신이다. 자는 태충(太沖) 또는 덕빙(德冰), 호는 남뢰(南雷), 별호는 이주노인(梨洲老人)·이주산인(梨洲山人)·남수어인(藍水漁人)·어징동주(魚澄洞主)·쌍폭원장(雙瀑院長) 등이다. 명말청초 경학가(經學家)·사학가(史學家)·지리학가(地理學家)·천문역산학가(天文曆算學家)·교육가(教育家)이다. "동림칠군자(東林七君子)"인 황존소(黄尊素)의 장자(長子)이다. 고염무(顧炎武)·왕부지(王夫之)와 더불어 "명말청초(明末清初) 삼대사상가(三大思想家)"로 불린다.

- 개연(概然) : 일개여차(一概如此). 모든 일이 이와 같다.
- 경배(鯨背) : '수면(水面)'을 말한다.
  당(唐)나라 유우석(劉禹錫)의 「유승언나부사인위시이사지(有僧言羅浮事因爲詩以寫之)」시에 나온다. "日光吐鯨背, 劍影開龍鱗."
- 하물(何物) : 어떤 물건. 어떤 사람.

차운공헌봉래각(次韻孔憲蓬萊閣)[30)]

조변(趙抃)[31)]

山巓危構倚蓬萊, 水閣風長此快哉.
天地涵容百川入, 晨昏浮動兩潮來.
遙思座上遊觀遠, 愈覺胸中度量開.
憶我去年曾望海, 杭州東向亦樓台.

와룡산(臥龍山) 위에 높다란 봉래각(蓬萊閣)을 지으니,
물가 누각에 불어오는 바람소리 상쾌하구나.

---

30) 이 시는 북송 시인 조변(趙抃)이 당시 월주지주(越州知州)였던 공헌(孔憲, 1013~1074)의 「봉래각(蓬萊閣)」시에 화답하여 지은 칠언율시(七言律詩)이다. 전체적으로 격조(格調)가 호매(豪邁)하고 시어(詩語)가 아름답다. 공헌(孔憲)은 지주(知州) 공연지(孔延之)를 말한다. '헌(憲)'은 상급 벼슬아치 또는 동급자에 대한 존칭이다.

31) 조변(趙抃, 1008~1084) : 북송(北宋) 시인. 자는 열도(閱道), 호는 지비자(知非子), 절강(浙江) 출신이다. 경우(景祐)년 진사에 합격하여 전중시어사(殿中侍禦史), 용도각직학사(龍圖閣直學士)를 지냈고, 신종(神宗) 때 참지정사(參知政事)를 지냈다. 저서로 『청헌집(清獻集)』이 있다.

바다는 넉넉하게 온갖 물줄기를 받아들이고,

새벽과 황혼녘에 거센 조수가 두 차례 밀려오네.

멀리서 생각건대 봉래각에 앉아 먼 바다를 바라보면,

마음 속 도량이 더욱더 넓어지리라.

나도 작년에 바다를 바라본 적이 있으니,

항주 동쪽에도 망해정(望海亭)이 있다오.

주해

- 위구(危構) : 높은 곳에 지은 건축물. 곧 봉래각(蓬萊閣)을 말한다. '위(危)'는 '고(高)'와 같다.
- 봉래(蓬萊) : 여기서는 '봉래현(蓬萊縣)' 또는 '봉래선경(蓬萊仙境)'을 말한다.
- 수각(水閣) : 봉래각(蓬萊閣)을 말한다.
- 함용(涵容) : 포용하다. 용납하다.
- 도량(度量) : 흉금(胸襟). 기량(器量).
- 망해(望海) : 여기서는 전당강(錢塘江)의 물결을 보았다는 뜻이다.
- 항주동향역누태(杭州東向亦樓台) : 원주(原註)에 "杭州有望海樓."라는 말이 있다.
- 누대(樓台) : 여기서는 망해루(望海樓)를 말한다.

제7절 강소(江蘇) 금릉(金陵)의 봉황대(鳳凰臺)[32)]

등금릉봉황대(登金陵鳳凰臺)[33)]

이백(李白)

鳳凰臺上鳳凰遊, 鳳去臺空江自流.
吳宮花草埋幽徑, 晋代衣冠成古邱.
三山半落靑天外, 二水中分白鷺洲.
總爲浮雲能蔽日, 長安不見使人愁.

봉황대 위에 봉황이 노닐었는데,
봉황은 떠나가고 누대는 텅 비어 장강만 절로 흐르네.
오(吳)나라 궁궐의 화초는 황량한 오솔길을 메우고,
진(晉)나라 명문귀족들은 모두 옛 무덤이 되었네.
삼산(三山)은 푸른 하늘 밖에 반쯤 떨어져 있고,
이수(二水)는 백로주에 둘로 나뉘네.

---

32) 『강남통지(江南通志)』에 "鳳凰台在江寧府城內之西南隅, 猶有陂陀, 尚可登覽. 宋元嘉十六年, 有三鳥翔集山間, 文彩五色, 狀如孔雀, 音聲諧和, 衆鳥群附, 時人謂之鳳凰. 起台於山, 謂之鳳凰山, 臺日鳳凰臺."라고 했고, 북위(北魏) 역도원(酈道元)의 『수경주(水經註)·양수(漾水)』에도 "(鳳溪水)上承濁水 於廣業郡, 南逕鳳溪中, 有二石雙高, 其形若闕, 漢世有鳳凰至, 故謂之鳳凰臺."라고 했다.

33) 이 시는 천보(天寶) 6년(747), 이백(李白)이 당(唐)나라 현종(玄宗)의 "사금환산(賜金還山)"하라는 명에 따라 장안(長安)을 떠나 금릉(金陵)을 유람할 때 지은 칠언율시(七言律詩)이다. 흔히 최호(崔顥)의 「황학루(黃鶴樓)」와 쌍벽을 이룬 것으로 평가된다.

모두 뜬구름이 해를 가린 탓이니,

장안은 보이지 않고 사람을 시름겹게 하누나.

주해

- 금릉(金陵) : 남경(南京)의 옛 이름. 삼국시대 오(吳)나라의 손권(孫權)이 황제를 칭하면서 도읍으로 삼아 건업(建業)이라 불렀으며, 농진(東晉) 때 도성으로 삼은 후 건강(建康)으로 개명했다. 그 후 남북조시대 송(宋)·제(齊)·양(梁)·진(晉) 네 왕조가 각각 도읍으로 삼았다. 원(元)나라 때는 북경(北京)을 수도로 삼고 이곳을 남경(南京)이라 부르기 시작했다.
- 봉황대(鳳凰臺) : 금릉(金陵) 봉황산(鳳凰山) 위에 위치한 누대. 남북조시대 송(宋)나라 원가(元嘉) 16년(439), 이곳에 세 마리의 오색찬란한 공작새가 날아들어 배회하자 당시 사람들이 ⊥ 새들을 봉황이라고 여겼다. 이에 왕의(王顗)가 이곳 언덕에 누대를 세우고 '봉황대(鳳凰臺)'로 불렀다고 전한다.
- 오궁(吳宮) : 삼국시대 오(吳)나라 궁궐.
- 유경(幽徑) : 사람의 발길이 드문 소로(小路).
- 진대(晋代) : 동진(東晉)을 말함.
- 의관(衣冠) : 의복(衣服)과 예모(禮帽). 여기서는 명문세족(名門世族)을 말한다.
- 고구(古丘) : 옛 무덤.
- 삼산(三山) : 산 이름. 금릉(金陵) 서남쪽 장강(長江) 부근에 있는데, 세 봉우리가 나란히 서 있고 남북으로 연결되어 있다. 『경정건강지(景定建康志)』에 다음과 같은 기록이 있다. "其山積石森鬱, 濱於大江, 三峰並列, 南北相連, 故號三山."
- 백로주(白鷺洲) : 금릉(金陵) 서남쪽 장강(長江) 가운데 위치하는데, 진수(秦水)와 회수(淮水) 두 강물이 중도에서 합류하다가 하류에서 갈라져 한 줄기는 성 안으로 들고 한 갈래는 성 밖을 돌아 흐르는데, 그 중간에 백로주(白鷺洲) 섬이 생겨났다고 한다.

- 이수(二水) : 진수(秦水)와 회수(淮水)를 말함.
- 부운(浮雲) : 뜬 구름. 여기서는 황제의 성총(聖聰)을 흐리게 하는 소인들을 말한다.
- 폐일(蔽日) : 해를 가리다. 곧 간신들이 참언(讒言)으로 어진 신하들을 막는다는 의미이다. 육가(陸賈)의 『신어(新語)·신미편(愼微篇)』에 : "邪臣之蔽賢, 猶浮雲之障日月也."라고 했다.

봉황대(鳳凰臺)[34)]

두보(杜甫)

亭亭鳳凰臺, 北對西康州.
西伯今寂寞, 鳳聲亦悠悠.
山峻路絕蹤, 石林氣高浮.
安得萬丈梯, 爲君上上頭.
恐有無母雛, 饑寒日啾啾.
我能剖心出, 飮啄慰孤愁.
心以當竹實, 炯然無外求.
血以當醴泉, 豈徒比淸流.
所貴王者瑞, 敢辭微命休.
坐看彩翮長, 擧意八極周.

34) 이 시는 두보(杜甫)가 당(唐)나라 건원(乾元) 2년(759)에 진주(秦州: 지금의 甘肅 天水)에서 동곡(同穀縣: 지금의 甘肅 成縣)으로 가는 도중에 지은 기행시(紀行詩) 20수 중의 하나이다.

自天銜瑞圖, 飛下十二樓.
圖以奉至尊, 鳳以垂鴻猷.
再光中興業, 一洗蒼生憂.
深衷正爲此, 群盜何淹留.

우뚝 솟은 봉황대(鳳凰臺),
북쪽으로 서강주(西康州)를 마주하고 있네.
이제 서백(西伯)이 죽은 지 오래되고,
봉황의 울음소리도 아득하구나.
산은 험준하여 오를 길이 없고,
석림(石林)은 기세가 높이 떠 있는 듯하네.
어떻게 하면 만 길 사다리를 타고,
우리 인군(人君)을 위해 꼭대기에 오를까.
어미 없는 새끼들이,
추위와 굶주림에 울어댈까 두렵구나.
능히 내 심장을 갈라서,
쪼아 먹고 마시게 하여 새끼의 근심을 위로하리라.
심장으로 죽실(竹實)을 대신하면,
마음이 밝아져서 다른 것을 구하지 않으리.
피로써 예천(禮泉)을 대신하면,
어찌 한갓 맑은 물에 비하겠는가.
소중한 것은 왕자(王者)의 상서(祥瑞)이니,
감히 미천한 목숨이 다하는 걸 사양하랴.

어린 봉황의 채색 날개 자라서,
장차 팔방을 한껏 나는 모습을 볼 수 있으리.
하늘로부터 서도(瑞圖)를 물고,
십이루(十二樓)로 날아 내려오네.
서도(瑞圖)를 지존에게 받들어 올리고,
봉황으로 후세에 성덕(聖德)을 남기시리.
다시 중흥의 대업을 빛내고,
크게 창생의 근심을 씻어 주리라.
깊은 충정이 바로 이와 같다면,
도적들이 어찌 오래 머물 수 있겠는가.

주해

- 봉황대(鳳凰臺) : 산 이름. 지금의 감숙성(甘肅省) 성현(成縣) 동남 70리 비룡협(飛龍峽)에 위치해 있다.
- 정정(亭亭) : 우뚝 솟은 모양.
- 서강주(西康州) : 동곡현(同谷縣)을 말한다. 무덕(武德) 원년에 동곡현을 서강주에 편입했다가 정관(貞觀) 원년에 폐했다. 『신당서(新唐書)·지리지(地理志)』 4에 이런 기록들이 보인다. 봉황대(鳳凰臺)가 동곡현 동남에 있기 때문에 '북대(北對)'라고 한 것이다.
- 서백(西伯) : 상(商)나라 주왕(紂王)이 일찍이 주(周)나라 문왕(文王)을 서백(西伯)으로 봉했다.
- 적막(寂寞) : 죽은 지 이미 오래되었다는 말이다.
- 봉성(鳳聲) : 봉황의 울음소리. 『국어(國語)·주어상(周語上)』의 기록에 의하면, 주(周)나라 문왕(文王)때 기산(岐山)에서 봉황의 울음소리가 들려 주(周)나라 부흥의 단서가 되었다고 한다.
- 군상(君上) : 일설에는 '군거(君居)'로 되어 있다.
- 추추(啾啾) : 새끼 봉황의 울음소리. 일설에는 '조추(啁啾)'로 되어 있다.

- 출(出) : 일설에는 '혈(血)'로 되어 있다.
- 고(孤) : 어미 없는 새끼 봉황을 의미한다.
- 죽실(竹實) : 대나무 열매. 대나무 꽃이 드물게 피기 때문에 죽실(竹實)은 더욱 진귀하다. 전설에 봉황은 죽실(竹實)만 먹고 산다고 한다.
- 무(無) : 일설에는 '망(忘)'으로 되어 있다.
- 예천(醴泉) : '감천(甘泉)'과 같다. 『장자(莊子)·추수(秋水)』편에 의하면, 봉황은 예천의 물이 아니면 마시지 않는다고 한다.
- 청류(清流) : 곧 '예천(醴泉)'을 말한다.
- 귀(貴) : 일설에는 '중(重)'으로 되어 있다.
- 좌간(坐看) : 앉아서 보다. '장간(將看)'과 같다.
- 채핵(彩翮) : 아름다운 채색 날개. 翮(깃촉 핵)
- 장(長) : 일설에는 '거(舉)'로 되어 있다.
- 거의(舉意) : 마음껏. '방회(放懷)'와 같다. '거(舉)'는 일설에 '종(縱)'으로 되어 있다.
- 서도(瑞圖) : 하늘이 내린 제왕(帝王)의 수명(受命)에 관한 상서(祥瑞)로운 도서(圖書)를 말한다. 『춘추합성도(春秋合誠圖)』에 의하면, 황제(黃帝)가 일찍이 현호산(玄扈山) 아래 낙수(洛水) 가에서 대사마(大司馬) 용광(容光), 좌우보(左右輔) 주창(周昌) 등 100여 인과 함께 유관(遊觀)하고 있을 때 봉황이 도서를 물고 날아와서 황제의 앞에 바치므로, 황제가 절하고 그 도서를 받았다고 한다.
- 십이루(十二樓) : 전설에 의하면 곤륜산(崑崙山) 십이옥루(十二玉樓)에 신선이 산다고 한다.
- 봉(奉) : 일설에는 '헌(獻)'으로 되어 있다.
- 수홍유(垂鴻猷) : 후세에 성덕(聖德)을 남기다.
- 광(光) : 발양(發揚)하다.
- 심충(深衷) : 깊은 뜻. 깊은 충정(衷情).
- 정(正) : 일설에는 '지(止)'로 되어 있다.
- 군도(群盜) : 여기서는 안사(安史)의 난(亂)을 일으킨 반군을 말한다.
- 엄류(淹留) : 오래도록 머무르다.

제8절 절강(浙江) 소흥(紹興)의 난정(蘭亭)

난정집서(蘭亭集序)[35]

왕희지(王羲之)[36]

永和九年, 歲在癸丑, 暮春之初, 會於會稽山陰之蘭亭, 修禊事也. 群賢畢至, 少長咸集. 此地有崇山峻嶺, 茂林修竹. 又有淸流激湍, 映帶左右, 引以爲流觴曲水, 列坐其次. 雖無絲竹管絃之盛, 一觴一詠, 亦足以暢敍幽情.

---

35) 이 글은 당시 회계내사(會稽內史)를 지내던 왕희지(王羲之)가 진(晉)나라 목제(穆帝) 영화(永和) 9년(353) 늦봄에 지은 것이다. 당시 그는 명사 손작(孫綽)과 사안(謝安) 그리고 자신의 아들 왕응지(王凝之), 왕휘지(王徽之) 등 41명과 함께 난저(蘭渚 : 지금의 절강성 소흥현 서남 27리) 물가의 정자에서 춘계(春禊)를 행하였다. 이 모임에 참석했던 사람들이 지은 시를 모아 시집을 만들면서 왕희지가 서문을 지었는데 이를 「난정집서(蘭亭集序)」라고 부른다. 「난정서(蘭亭序)」·「임하서(臨河序)」·「계첩(禊帖)」·「삼월삼일난정시서(三月三日蘭亭詩序)」라고도 부른다.

36) 왕희지(王羲之, 307~365) : 동진(東晉)의 정치가, 서법가. 자는 일소(逸少), 산동성(山東省) 임기현(臨沂縣) 낭야(琅琊) 출신이다, 우군장군(右軍將軍)을 역임하여 왕우군(王右軍)이라고 불렀다. 한(漢)나라와 위(魏)나라의 비문을 연구하여 해서(楷書)·행서(行書)·초서(草書)의 서체를 완성하여 서성(書聖)으로 불렸다. 관직은 비서랑(秘書郞)을 시작으로 유량(庾亮)의 장사(長史), 우군장군, 회계내사(會稽內史) 등을 역임했다. 그 후 벼슬을 그만두고 경치가 아름다운 회계(會稽)에서 사안(謝安)·손작(孫綽)·허순(許諄)·지둔(支遁) 등과 청담(淸談)을 나누면서 유유자적한 삶을 즐겼다.

영화(永和) 9년(353) 계축년 늦은 봄 초에 회계군(會稽郡) 산음현(山陰縣)의 난정(蘭亭)에 모인 것은 계제사(稽制司)를 지내기 위해서였다. 많은 현재(賢才)들이 모였고, 젊은이와 나이 든 사람들도 모두 모였다. 이곳은 높은 산과 험준한 고개들이 있고, 무성한 숲과 길게 자란 대나무가 있다. 또한 맑은 시냇물과 세차게 흐르는 여울이 정자 주위를 에워싸고 있다.

계곡물을 끌어다가 술잔을 띄워 보낼 곡수(曲水)를 만들었고, 곡수(曲水) 주변에 자리를 정해 앉았다. 비록 거문고나 피리소리가 곁들인 성대한 연회는 아니지만, 술 한 잔에 시 한 수를 읊으니 또한 그윽한 정취를 펴기에 충분하였다.

주해

- 영화(永和) : 동진(東晉) 사마담(司馬聃: 穆帝)의 연호. 영화(永和) 9년은 353년에 해당한다.
- 모춘(暮春) : 음력 3월.
- 회계(會稽, kuài jī) : 군(郡) 이름. 지금의 절강성(浙江省) 소흥(紹興)을 말한다.
- 산음(山陰) : 현(縣) 이름. 지금의 소흥시(紹興市) 월성구(越城區)를 말한다.
- 수계사(修禊事, xiū xì shì) : 계사(禊事)를 행하다. '수(修)'는 '행(行)'의 뜻이다. '계(禊)'는 '불계(祓禊)'이다. 계사(禊事)란 옛날 음력 3월 상순(上旬) 사일(巳日)에 사람들이 물가에 가서 몸을 깨끗이 씻고 신에게 복을 기원하는 일을 말한다.
- 군현(群賢) : 많은 현재(賢才). 여기서는 사안(謝安) 등 32명의 명사(名士)를 말한다.
- 소장(少長) : 젊은이와 나이든 장자(長子). 왕희지(王羲之)의 아들인 왕응지(王凝之)와 왕휘지(王徽之)는 나이가 어리고, 사안(謝安)과 왕희지(王羲之) 등은 장자(長子)에 속한다.

- 숭산준령(崇山峻嶺) : 고산준령(高山峻嶺). 곧 높고 험준한 산과 고개를 말한다.
- 수죽(修竹) : 키가 큰 대나무. '수(修)'는 '고(高)'와 같다.
- 격단(激湍) : 여울. 세차게 흘러가는 물줄기. 湍(여울 단)
- 영대좌우(映帶左右) : 정자 주위를 에워싸다. '영대(映帶)'는 에워싸다는 뜻이다.
- 유상곡수(流觴曲水, liu shāng qū shuǐ) : 곡수(曲水)에 술잔을 띄워 보내 술잔이 멈춘 자리에 앉아 있던 사람이 술을 마시며 시를 짓게 하던 놀이. 觴(술잔 상)
- 열좌기차(列坐其次) : 곡수(曲水) 주변에 자리를 정해서 차례대로 앉다. '열좌(列坐)'는 자리를 정해서 앉는다는 뜻이다. '차(次)'는 물가의 뜻이다.
- 일상일영(一觴一詠) : 술을 한 잔 마시고 시를 한 수 짓다.

是日也, 天朗氣清, 惠風和暢, 仰觀宇宙之大, 俯察品類之盛, 所以遊目騁懷, 足以極視聽之娛, 信可樂也.

이날 하늘은 청명하고 공기는 청신하였으며 봄바람은 따스하고 날씨는 화창하였다. 우러러 우주의 광대함을 살피고 고개 숙여 만물의 성대함을 살펴본다. 사방을 둘러보며 마음을 활짝 열어 보고 듣는 즐거움을 다할 수 있으니 참으로 즐거웠다.

주해

- 혜풍(惠風) : 온화한 바람.
- 품류(品類) : 자연계의 만물.

- 유목빙회(遊目騁懷) : 사방을 둘러보고 마음을 활짝 열다. 騁(달릴 빙)
- 신(信) : 진실로. 참으로.

夫人之相與, 俯仰一世. 或取諸懷抱, 悟言一室之內. 或因寄所託, 放浪形骸之外. 雖趣舍萬殊, 靜躁不同, 當其欣於所遇, 暫得於己, 快然自足, 不知老之將至. 及其所之旣倦, 情隨事遷, 感慨系之矣. 向之所欣, 俯仰之間, 已爲陳跡, 猶不能不以之興懷. 況修短隨化, 終期於盡. 古人云 : "死生亦大矣." 豈不痛哉!

무릇 사람이 세상을 살아가는데 그 일생이 매우 빠르게 지나간다. 어떤 사람은 자신의 마음속 회포를 취하여 집안에서 이야기하기도 하고, 어떤 사람은 자신이 좋아하는 사물에 기탁하여 육신 밖에서 마음껏 노닐기도 한다.

비록 취하고 버리는 것이 만 가지로 다르고 고요하고 시끄러움이 같지 않으나, 자신이 처한 바에 즐거움을 느끼면 잠시나마 자득(自得)하고 즐겁게 자족(自足)하면서 늙음이 장차 찾아오는 줄도 모른다.

그러다가 자신이 좋아하던 사물에 대해 마음이 시들해지면, 감정이 사물의 변화에 따라 변하고 감개(感慨)함이 그에 따라 생겨나게 된다.

지난번에 좋아했던 일이 순식간에 벌써 낡은 자취가 되어 버리니, 더욱 감회가 일어나지 않을 수 없다. 하물며 수명(修明)의 길고 짧음은 자연의 조화를 따르다가 마침내 소멸에 이르게 되는 일임에랴. 그러므로 옛사람이 말하길 "죽고 사는 것은 인생의 중대한 일이다."라고 했으니, 어찌 비통하지 않겠는가!

주해

- 상여(相與) : 함께 살다. 서로 교왕(交往)하다.
- 부앙일세(俯仰一世) : 일생(一生)이 매우 빠르게 지나가다. '부앙(俯仰)'은 시간이 매우 짧다는 뜻이다.
- 오언(悟言) : 얼굴을 마주보고 이야기하다. '오(悟)'는 '오(晤)'와 통한다. 晤(만날 오)
- 소탁(所托) : 자신이 좋아하는 사물이나 물건.
- 방랑(放浪) : 방종하다. 여기서는 구속을 받지 않는다는 뜻이다.
- 형해(形骸) : 육신. 신체.
- 취사(趣舍) : 취하거나 버리다. '취사(取捨)'와 같다.
- 만수(萬殊) : 천차만별(千差萬別)의 뜻이다.
- 정조(靜躁) : 고요하고 시끄러움. 躁(시끄러울 조)
- 부지노지장지(不知老之將至) : 노쇠함이 장차 찾아오는 것도 모르다. 『논어(論語)·술이(述而)』에 나오는 말이다. "그대는 왜 '그 사람됨이 분발하면 먹는 것도 잊어버리고, 즐거울 때는 근심을 잊어 장차 늙는 줄도 알지 못한다.'고 말하지 않았는가? [女奚不曰, 其爲人也, 發憤忘食, 樂以忘憂, 不知老之將至云爾.]"
- 권(倦) : 싫증나다. 권태롭다.
- 정수사천(情隨事遷) : 감정이 사물의 변화에 따라 변하다. '천(遷)'은 변화의 뜻이다.
- 향(向) : 지난 번. 과거.

- 진적(陳跡) : 옛 자취. 陳(묵을 진)
- 수단수화(修短隨化) : 수명의 길고 짧음은 자연의 조화를 따른다. '화(化)'는 자연이다. 修(길 수)
- 사생역대의(死生亦大矣) : 죽고 사는 것은 인생의 중대한 일이다. 『장자(莊子)·덕충부(德充符)』에 나오는 말이다. "중니(仲尼)가 말하기를 '죽고 사는 문제 또한 중대한 것이지만, 그 때문에 동요하지 않는다. 비록 하늘이 무너지고 땅이 꺼진다 해도 또한 그 때문에 떨어지지 않는다. 거짓 없는 참된 도를 깨달아서 사물에 따라 변화하지 않고, 만물의 변화를 명으로 받아들여 그 종지(宗旨)를 지킨다.'라고 하였다. [仲尼曰 : '死生亦大矣, 而不得與之變, 雖天地覆墜, 亦將不與之遺. 審乎無假而不與物遷, 命物之化而守其宗也.']"

每覽昔人興感之由, 若合一契, 未嘗不臨文嗟悼, 不能喩之於懷. 固知一死生爲虛誕, 齊彭殤爲妄作. 後之視今, 亦猶今之視昔. 悲夫! 故列敍時人, 錄其所述, 雖世殊事異, 所以興懷, 其致一也. 後之覽者, 亦將有感於斯文.

매번 옛 사람들이 감개(感慨)를 일으켰던 이유를 살펴보면, 마치 부절(符節)을 맞춘 것처럼 서로 똑같다. 그러니 옛 사람들의 글을 읽을 때마다 슬퍼하고 탄식하지 않을 수가 없으며, 이를 마음속으로 이해할 수도 없다.

진실로 생사(生死)가 하나라는 말이 허황되고, 팽조(彭祖)와 요절(夭折)한 이를 동일시하는 말이 망령된 것임을 알 수 있다.

후세 사람들이 지금의 사람들을 보는 것이 또한 지금의 사람들이 옛날의 사람들을 보는 것과 같을 것이니, 슬프도다.

그러므로 난정(蘭亭) 연회에 참석한 사람들을 하나하나 기록하고, 그들이 지은 시들도 모두 수록하였다. 비록 시대가 다르고 세태도 다르겠지만 사람의 감회를 일으키는 이유는 마찬가지이다. 그러므로 후세의 독자들도 이 시문(詩文)에 대해 느끼는 바가 있을 것이다.

주해

- 계(契) : 부계(符契). 부절(符節). 옛날의 일종의 신표(信標)이다.
- 차도(嗟悼, jiē dào) : 슬퍼하고 탄식하다.
- 제팽상(齊彭殤) : 장수(長壽)를 누린 팽조(彭祖)와 요절(夭折)한 아이를 동일시하다. '팽조(彭祖)'는 제요(帝堯) 때부터 은(殷)나라 말기까지 7백년을 살았다고 전해지는 인물이다. '상(殤)'은 성년이 못되어 죽은 자를 말한다. 殤(일찍 죽을 상)

  『장자(莊子)·제물론(齊物論)』에 나오는 말이다. "천하에는 털끝보다 더 큰 것이 없고 태산이 작을 수도 있으며, 요절한 아이보다 더 장수한 이가 없고 오래 산 팽조가 요절했다고 할 수도 있다. [天下莫大於秋毫之末而大山爲小, 莫壽乎殤子而彭祖爲夭.]"
- 열서시인(列敍時人) : 당시 난정(蘭亭)의 연회에 참석했던 사람들을 하나하나 모두 기록하다.
- 사문(斯文) : 이번 연회에서 지어진 시문(詩文).

제9절 안휘(安徽) 저주(滁州)의 취옹정(醉翁亭)

취옹정기(醉翁亭記)[37]

구양수(歐陽修)[38]

環滁皆山也. 其西南諸峰, 林壑尤美. 望之蔚然而深秀者, 琅琊也. 山行六七里, 漸聞水聲潺潺而瀉出於兩峰之間者, 釀泉也. 峰回路轉, 有亭翼然臨於泉上者, 醉翁亭也.

---

37) 취옹정(醉翁亭) : 안휘성(安徽省) 저주시(滁州市) 서남쪽 낭야(琅琊山) 기슭에 있는 정자 이름. 북송 경력(慶曆) 7년(1047)에 세워졌는데, 당송팔대가 중의 한 명인 구양수(歐陽修)가 정자 이름을 지었다. 송(宋) 인종(仁宗) 경력(慶曆) 5년(1045), 참지정사(參知政事) 범중엄(范仲淹) 등이 참소를 받아 관직을 박탈당하자 구양수(歐陽修)가 상소를 올려 그들을 변론했다가 저주지주(滁州知州)로 폄직(貶職)되었는데, 「취옹정기(醉翁亭記)」는 이 때 지은 것이다. 구양수(歐陽脩)는 취옹정에서 유락(遊樂)하며 글을 지었는데, 자신을 '취옹(醉翁)'이라 부르고 그 정자를 '취옹정(醉翁亭)'이라고 불렀으며, 취옹정에서 노니는 즐거움을 쓴 것이 「취옹정기(醉翁亭記)」이다.

38) 구양수(歐陽修, 1007~1072) : 북송(北宋) 문장가(文章家), 정치가(政治家). 자는 영숙(永叔), 호는 취옹(醉翁), 만호(晩號)는 육일거사(六一居士)이다. 여릉(廬陵: 지금의 江西 吉安)인이다. 천성(天聖) 8년(1030) 진사에 합격하여 지제고(知制誥)·한림학사(翰林學士)를 거쳐 추밀부사(樞密副使)·참지정사(參知政事)·병부상서(兵部尚書)·태자소사(太子少師) 등을 지냈다. 시호는 문충(文忠)이다. 정치적으로 범중엄(范仲淹) 등의 혁신주장을 지지했고, 문학적으로 명도(明道)와 치용(致用)을 주장하여 북송고문운동의 중심인물이 되었다. 저서로 『구양문충집(歐陽文忠集)』이 있다.

저주(滁州)의 사면은 모두 산으로 둘러싸여 있다. 그 서남쪽의 봉우리들은 숲과 계곡이 특히 아름답다. 멀리서 바라보면 숲이 울창하고 유심수려(幽深秀麗)한 것이 바로 낭야산(琅琊山)이다.

산길을 따라 육 칠 리 쯤 걸어가면 졸졸 흐르는 물소리가 들려오고, 두 봉우리 사이에서 계곡물이 쏟아져 나오니 바로 양천(釀泉)이다.

산봉우리를 돌아 굽은 길을 가다 보면 새가 양 날개를 활짝 펼친 듯이 양천(釀泉) 옆에 서 있는 것이 바로 취옹정(醉翁亭)이다.

주해

- 저(滁, chú) : 저주(滁州). 지금의 안휘성(安徽省) 동부.
- 임학(林壑) : 숲과 산골짜기.
- 울연(蔚然) : 초목이 무성(茂盛)한 모양.
- 산행(山行) : 산길을 따라 걷다. '산(山)'은 '산길을 따르다'는 뜻이다.
- 잔잔(潺潺, chán chán) : 물이 흐르는 소리.
- 양천(釀泉) : '파리천(玻璃泉)'이라고도 한다.
- 익연(翼然) : 새가 양 날개를 활짝 펼친 모습.

作亭者誰? 山之僧智仙也. 名之者誰? 太守自謂也. 太守與客來飮於此, 飮少輒醉, 而年又最高, 故自號曰醉翁也. 醉翁之意不在酒, 在乎山水之間也. 山水之樂, 得之心而寓之酒也.

정자를 지은 사람은 누구인가? 이 산 송에 사는 승려 지선(智仙)이다. 정자의 이름을 지은 이는 누구인가? 태수가 자신의 별호(別號)를 따서 부른 것이다.

태수는 빈객들과 함께 이곳에 와서 음주를 하였는데, 조금만 마셔도 금새 취하고, 또 나이도 제일 많았기 때문에 자신의 호를 취옹(醉翁)이라 불렀다.

취옹의 뜻은 술에 있는 것이 아니고 산수 간에 있다. 산수 간에서 노니는 즐거움을 마음으로 얻어 술에 기탁할 뿐이었다.

주해

- 태수(太守) : 구양수(歐陽修) 자신을 말한다.
- 자위(自謂) : 자칭하다. 자신의 별호(號)를 따라 부르다.
- 첩(輒, zhé) : 곧. 언제나.
- 왈(曰) : ~라고 부르다.
- 의(意) : 여기서는 정취(情趣)의 뜻이다.
- 득(得) : 깨닫다. 체득하다. '영회(領會)'의 뜻이다.
- 기(寓) : 기탁(寄託)하다.

若夫日出而林霏開，雲歸而岩穴暝，晦明變化者，山間之朝暮也. 野芳發而幽香，佳木秀而繁陰，風霜高潔，水落而石出者，山間之四時也. 朝而往，暮而歸，四時之景不同，而樂亦無窮也.

해가 떠오르자 숲속의 안개가 걷히고, 구름이 돌아오자 산골짜기 바위동굴이 어두워지니, 이는 밝고 어두음이 교체하는 변화요, 산중의 아침과 저녁의 경치이다.

들꽃이 피어 향기가 그윽하고, 아름다운 수목이 빼어나 그늘이 무성하며, 가을바람 거세게 불고 서리가 새하얗게 내리며, 흐르는 물이 줄어들어 바위들이 드러나니, 이는 산중의 사계절 경치이다.

아침에는 산에 오르고 저녁이 되면 산에서 되돌아오니, 사계절의 경치가 모두 같지 않고 그 즐거움도 끝이 없다.

주해

- 약부(若夫) : ~의 경우에는. '지우(至于)'와 같다.
- 임비(林霏) : 숲속의 안개.
- 개(開) : 없어지다. 흩어지다.
- 회명(晦明) : 어둠과 밝음. 晦(어두울 회)
- 번음(繁陰) : 무성한 나무그늘. '음(陰)'은 '음(蔭)'과 통한다.
- 고결(高潔) : 바람이 거세고 서리가 새하얗다.

至於負者歌於途, 行者休於樹, 前者呼, 後者應, 傴僂提攜, 往來而不絕者, 滁人遊也. 臨溪而漁, 溪深而魚肥. 釀泉爲酒, 泉香而酒洌. 山肴野蔌, 雜然而前陳者, 太守宴也. 宴酣之樂, 非絲非竹, 射者中, 弈者勝, 觥籌交錯, 起坐而喧嘩者, 衆賓歡也. 蒼顏白髮, 頹然乎其間者, 太守醉也.

짐을 지고 가는 사람은 노상에서 노래 부르고 길을 가던 사람은 나무 밑에서 쉬며, 앞서가는 사람이 소리쳐 부르면 뒤따르던 사람이 호응하며, 노인들은 허리를 구부리고 아이들은 어른들의 손을 잡고 가며, 길을 오가는 사람들의 행렬이 끝이 없으니, 이는 바로 저주(滁州) 사람들이 놀러 나온 것이다.

계곡에서 물고기를 잡으니 늪이 깊어 물고기가 살찌웠다. 양천(釀泉)으로 술을 빚으니 물이 좋아 술맛이 맑고 진하다. 산짐승 요리와 산나물 요리가 함께 면전에 차려졌으니, 이는 바로 태수가 베푼 연회이다.

주연(酒宴)에서의 즐거움은 현악기와 관악기가 필요 없다. 투호놀이를 하는 자가 이기거나 바둑을 두는 자가 이기면 벌주로 마시는 술잔과 산가지가 어지럽게 뒤섞이고, 일어나거나 앉으면서 시끌벅적하니, 이는 바로 여러 빈객들이 즐거워하는 모습이다.

백발에 늙고 야윈 얼굴로 무리 중에 술 취한 자가 있으니, 이는 바로 태수가 취한 것이다.

주해

- 구루(傴僂, yǔ lǚ) : 허리가 굽은 모습. 여기서는 노인을 가리킨다.
- 제휴(提攜, tí xié) : 어른이 아이의 손을 잡아 이끌다. 여기서는 어린 아이를 가리킨다.
- 열(洌, liè) : 맑고 진하다. '청순(淸醇)'의 뜻이다.
- 산효(山肴, shān yáo) : 산이나 들에서 잡은 산짐승 고기. 肴(안주 효)
- 야속(野蔌, yě sù) : 산에서 나는 채소. 蔌(푸성귀 속)
- 진(陳) : 진열하다. 나열하다.

- 감(酣) : 얼큰하게 술을 마시다. 酣(즐길 감)
- 사(射) : 투호(投壺)놀이를 하다.
- 혁(弈) : 바둑을 두다. 弈(바둑 혁)
- 굉(觥, gōng) : 술잔. 觥(뿔잔 굉)
- 주(籌, chóu) : 투호 살. 籌(투호 살 주)
- 굉주교착(觥籌交錯) : 술잔과 산가지가 뒤섞이다. 곧 성대한 술자리를 말한다.
- 훤화(諠譁) : 시끄럽게 떠들다
- 창안(蒼顏) : 창백한 얼굴. 늙어서 야윈 얼굴.
- 퇴연(頹然) : 술에 취해 비틀거리는 모습.

已而夕陽在山，人影散亂，太守歸而賓客從也. 樹林陰翳，鳴聲上下，遊人去而禽鳥樂也. 然而禽鳥知山林之樂，而不知人之樂. 人知從太守遊而樂，而不知太守之樂其樂也. 醉能同其樂，醒能述以文者，太守也. 太守謂誰? 廬陵歐陽修也.

어느덧 저녁 해가 서산에 기울고 사람들의 그림자가 어지럽게 흩어지니, 이는 바로 태수가 돌아가자 빈객들이 따라서 돌아가는 모습이다.

숲속의 나뭇잎이 무성하여 그늘지고 새소리가 도처에서 들리니, 이는 놀던 사람들이 떠나가자 새들이 즐거워하는 모습이다.

하지만 새들은 숲속의 즐거움은 알되 사람들의 즐거움은 알지 못하며, 사람들은 태수를 좇아 노니는 즐거움은 알되 태수가 그들의 즐거움을 즐기는 것은 알지 못한다.

술에 취하여 능히 그 즐거움을 함께 하고, 술에서 깨어나 능히 이 일을 문장으로 서술한 자는 태수이다. 태수는 누구인가? 바로 여릉인(廬陵人) 구양수(歐陽修)이다.

주해

- 이이(已而) : 어느덧. 머지않아.
- 음예(陰翳) : 나뭇잎이 무성하여 그늘진 모습. 翳(그늘 예)
- 명성상하(鳴聲上下) : 새가 도처에서 지저귀다.
- 낙기락(樂其樂) : 그들이 즐거워하는 모습을 즐거워하다.
- 위(謂) : ~이 되다. ~이다.
- 여릉(廬陵) : 여릉군(廬陵郡). 송대(宋代)에는 길주(吉洲)라 불렀는데, 지금의 강서성(江西省) 길안시(吉安市)를 말한다. 구양수(歐陽修)의 집안은 여릉의 세족(世族)이다.

제10절 호북(湖北) 무한(武漢)의 금대(琴臺)[39]

고산유수(高山流水)[40]

伯牙善鼓琴, 鍾子期善聽. 伯牙鼓琴, 志在登高山. 鍾子期曰 : "善哉, 峨峨兮若泰山!" 志在流水, 鍾子期曰 : "善哉, 洋洋兮若江河!" 伯牙所念, 鍾子期必得之. 伯牙遊於泰山之陰, 卒逢暴雨, 止於岩下. 心悲, 乃援琴而鼓之. 初爲霖雨之操, 更造崩山之音. 曲每奏, 鍾子期輒窮其趣. 伯牙乃舍琴而歎曰 : "善哉, 善哉, 子之聽夫志, 想象猶吾心也. 吾於何逃聲哉?"

『열자(列子)·탕문(湯問)』

백아(伯牙)는 거문고를 잘 타고, 종자기(鍾子期)는 음악을 잘 감상한다. 백아의 거문고 연주가 높은 산에 오르고자 하는 마음

39) 금대(琴臺) : 고금대(古琴台) 또는 유백아대(俞伯牙台)라고도 한다. 북송(北宋) 때 처음 지어졌다가 청(淸)나라 가경(嘉慶) 초기인 1796년에 중건되었다. 호북성(湖北省) 무한시(武漢市) 한양구(漢陽區)에 위치하고 있다. 황학루(黃鶴樓)·청천각(晴川閣)과 더불어 '무한삼대명승(武漢三大名勝)'으로 일컬어진다. "一曲高山, 一曲流水, 千載傳佳話. 幾分明月, 幾分淸風, 四時邀遊人."의 주련(柱聯)이 유명하다.

40) 고산유수(高山流水) : 고금곡(古琴曲). 중국 십대고곡(十代古曲) 중의 하나이다. '지기(知己)' 혹은 '지음(知音)'을 비유하는데, 나중에 「고산(高山)」과 「유수(流水)」 두 곡으로 나뉘었다.

을 표현하면, 종자기가 말하기를 "훌륭한 연주로다! 마치 높이 솟은 태산(泰山)과 같구나."라고 하였다.

백아의 거문고 연주가 도도히 흐르는 물을 표현하면, 종자기가 말하기를 "훌륭한 연주로다! 마치 호호탕탕(浩浩蕩蕩) 흐르는 장강대하(長江大河)와 같구나."라고 하였다. 이처럼 백아가 거문고를 연주할 때 마음으로 생각하는 바를 종자기는 반드시 거문고 소리를 듣고 알아들었다.

하루는 백아가 태산(泰山)의 북쪽을 유람하다가 갑자기 폭우를 만나 바위 밑에서 비를 피했다. 백아는 슬픈 마음에 거문고를 꺼내어 연주하기 시작했다. 처음에는 장맛비의 악곡을 연주하다가 다시 큰 산이 무너지는 악곡을 연주하였다. 매번 악곡을 연주할 때마다 종자기는 바로 그 지취(志趣)를 알아들었다.

백아가 이에 거문고를 내려놓고 감탄하며 말하였다. "훌륭하고 훌륭하도다. 그대가 악곡을 감상하는 능력이여. 그대가 생각하는 뜻이 내 마음과 같으니, 내가 어찌 마음의 소리를 감출 수 있겠는가?"

주해

- 백아(伯牙) : 성은 백씨(伯氏), 이름은 아(牙)이다. 춘추시대 초(楚)나라 영도인(郢都人)으로 진(晉)나라 상대부(上大夫)를 지냈고, 거문고 연주에 정통했다. 나중에 와전되어 성은 유씨(俞氏),이름은 서(瑞), 자는 백아(伯牙)로 불린다. '백아절현(伯牙絶絃)'와 '백아학금(伯牙學琴)'의 고사가 전한다.
- 종자기(鍾子期) : 이름은 휘(徽), 자는 자기(子期), 춘추시대 초(楚)나라 사람이다. 항상 도롱이와 삿갓을 쓰고 손에 도끼를 든 초부(樵夫)였다고 전

한다.

- 득(得) : 깨닫다. 알아듣다.
- 양양(洋洋) : 광대한 모습. 여기서는 강물이 호호탕탕(浩浩蕩蕩) 흘러가는 것을 말한다.
- 졸(卒) : 갑자기. '졸(猝)'과 같다. 猝(갑자기 졸)
- 임우(霖雨) : 장맛비.
- 조(操) : 금곡(琴曲)의 일종. 곡조(曲調)가 처량하여 마음속의 근심이나 자신의 곤궁한 처지를 주로 표현한다.
- 궁기취(窮其趣) : 그의 지취(志趣)를 완벽하게 이해하다.

제11절 강서(江西) 구강(九江)의 여산(廬山)

등여산절정망제교(登廬山絶頂望諸嶠)[41]

사령운(謝靈運)[42]

山行非有期, 彌遠不能輟.
但欲掩昏旦, 遂復經圓缺.
捫壁窺龍池, 攀枝瞰乳穴.
積峽忽復啟, 平途俄已絶.
巒壟有合遝, 往來無蹤轍.
晝夜蔽日月, 冬夏共霜雪.

여산(廬山) 산행은 다시 기약할 수 없으니,
산길이 멀고 험해도 멈출 수가 없네.
다만 황혼과 새벽처럼 짧은 시간을 멈추게 하고 싶지만,
결국은 다시 달처럼 차고 기울기 마련이네.
벼랑길을 더듬어 가며 용지(龍池)를 엿보고,
나뭇가지를 붙잡고 유혈(乳穴)을 내려다보네.

---

41) 「등여산절정망제교(登廬山絶頂望諸嶠)」시는 사령운(謝靈運)이 여산(廬山)의 최고봉에 올라 사방을 바라보면서 느낀 감회를 읊은 것이다.

42) 사령운(謝靈運, 385~433) : 동진(東晉)·송(宋)나라 시인. 회계(會稽) 시녕(始寧) 출신으로 동진(東晉)의 명장인 강락공(康樂公) 사현(謝玄)의 손자이다. 세칭 사강락((謝康樂)으로 불린다. 중국 산수시파의 창시자이며, 저서로 『사강락집(謝康樂集)』이 있다.

첩첩한 협곡 길이 이어지다 홀연히 다시 열리더니,
평평한 길이 금세 끊기고 말았네.
산 능선 길은 겹겹이 중첩되어,
오고 가는 사람들의 흔적조차 찾을 수 없네.
이곳은 밤낮으로 해와 달을 가리고 있으니,
여름과 겨울에도 항상 눈서리가 덮여 있네.

주해

- 절정(絕頂) : 최고봉. 가장 높은 곳.
- 교(嶠, jiào) : 산길. 산 고개. 嶠(높을 교)
- 미원(彌遠) : 아득하다. 요원(遙遠)하다. 彌(더욱 미)
- 엄(掩, yǎn) : 그치다. 멈추다. 掩(그칠 엄)
- 혼단(昏旦) : 황혼녘과 새벽. 곧 지극히 짧은 시간을 의미한다.
- 원결(圓缺) : 달이 차고 기우는 것을 말한다.
  송(宋)나라 소식(蘇軾)의 「수조가두(水調歌頭)」사(詞)에 나온다. "人有悲歡離合, 月有陰晴圓缺, 此事古難全."
- 아(俄, é) : 갑자기. 돌연히.
- 농(壟, lǒng) : 언덕. 壟(언덕 롱)
- 합답(合遝, he tà) : 중첩되다. 많이 모여 있는 모양. '합답(合沓)'과 같다.

망여산폭포(望廬山瀑布) 2수

이백(李白)

1. 제1수

西登香爐峰, 南見瀑布水.
掛流三百丈, 噴壑數十里.
欻如飛電來, 隱若白虹起.
初驚河漢落, 半灑雲天裏.
仰觀勢轉雄, 壯哉造化功.
海風吹不斷, 江月照還空.
空中亂潨射, 左右洗青壁.
飛珠散輕霞, 流沫沸穹石.
而我樂名山, 對之心益閑.
無論漱瓊液, 還得洗塵顏.
且諧宿所好, 永願辭人間.

서쪽으로부터 여산(廬山) 향로봉(香爐峯)에 올랐더니,
멀리 남쪽으로 여산의 폭포수가 보이네.
폭포에서 떨어지는 물줄기가 삼백장이요,
계곡에서 분출되어 나오는 물이 수 십리로다.
폭포수는 섬광처럼 빠르게 흘러 지나가고,

하늘에 뜬 흰 무지개처럼 숨었다가 나타나곤 한다.
처음에는 은하수가 구중천에서 떨어지나 싶었는데,
폭포수 절반은 구름 하늘위에서 흩뿌리고 마네.
고개 들어 그 기세를 바라보니 더욱 웅장하니,
조물주의 위대한 공(功)이 참으로 장관이로다.
바닷바람 불어와도 폭포수를 끊지 못하고,
강위의 달빛은 비추다가 다시 공중에서 사라지네.
폭포수 물보라는 공중에서 사방으로 흩어져,
양쪽 측면의 푸른 바위벽을 씻어 내린다.
물방울은 엷은 노을처럼 사방으로 흩어지고,
흘러내린 물보라는 큰 바위에 부딪쳐 여기저기 흩어진다.
나는 본래 명산의 유람을 좋아하는데,
여산 폭포수를 대하니 마음이 더욱 한가롭네.
신선이 마신 샘물로 입을 헹구는 것은 물론이요,
세속의 먼지에 더럽혀진 얼굴도 씻어내노라.
이는 내가 오래 전부터 바라던 바이니,
영원히 인간세상을 떠나 이곳에서 살고 싶구나.

주해

- 여산(廬山) : '광산(匡山)'이라고도 한다. 지금의 강서성(江西省) 구강시(九江市) 북쪽 파양호(鄱陽湖) 부근에 있다.
- 향로봉(香爐峰) : 여산(廬山) 봉우리 중의 하나. 여산에는 네 개의 향로봉이 있는데 여기서는 남쪽 향로봉을 말한다. 여산 향로봉의 위치에 대해서는 판본마다 여러 가지 설이 있다.

- 남견(南見) : 남쪽에서 바라보다. 일설(一說)에는 "남망(南望)"으로 되어 있다.
- 삼백장(三百丈) : 일설(一說)에는 "삼천필(三千匹)"로 되어 있다.
- 분학(噴壑) : 폭포가 산 계곡에서 분출되어 나오다. 壑(계곡 학, hè)
- 훌여(欻如) : 섬광처럼 빠른 모습. 欻(문뜩 훌, xū)
  심약(沈約)의 『팔영시(八詠詩)·피갈수산동(被褐守山東)』에 나온다. "掣曳寫流電, 奔飛似白虹.
- 하한(河漢) : 은하수. '은한(銀漢)' 또는 '천하(天河)'와 같다. 일설(一說)에는 "은하(銀河)"로 되어 있다.
- 반쇄운천리(半灑雲天裏) : 일설(一說)에는 "반사금담리(半瀉金潭裏)"로 되어 있다. 灑(물 뿌릴 쇄)
- 조화(造化) : 자연계의 조물주. 여기서는 대자연을 의미한다.
- 강월(江月) : 일설(一說)에는 "산월(山月)"로 되어 있다.
- 총(潨, zōng) : 모든 물줄기가 한 곳으로 모이다. 潨(물들이 총, zhōng)
- 궁석(穹石, qióng shí) : 크고 높은 바위. 穹(클 궁)
- 낙명산(樂名山) : 일설(一說)에는 "유명산(遊名山)"으로 되어 있다.
- 무론(無論) : 말할 나위가 없다.
- 경액(瓊液) : 전설 중의 선인(仙人)이 마시는 음료. 여기서는 산중의 맑은 샘물을 말한다.
- 환득(還得) : 다만 ~을 얻다. 일설(一說)에는 "차득(且得)"으로 되어 있다.
- 진안(塵顏) : 세속의 먼지에 더럽혀진 얼굴.
- 且諧宿所好, 永願辭人間 : 일설(一說)에는 "集譜宿所好, 永不歸人間" 또는 "愛此腸欲斷, 不能歸人間"으로 되어 있다.
- 숙소호(宿所好) : 예전부터 좋아했던 일. '숙(宿)'을 구우(舊友)로 풀이하기도 한다.

2. 제2수

日照香爐生紫煙, 遙看瀑布掛前川.
飛流直下三千尺, 疑是銀河落九天.

해가 향로봉에 비추니 붉은 연기 피어오르고,
멀리 폭포를 바라보니 장하(長河)가 산 앞에 걸려있는 듯하네.
삼천 척 물줄기가 곧장 아래로 떨어져 내려오니,
은하수가 구천 하늘에서 쏟아지는 듯하네.

주해

- "日照" 2구 : 일설(一說)에는 "廬山上與星斗連, 日照香爐生紫煙."으로 되어 있다.
- 자연(紫煙) : 붉은 색을 띤 안개구름.
  맹호연(孟浩然)의 「팽려호중망려산(彭蠡湖中望廬山)」시에 "香爐初上日, 瀑布噴成虹."이라 했다.
- 괘(掛) : 걸려 있다. '현괘(懸掛)'의 뜻이다.
- 전천(前川) : 일설(一說)에는 '長川'으로 되어 있다. '천(川)'은 하류(河流)인데, 여기서는 폭포를 가리킨다.
- 직(直) : 곧고 길다.
- 의(疑) : 의심하다. ~이 아닐까 생각하다.
- 은하(銀河) : 은하수. '은한(銀漢)'과 같다.
- 구천(九天) : 지극히 높은 하늘. 곧 '구중천(九重天)'을 말한다.

여산요기노시어허주(廬山謠寄盧侍御虛舟)

이백(李白)

我本楚狂人, 鳳歌笑孔丘.[43)]
手持綠玉杖, 朝別黃鶴樓.
五嶽尋仙不辭遠, 一生好入名山遊.
廬山秀出南斗傍, 屛風九疊雲錦張.
影落明湖靑黛光.
金闕前開二峰長, 銀河倒掛三石梁.
香爐瀑布遙相望, 迥崖遝障凌蒼蒼.
翠影紅霞映朝日, 鳥飛不到吳天長.
登高壯觀天地間, 大江茫茫去不還.
黃雲萬里動風色, 白波九道流雪山.
好爲廬山謠, 興因廬山發.
閑窺石鏡淸我心, 謝公行處蒼苔沒.
早服還丹無世情, 琴心三疊道初成.
遙見仙人彩雲裏, 手把芙蓉朝玉京.
先期汗漫九垓上, 願接盧敖遊太淸.

43) 『논어(論語)·미자(微子)』에 따르면, 춘추시대 초(楚)나라의 광인(狂人) 접여(接輿)가 난세(亂世)에 도를 행하려고 애쓰는 공자(孔子)를 못마땅하게 여긴 나머지, 공자(孔子)의 문 앞을 지나며 다음과 같이 노래하였다. “봉황이여, 봉황이여. 어찌 그리도 덕이 쇠했느냐? 지나간 일은 탓할 수 없거니와 앞으로

나는 본래 초(楚)나라 미치광이로,
봉황을 노래하며 공자(孔子)를 비웃었지.
손에 녹옥장(綠玉杖)을 들고,
이른 아침 황학루와 작별하였네.
오악(五嶽)의 신선 찾아 길도 멀다 않고,
한평생 명산에서 노니는 걸 좋아했네.
여산(廬山)은 남두성(南斗星) 부근에서 빼어나고,
구첩병(九疊屛)에는 비단구름 걸쳐있네.
여산의 그림자 명호(明湖)에 드리워 검푸르게 빛나네,
금궐(金闕) 앞의 두 봉우리 하늘높이 솟구치고,
은하수는 삼석량(三石梁)에 거꾸로 걸려있네.
향로봉의 황암폭포와 멀리서 서로 마주 보니,
구불구불한 산벼랑과 중첩된 산봉우리는 높고 푸르구나.
비취 그림자와 붉은 노을이 아침 해에 비추는데,
나는 새도 오(吳)나라 장천(長天)을 넘지 못하네.
높은 산에 올라 천지간을 둘러보니,
장강(長江)은 아득히 흘러가서 다시 오지 않네.
만 리 누런 구름에 바람 색깔 변하고,
아홉 갈래 물줄기에서 설산(雪山)의 물보라가 일어나네.
내가 웅장한 여산을 즐겨 노래하는 이유는,
여산의 풍광에서 흥취가 일어나기 때문이네.

의 일은 고칠 수 있으니, 그만둘지어다. 그만둘지어다. 지금 정치하는 사람들은 위태로우니라. [鳳兮鳳兮. 何德之衰. 往者不可諫, 來者猶可追, 已而已而. 今之從政者殆而.]"

한가로이 석경(石鏡)을 바라보니 마음이 청정해지고,
사령운(謝靈運)이 노닐던 발자취는 푸른 이끼로 덮였으리.
내 일찍이 환단(還丹)을 복용하여 세속의 정을 끊고,
삼단(三丹)을 수련했더라면 도(道)를 이미 이루었으리라.
멀리 비단 구름 속의 신선을 바라보니,
손에 부용화(芙蓉花)을 들고 옥경(玉京)에서 조회를 하네.
한만(汗漫)과 구해(九垓) 밖에서 만나기로 약속했다고 하니,
노오(盧敖)를 맞이해서 태청에서 노닐고자 하노라.

주해

- 노허주(盧虛舟) : 자는 유진(幼眞), 범양(範陽: 지금의 北京 大興縣)인이다. 당(唐)나라 숙종(肅宗) 때 전중시어사(殿中侍禦史)를 지냈으며, 일찍이 이백(李白)과 여산(廬山)에서 노닐었다.
- 초광인(楚狂人) : 춘추시대 초(楚)나라의 육통(陸通)을 말하는데, 자가 접여(接輿)이다. 당시 초(楚)나라 소왕(昭王)의 정치에 불만을 갖고 거짓 미치광이 행세를 하면서 벼슬에 나아가지 않았기 때문에 사람들이 '초광(楚狂)'이라 불렀다.
- 녹옥장(綠玉杖) : 녹옥(綠玉)을 장식한 지팡이. 선인(仙人)의 지팡이로 비유된다.
- 오악(五嶽) : 동악태산(東嶽泰山), 서악화산(西嶽華山), 남악형산(南嶽衡山), 북악항산(北嶽恒山), 중악숭산(中嶽嵩山)을 말한다.
- 남두(南斗) : 이십 팔 수(宿) 중의 하나인 두수(斗宿)를 말함. 宿(별자리 수)
- 명호(明湖) : 중국 최대의 담수호인 파양호(鄱陽湖)를 말한다. '팽려택(彭蠡澤)', '팽택(彭澤)' 또는 '팽호(彭湖)'라고도 한다. 강서성 북부에 위치하고 있으며, 공강(贛江), 수수(修水), 반강(鄱江), 신강(信江), 무강(撫江) 등이 이 호수를 거쳐 장강(長江)으로 들어간다.

- 병풍구첩(屛風九疊) : 여산(廬山) 오로봉(五老峰) 동쪽에 있는 구첩병(九疊屛)을 말함.
- 청대(青黛) : 청흑색을 말한다.
- 금궐(金闕) : 황금빛 문루(門樓). 곧 여산의 석문(石門)을 말한다. 여산 서남쪽의 철선봉(鐵船峰)과 천지산(天池山)이 서로 대치하는 모습을 '석문(石門)'으로 비유한 말이다.
- 은하(銀河) : 폭포를 의미한다.
- 삼석량(三石梁) : 여산(廬山)의 괴석(怪石) 이름. 삼석량의 위치에 대해서는 오로봉(五老峰) 서쪽, 간적관(簡寂觀) 부근, 개선사(開先寺) 부근, 자하봉(紫霄峰) 위쪽 등 여러 가지 설이 있으나, 오로봉 서쪽에 있다는 설이 가장 유력하다.
- 향로(香爐) : 여산 남쪽의 향로봉(香爐峰)을 말한다.
- 폭포(瀑布) : 황암폭포(黃岩瀑布)를 말한다.
- 회애답장(回崖遝嶂) : 구불구불한 산벼랑과 중첩된 산봉우리.
  遝(뒤섞일 답, tà)
- 대강(大江) : 장강(長江)을 말한다.
- 황운(黃雲) : 어두운 구름 색깔.
- 백파구도(白波九道) : 아홉 갈래 물줄기. 옛날에는 장강(長江)이 심양(潯陽)에 이르러 아홉 갈래 지류로 나뉘었다고 전해진다.
- 설산(雪山) : 흰 물결. 하얗게 일어나는 물보라.
- 석경(石鏡) : 여산(廬山) 동남쪽에 매달려 있는 거울 바위.
- 사공(謝公) : 남조(南朝) 송(宋)나라의 사령운(謝靈運)을 말한다. 사령운은 일찍이 팽려호(彭蠡湖)와 여산(廬山)을 노닐면서 "반애조석경(攀崖照石鏡)"이란 시구를 남겼다. 『사강락집(謝康樂集)·입팽려호구(入彭蠡湖口)』
- 복(服) : 복식(服食)하다. 복약(服藥)하다.
- 환단(還丹) : 도가(道家)의 연단(煉丹)을 의미한다.
- 금심삼첩(琴心三疊) : 도가(道家)에서 연단수련(鍊丹修練)을 통해 심신이 조화로운 상태를 유지하는 것을 말한다. '삼첩(三疊)'은 삼단전(三丹

田)을 말한다. '금심(琴心)'은 거문고 연주 소리처럼 심신이 조화로운 것을 말한다.

- 옥경(玉京) : 도가에서 천제(天帝)가 사는 궁궐을 말한다.
- 선기(先期) : 사전에 약속하다.
- 한만(汗漫) : 원래는 '지극히 작고 모호해서 알 수가 없다'는 뜻이었는데, 후세에 이를 신선(神仙)의 이름으로 인용하였다. 고유(高誘)의 注에 "汗漫, 不可知之也."라고 했다.
- 구해(九垓, jiǔ gāi) : 하늘의 중앙과 팔방(八方). 곧 구중천(九重天)을 말한다.
- 노오(盧敖: BC.275~195) : 자는 옹조(雍照), 연(燕)나라 출신 방사(方士)로 진시황 때 박사를 지냈다. 『회남자(淮南子)·도응훈(道應訓)』의 기록에 의하면, 노오(盧敖)가 북해(北海)에서 노닐다가 우연히 한 괴선(怪仙)을 만난 후 그와 함께 유람을 떠나고자 했다. 그러자 괴선(怪仙)이 말하기를 "나는 한만(汗漫)과 구해(九垓) 밖에서 만나기로 해서 오래 머물 수가 없다. [吾與汗漫期於九垓之外, 吾不可以久駐.]"라고 하면서 순식간에 구름 속으로 사라졌다고 한다.
- 태청(太清) : 높은 하늘. 천도(天道).

  『갈관자(鶡冠子)·도만(度萬)』에 "唯聖人能正其音, 調其聲, 故其德上及太清, 下及太寧, 中及萬靈."이라 했는데, 육전(陸佃)의 주에 "太清, 天也."라고 했다.

제서림벽(題西林壁)[44)]

소식(蘇軾)

橫看成嶺側成峰, 遠近高低各不同.
不識廬山眞面目, 只緣身在此山中.

정면에서 보면 산 고개요 측면에서 보면 산봉우리 모습이네.
멀고 가까운데서 높고 낮은 데서 바라보는 모습이 다양하도다.
여산(廬山)의 진면목을 알지 못하는 것은,
단지 내 몸이 여산 안에 있기 때문이라네.

주해

- 제(題) : 제목으로 삼다. 제목으로 쓰다.
- 서림(西林) : 서림사(西林寺) 또는 건명사(乾明寺)를 말한다.
- 횡간(橫看) : 정면에서 바라보다. 여산(廬山)은 남북으로 길게 뻗어 있기 때문에 횡간(橫看)은 동쪽과 서쪽에서 바라보는 것을 말한다.
- 진면목(眞面目) : 여산의 진정한 모습과 경치.
- 연(緣) : ~때문에.

---

44) 「제서림벽(題西林壁)」은 송대(宋代) 소식(蘇軾)이 지은 사경시(寫景詩)이며 철리시(哲理詩)이다. 소식은 신종(神宗) 원풍(元豐) 7년(1084)에 귀양지를 호북(湖北) 황주(黃州)에서 하남(河南) 여주(汝州)로 옮겨갔는데, 이 시는 소식이 여주로 향하는 길에 잠시 우인(友人)들과 여산(廬山)을 유람하면서 지은 것이다.

제12절 산동(山東) 태안(泰安)의 태산(泰山)

등태산기(登泰山記)[45)]

요내(姚鼐)[46)]

泰山之陽, 汶水西流. 其陰, 濟水東流. 陽谷皆入汶, 陰谷皆入濟. 當其南北分者, 古長城也. 最高日觀峰, 在長城南十五里.

태산의 남쪽에는 문하(汶河)가 서쪽으로 흐르고, 북쪽에는 제수(濟水)가 동쪽으로 흐른다. 남쪽 계곡의 물줄기는 모두 문하

45) 『등태산기(登泰山記)』는 동성파(桐城派) 산문이론의 집대성자인 요내(姚鼐)의 산수유기문(山水遊記文)이다. 건륭(乾隆) 39년(1764) 겨울 요내는 형부낭중(刑部郎中) 벼슬을 버리고 귀향하던 중, 당시 태안부(泰安府) 지부(知府)로 있던 친구 주효순(朱孝純)의 요청으로 태안현에 들렀다가 함께 태산을 유람했던 과정을 기술하였다.

46) 요내(姚鼐, 1731~1815) : 자는 희전(姬傳) 또는 몽곡(夢谷), 호는 석포(惜抱), 안휘성 동성인(桐城人)이다. 방포(方苞)·유대괴(劉大櫆)와 더불어 청대(清代) 최대의 산문유파(散文類派)인 동성파(桐城派) 삼조(三祖) 중의 한사람이며, 동성파(桐城派) 산문이론의 집대성자이다. 청대 건륭(乾隆) 28년(1763)에 진사 급제, 병부주사(兵部主事)와 형부낭중(刑部郎中) 등을 역임했다. 일찍이 사고전서관(四庫全書館)의 편수관(編修官)을 지낸 후 벼슬을 사직하고 고향에 돌아가 매화(梅花)·종산(鍾山)·자양(紫陽)·경부사원(敬敷書院) 등지에서 전후 40여 년 동안 후진을 양성했다. 저서로 『석포헌전집(惜抱軒全集)』이 있고 『고문사류찬(古文辭類纂)』·『금체시초(今體詩抄)』등을 편했다. 『청사고(淸史稿)』 권45에 전(傳)이 실려 있다.

로 흘러 들어가고, 북쪽 계곡의 물줄기는 모두 제수로 흘러 들어간다. 남쪽 계곡과 북쪽 계곡의 분기점은 바로 고장성(古長城)이다. 가장 높은 일관봉(日觀峰)은 고장성(古長城) 남쪽 십 오리에 위치해 있다.

주해

- 태산지양(泰山之陽) : 태산의 남쪽. '태산(泰山)'은 중국 오대명산(五大名山) 중의 으뜸으로 '동악(東岳)'이라 불리며, 지금의 산동성(山東省) 태안시(泰安市) 북쪽에 위치해 있다. '양(陽)'은 산의 남쪽을 말한다.
- 문수(汶水, wèn shuǐ) : 대문하(大汶河). 산동성 래무현(萊蕪縣) 동북쪽 산에서 발원하여 태안시를 지난다.
- 음(陰) : 산의 북쪽을 말한다.
- 제수(濟水) : '연수(沇水)'라고도 하는데, 하남성(河南城) 제원현(濟源縣) 부근의 왕옥산(王屋山)에서 발원하여 산동성 제남(濟南)을 지난다.
- 고장성(古長城) : 전국시대 제(齊)나라가 쌓은 장성(長城)을 말한다. 이 장성(長城)은 옛날 제(齊)나라와 노(魯)나라의 경계선이다.

余以乾隆三十九年十二月，自京師乘風雪，歷齊河' 長淸，穿泰山西北谷，越長城之限，至于泰安. 是月丁未，與知府朱孝純子潁由南麓登. 四十五里，道皆砌石爲磴，其級七千有餘.

건륭(乾隆) 39년(1774) 12월, 나는 경성(京城)에서부터 눈보라를 무릅쓰고 제하현(齊河縣)과 장청현(長淸縣)을 거쳐 태산 서북쪽의 계곡을 지났으며, 다시 장성(長城)을 넘어 태안에 도착했다.

같은 달 28일, 나는 태안지부(泰安知府) 주자영(朱子穎)과 함께 태산 남쪽 산기슭에서부터 산에 올랐다. 사십 오리가 되는 산길을 오르는데, 모두 석판으로 만든 돌계단으로, 그 계단 숫자가 칠천여 개나 되었다.

주해

- 건륭(乾隆) : 청(清) 고종(高宗)의 연호.
- 경사(京師) : '경성(京城)'이라고도 하는데, 청대의 수도 북경(北京)을 말한다.
- 승(乘) : '진(趁, chèn)'과 통하는데, '~을 무릅쓰다'의 뜻이다.
- 역제하장청(歷齊河長清) : 제하현(齊河縣)과 장청현(長清縣)을 지나다. '역(歷)'은 '경(經)'과 같다. '제하(齊河)'와 '장청(長清)'은 모두 산동성 소재 현(縣)을 말한다.
- 한(限) : 경계선. 여기서는 성벽(城壁)을 말한다.
- 정미(丁未) : 정미일(丁未日). 곧 음력 12월 28일(1775)에 해당한다.
- 지부(知府) : 태안부(泰安府)의 지부(知府). '지부(知府)'는 부(府)의 최고책임자이다.
- 주효순(朱孝純) : 자는 자영(子穎), 호는 해우(海愚), 건륭때 진사(進士)이다. 요내(姚鼐)의 친구로서, 당시 태안부(泰安府) 지부(知府)로 있었다. 시화(詩畫)에 능했으며, 저서로 『보선루시집(寶扇樓詩集)』이 있다.
- 등(磴, dēng) : 돌계단.
- 유(有) : 또. 또한. '우(又)'와 통한다.

泰山正南面有三谷，中谷繞泰安城下，酈道元[47]所謂環水也，余始循以入，道少半，越中嶺，復循西谷，遂至其巔．古時登山，循東谷入，道有天門．東谷者，古謂之天門溪水，余所不至也．今所經中嶺及山巔，崖限當道者，世皆謂之天門云．道中迷霧氷滑，磴幾不可登，及旣上，蒼山負雪，明燭天南．望晩日照城郭，汶水′徂徠如畵，而半山居霧若帶然．

태산의 정남쪽에 세 갈래 곡수(谷水)가 있고, 그 가운데 곡수(谷水)가 태안성을 휘감고 흘러가는데, 이것이 바로 역도원(酈道元)의 『수경주(水經注)』에서 말한 '환수(環水)'이다.

나는 처음에 이 가운데 곡수(谷水)를 따라 들어갔다. 소로(小路)를 따라 절반도 못가서 중령(中嶺)을 넘었고, 다시 서쪽 곡수(谷水)를 따라 걷다가 마침내 태산의 정상에 이르렀다.

옛날 태산에 오를 때는 동쪽 곡수(谷水)를 따라 산에 올랐는데, 도중에 천문(天門)이 있다. 이 동쪽의 곡수를 예전에는 "천

47) 역도원(酈道元, 472~527) : 북위(北魏) 대표적인 지리학자로, 범양(范陽) 탁현(涿縣) 사람이다. 자는 선장(善長)이다. 역도원(酈道元)은 어려서부터 유람하기를 좋아하여, 관직에 몸담은 이후에도 각지를 유람하면서 지리(地理), 지모(地貌), 토양(土壤), 기후 등을 세밀히 관찰하다가 고대 지리서인 『수경(水經)』에 직접 注를 달았다. 『水經』에 기재된 대소(大小) 하천의 수는 원래 137조(條), 1만 여 자였는데, 『水經注』는 대소(大小) 하천이 1,252조(條) 30여 만 자에 이르는 방대한 주석서가 되었다.

문계수(天門溪水)"라고 불렀는데, 나는 그곳에 가보지 못했다.

방금 내가 지나온 중령(中嶺)과 산의 정상이 깎아지른 절벽이 되어 눈앞을 가로막고 있는데, 세간에서는 이것을 "천문(天門)"이라 부른다. 산길에는 운무가 자욱하고 얼어붙은 눈길은 몹시 미끄러워 돌계단을 거의 오를 수가 없었다.

마침내 산 정상에 오르자 푸른 산들이 온통 백설로 뒤덮였고, 눈빛이 훤히 남쪽 하늘을 비추고 있었다. 멀리서 바라보니 낙조가 태안성곽(泰安城郭)을 비추고 있고, 문수(汶水)와 조래산(徂徠山)은 그림처럼 아름다웠으며, 산허리에 머물러 있는 운무는 띠와 같았다.

주해

- 중곡(中谷) : 중간지점에 있는 곡수(谷水)를 말한다.
- 환수(環水) . '중계(中溪)' 또는 '소세하(梳洗河)'라고도 부른다. 『수경주(水經註)·문수(汶水)』에 "又合環水, 水出泰山南溪"라고 하였다.
- 순(循) : 따르다. 따라가다. '연(沿)'과 통한다.
- 중령(中嶺) : 곧 황현령(黃峴嶺) 또는 중계산(中溪山)을 말한다.
- 천문(天門) : 태산의 봉우리 이름.
  『산동통지(山東通志)』에 다음과 같은 기록이 있다. "泰山, 周回一百六十里, 屈曲盤道百餘, 逕南天門, 東西三天門, 至絶頂, 高四十餘里."
- 기(幾) : 거의. 가깝다.
- 촉(燭) : 비추다. '조(照)'와 같다.
- 조래(徂徠, cú lái) : 산 이름. 태안현 동남쪽 40리에 위치해 있다.

戊申晦五鼓，與子潁坐日觀亭待日出. 大風揚積雪擊面. 亭東自足下皆雲漫. 稍見雲中白若樗蒱數十立者，山也. 極天，雲一線異色，須臾成五彩. 日上，正赤如丹，下有紅光動搖承之，或曰，此東海也. 回視日觀以西峰，或得日，或否，絳皓駁色，而皆若僂.

무신(戊申) 이 날은 그믐인데, 오경(五更)이 되자 나는 자영(子潁)과 함께 일관정(日觀亭)에 앉아 일출(日出)을 기다렸다. 이 때 거센 바람이 불어와 쌓인 눈들이 얼굴에 휘몰아쳤다. 일관정 동쪽은 발아래에서 시작하여 운무가 천지에 가득했다.

어슴푸레한 구름 사이로 수십 개의 끝이 뾰족하고 새하얀 주사위 모양의 물건들이 모습을 드러내기 시작하였는데, 그것은 바로 산봉우리였다. 저 멀리 하늘 끝 구름 속에서 기이한 색채가 나타나더니 잠시 후에 오색 빛으로 변하였다.

마침내 태양이 떠올랐는데 주사(朱砂)처럼 순홍빛이었고, 그 아래로 붉은 빛이 태양을 따라 흔들거렸다. 어떤 사람은 저기가 동해라고 말했다. 고개 돌려 일관봉 서쪽의 산봉우리들을 바라보니, 어떤 봉우리는 태양이 비추었고 어떤 봉우리는 그러지 못했다. 붉은색과 하얀색이 서로 뒤섞여 모두 허리가 굽은 곱사등이와 같았다.

주해

- 무신(戊申) : 음력 12월 29일에 해당함.
- 오고(五鼓) : 오경(五更)과 같다. 새벽 3시에서 5시 사이를 말한다.
- 일관정(日觀亭) : 태산(泰山) 일관봉(日觀峰) 위에 있는 정자이름. 일출을 보는 명소로 유명하다.
- 저포(樗蒱, chū pú) : 옛날 주사위 놀음의 일종으로, '저포(摴蒱)'라고도 한다. 여기서는 도박도구를 가리키며 모두 다섯 개이므로 '오목(五木)'이라고도 부른다. 나무를 깎아서 만들며 양끝은 뾰족하고 중간은 넓고 평평하다. 한쪽은 하얀색을, 다른 한쪽은 검은색을 칠하여 세우면 마치 산봉우리와 같다.
- 수유(須臾, xū yú) : 찰나, 순간.
- 정적여단(正赤如丹) : 주사(朱砂)와 같은 순홍빛. '정적(正赤)'은 순홍색, '단(丹)'은 주사(朱砂)이다.
- 동해(東海) : 실제로 태산 정상에서는 동해를 바라볼 수 없으므로, 여기서는 다만 상상속의 동쪽바다를 말한다.
- 강호박색(絳皓駁色, jiàng hào bó sè) : 붉은색과 흰색이 서로 뒤섞여 있다. '강(絳)'은 진홍색, '백(皓)'은 하얀색이다.
- 루(僂, lóu) : 곱사등이. 일관봉(日觀峰) 서쪽의 봉우리들이 모두 일관봉보다 낮기 때문에 마치 허리를 구부려 예(禮)를 표하고 있는 것과 같다는 뜻이다.

亭西有岱祠, 又有碧霞元君祠. 皇帝行宮在碧霞元君祠東. 是日, 觀道中石刻, 自唐顯慶以來. 其遠古刻盡漫失. 僻不當道者, 皆不及往.

일관정 서쪽에는 동악대제(東岳大帝)에게 제사지내는 대사(岱

祠)가 있고, 또 벽하원군(碧霞元君)을 모신 사당이 있다. 황제의 행궁(行宮)은 벽하원군(碧霞元君) 사당의 동쪽에 있다.

이날 길가에 세워진 석각(石刻)들을 살펴보았는데, 모두 당(唐)나라 고종(高宗) 현경(顯慶, 656~660) 이후에 세워진 것들이었다. 오랜 세월이 흘러 석각들은 모두 마모되었고 글자의 흔적도 모호했다. 길가가 아닌 외진 곳에 있는 석각들은 일일이 가서 볼 수가 없었다.

주해

- 대사(岱祠, dài cí) : 옛날 '동악대제(東岳大帝)'를 제사지내던 사당으로 '동악사(東岳祠)' 또는 '옥제사(玉帝祠)'라고도 한다. 태산(泰山)은 '대종(岱宗)'·'태악(泰岳)'·'태대(泰岱)'라고도 부른다.

  『수경(水經)·문수주(汶水注)』에 "『從征記』曰: 泰山有下中上三廟, 墻闕嚴整, 廟中柏樹夾兩階, 大二十餘圍, 蓋漢武所植也. …… 中廟去下廟五里, 屋宇又崇麗于下廟, 廟東西夾澗. 上廟在山頂, 卽封禪處也."라고 하였다.
- 벽하원군(碧霞元君) : 도교에서 동악대제(東岳大帝)의 딸을 말한다. 북송 진종(眞宗)황제 때 '천선옥녀벽하원군(天仙玉女碧霞元君)'으로 봉해진 후 '소응사(昭應祠)'를 세워 제사를 지내다가, 명(明)나라 이후에는 '벽하궁(碧霞宮)'으로 불렸다.
- 행궁(行宮) : 황제가 순유(巡遊)할 때 궁궐 밖에서 거처하던 곳. 청대(淸代) 성조(聖祖)와 고종(高宗) 때 세워졌다.
- 현경(顯慶) : 당(唐)나라 고종(高宗) 이치(李治)의 연호(656~660)이다.
- 만실(漫失) : 닳거나 손상되어 모호해진 상태를 말함.

山多石，少土. 石蒼黑色，多平方，少圓. 少雜樹，多松，生石罅，皆平頂. 氷雪，無瀑水，無鳥獸音迹. 至日觀數里內無樹，而雪與人膝齊. 桐城姚鼐記.

산위에는 바윗돌들이 많았고 흙은 매우 적었다. 바윗돌들은 모두 청흑색을 띠고 있었는데, 대부분 평평하고 네모진 모습이었고 원형은 극히 드물었다. 잡목은 적었고 대부분 소나무들이 많았는데, 소나무들은 바위틈에서 자라나 나무 윗부분이 모두 평평했다.

산은 온통 눈과 얼음으로 뒤덮였고, 폭포수가 없었으며, 조수(鳥獸)의 울음소리나 발자취도 보이지 않았다. 일관봉 부근 몇 리 안에는 수목이 자라지 못했고, 적설만이 사람의 무릎까지 닿았다.

동성인(桐城人) 요내(姚鼐)가 쓰다.

주해

- 석하(石罅, shí xià) : 돌 틈. 罅(틈 하)
- 평정(平頂) : 끝부분이 평평한 소나무를 말함.
- 빙설(氷雪) : 산 정상이 온통 얼음과 눈으로 뒤덮인 것을 말함.

제8장

사서 선독(四書 選讀)

제1절 사서(四書)란 무엇인가?

사서(四書)란 『논어(論語)』·『맹자(孟子)』·『대학(大學)』·『중용(中庸)』의 네 가지 유학경전(儒學經傳)을 말한다. 당대(唐代) 이전의 유학(儒學)이 오경(五經)을 중심으로 발전되었던 것에 비하여, 송대(宋代) 이후의 유학은 사서(四書)를 중심으로 발전되어 왔다.

이 사서(四書)는 남송(南宋) 성리학(性理學)의 대가인 주자(朱子)가 『논어』·『맹자』·『대학』·『중용』의 네 가지 책을 모아 유학의 기본 경전으로 정하고, 이것들에 대해 주해(註解)를 달아 『사서집주(四書集註)』를 지음으로써 그 지위가 확립되었다.

『대학』과 『중용』은 원래 『예기(禮記)』 49편 중의 한 편에 불과했으나, 주자(朱子)가 『대학』은 공자(孔子, BC.552~479)의 제자인 증자(曾子, BC.505~435)가 지은 것이고, 『중용』은 공자의 손자인 자사(子思)가 지은 것이라고 여기고, 공자의 언행을 기록한 『논어』와 맹자(BC.372~289)의 언행을 기록한 『맹자』를 한데 묶어 사서(四書)를 완성한 것이다.

『논어』는 모두 20편의 글로 이루어져 있는데, 『논어』의 편찬자에 대하여 한대(漢代)의 유향(劉向, BC.77~6)이 최초로 그의 『별록(別錄)』에서 "공자의 제자들이 훌륭한 말씀들을 기록한 것"이라고 하였고, 후한(後漢)의 정현(鄭玄, 127~200)은 그의 『논어서(論語序)』에서 '『논어』는 중궁(仲弓)·자유(子游)·자하(子夏) 등이 찬정(撰定)한 것이다.'라고 하였다.

한편, 당대(唐代) 유종원(柳宗元, 773~819)은 「논어변(論語辨)」에서 공자와 증자(曾子)의 나이 차이와, 『논어』에 오직 증자와 유자(有子)만을 존칭으로 높이고 있는 점을 근거로 『논어』의 편찬자는 증자의 문인인 악정자춘(樂正子春)과 자사(子思)의 무리들이라고 주장하였다. 주자는 이 주장을 이어받아 『논어서설(論語序說)』에서 『논어』는 유자(有子)와 증자의 문인들에 의해 이루어진 것이라고 했다.

그러나 청대(淸代)의 최술(崔述, 1740~1816)은 『논어여설(論語餘說)』에서 『논어』 내용들에 대한 고증을 통하여 『논어』 20편 중 前 10편만이 유자(有子)와 증자(曾子)의 문인들이 기록한 것이고, 後 10편은 후인들이 속기(續記)한 것이라고 하였다. 아무튼 『논어』가 한 시기 한 사람에 의해서 이루어진 책이 아닌 것만은 분명하다.

『맹자』는 사마천(司馬遷, BC.145~86?)의 『사기(史記)·맹자순경열전(孟子荀卿列傳)』에 의하면, 맹자가 자신의 제자인 만장(萬章)의 무리들과 함께 『시경(詩經)』과 『서경(書經)』을 정리하고, 중니(仲尼)의 뜻을 조술(祖述)하여 지은 것으로 모두 7편으로 구성되어 있다. 하지만 『한서(漢書)·예문지(藝文志)』의 「제자략(諸子略)」에 『맹자』 11편이 실려 있고, 응소(應劭)의 『풍속통의(風俗通義)·궁통(窮通)』편에 맹자가 『중외(中外)』 11편의 책을 지었다고 하였다. 그러나 『맹자』의 최초 주해서인 조기(趙岐)의 『맹자제사(孟子題辭)』에서는 맹자가 '7편의 책을 지었다'고 했으니, 「외서(外書)」 4편은 후인(後人)들의 위서(僞書)가 확실하다. 『맹자』에는 '민본사상(民本思想)'을 중시하여 "백성이 가장 귀하고, 사직(社稷)이 다음이며, 인군(人君)은 가장 가볍다. 民爲貴, 社稷次之, 君爲輕."라고 주장하였다.

『중용』은 본래 『예기』 제31편에 들어있던 것이다. 사마천(司馬遷)

의 『사기(史記)·공자세가(孔子世家)』에 『중용』의 작가를 공자의 손자인 자사(子思)라고 했고, 이정자(二程子)는 『중용』을 '공문(孔門)에 전수되는 심법(心法)'이라 하였으며, 주자는 이를 계승 발전시켜 『중용장구(中庸章句)』와 『중용혹문(中庸或問)』을 지어 『중용』의 의의를 밝혔고, 이를 사서(四書)의 범주 안에 포함시켰다.

제2절 대학(大學)

1. 『대학』의 유래

『대학(大學)』은 본래 『소대례기(小戴禮記)』 49편 중 제42편에 들어 있던 것을 서한(西漢)의 유향(劉向, BC. 77~6)이 그의 『별록(別錄)』에서 대학을 「통론류(通論類)」에 포함시킴으로써 『대학』을 유학의 개론서로 간주하게 되었다. 이 『예기(禮記)』는 공문(孔門) 칠십 제자들의 기록이라고 하나 저작연대가 불확실하며, 저작 시기에 대해 전국시대(戰國時代) 말기설(末期說)과 전한설(前漢說)이 있다.

그 후 당나라 한유(韓愈, 768~829)가 『대학』을 기본으로 「원도(原道)」편을 지어 '도통설(道統說)'을 주장할 때 『대학』의 팔조목(八條目)을 언급하였고, 송나라 사마광(司馬光, 1019~1086)이 최초로 『예기(禮記)』에서 취하여 『대학강의(大學廣義)』와 『중용강의(中庸廣義)』를 지었다.

그러나 이 두 편을 독립된 책으로 만들어 『논어』·『맹자』와 함께 『사서(四書)』에 편입한 사람은 바로 정호(程顥: 明道, 1032~1085)·정이(程頤: 伊川, 1033~1107) 두 형제와 주자(朱子)였다. 특히 정호(程顥)는『대학』을 "공씨(孔氏)의 유서(遺書)이며, 초학자자 덕(德)에 들어가는 문이다. (孔氏之遺書, 而初學入德之門.)"라고 높이 평가하며 『대학정본(大學定本)』 1권을 지었다. 주희(朱熹, 1130~1200)는 정이(程頤)의 『대학정전(大學正傳)』을 바탕으로 「대학장구(大學章句)」를 지어 『논어』·『맹자』·『중용』과 함께 묶어 '사서(四書)'라는 말을 처음으로 사용하였다. 이로 인하여 경학(經學)은 당대(唐代) 이래로 『육경(六經)』을 중시하던 풍조에서 일변하여 『사서(四書)』를 중심으로 하는 송대(宋代) 신유학(新儒學)이 발전하게 되었다.

2. 『대학』의 구성

『대학』의 중심사상은 바로 '몸을 닦아[修己] 백성을 편안하게 만드는 것'으로, 그 주요내용은 삼강령(三綱領)과 팔조목(八條目)으로 구성되어 있다.

'삼강령(三綱領)'이란 명명덕(明明德)·신민(新民)·지어지선(止於至善)을 말하며, 그 의미는 자신의 밝은 덕을 밝히고, 백성을 새롭게 하며, 지극한 선(善)에 그친다는 뜻이다. 이를 좀 더 구체적으로 살펴보면 다음과 같다.

먼저 '명덕(明德)'에 대해서 당대(唐代) 공영달(孔穎達)은 '자기의 광명(光明)한 덕'이라고 했다.[1] 이에 반해서 주자는 '하늘로부터 얻은 광명정대(光明正大)한 것'이라고 풀이했다.[2]

'친민(親民)'에 대해서는 두 가지 주장이 있다. 먼저 당대(唐代) 공영달(孔穎達)은 '친(親)'을 글자 그대로 '백성을 친애(親愛)하는 것'으로 보았고, 왕수인(王守仁)도 이를 따랐다. 그 이유는 『대학』의 "君子賢其賢而親其親，小人樂其樂而利其利"·"如保赤子"·"民之所好好之，民

---

1) "명덕을 밝히는데 있다는 것은 『대학』의 도(道)가 자기의 광명(光明)한 덕임을 말한 것이니, 몸에 명덕(明德)이 있어 이를 더욱 밝게 드러낸다는 말이다. 在明明德者, 言大學之道己之光明之德. 謂身有明德而更章顯之."(『十三經注疏·大學』)

2) "하늘이 사람과 만물에게 부여한 것을 '명(命)'이라 이르고, 사람과 만물이 받은 것을 '성(性)'이라 이르며, 한 몸을 주재(主宰)하는 것을 '심(心)'이라 이르며, 하늘로부터 얻어서 광명정대한 것을 '명덕(明德)'이라 이른다. 天之賦於人物者, 謂之命, 人與物受之者謂之性, 主於一身者謂之心, 有得於天而光明正大者謂之明德."(大全疏註)

之所惡惡之, 此之謂民之父母."가 모두 '친(親)'자의 뜻으로 쓰였고, 또 『상서(尙書)·요전(堯典)』에 나오는 "以親九族"·"平章百姓, 協和萬邦" 도 모두 '친민(親民)'의 뜻이기 때문이다. 그러나 주자는 정이(程頤)의 주장에 따라 '친(親)'은 '신(新)'이 되어야 한다고 보았다. 이는 「탕반명(湯盤銘)」의 "苟日新, 日日新, 又日新"과 「강고(康誥)」의 "作新民", 그리고 『시경(詩經)』의 "周雖舊邦, 其命維新" 등이 모두 '신민(新民)'의 뜻으로 쓰였기 때문이다.

'지어지선(至於至善)'에 대해 주자는 「대학장구(大學章句)」에서 "지선(至善)'은 곧 사리(事理)의 당연한 극치이다. 명덕을 밝히고 백성을 새롭게 함을 모두 마땅히 지선(至善)의 자리에 그쳐 옮겨가지 않음을 말한 것이다. 대개 반드시 그 천리의 극치를 다하여 터럭 하나라도 인욕(人欲)의 사사로움이 없어야 한다. 至善則事理當然之極也. 言明明德新民, 皆當至於至善之地而不遷, 蓋必其有以盡夫天理之極而無一毫人欲之私也. 此三者, 大學之綱領也."라고 했다.

『대학』에서 이 삼강령의 중요성에 대해 주자는 "'明明德'과 '新民'과 '止至善'의 이 여덟 글자가 이미 『대학』 한 권의 뜻을 모두 포괄하고 있다. 明明德新民止至善, 此八字, 已括盡一篇之意."(大全疏註)라는 말로 결론지었다.

소위 '팔조목(八條目)'이란 격물(格物)·치지(致知)·성의(誠意)·정심(正心)·수신(修身)·제가(齊家)·치국(治國)·평천하(平天下)를 말한다. 곧 '격물(格物)'은 사물에 이른다는 뜻이고, '치지(致知)'는 사물에 이른 다음에 그 안의 이치를 알아내어 앎을 이룬다는 뜻이며, '성의(誠意)'는 앎을 이룬 다음에 뜻을 정성스럽게 한다는 뜻이며, '정심(正心)'은 뜻을 정성스럽게 한 다음에 마음을 바르게 한다는 뜻이며, '수신(修身)'은 마음을 바르게 한 다음에 몸을 닦는다는 뜻이며,

'제가(齊家)'는 몸을 닦은 다음에 집안을 가지런히 한다는 뜻이며, '치국(治國)'은 집안을 가지런히 한 다음에 나라를 다스린다는 뜻이며, '평천하(平天下)'는 나라를 다스린 다음에 천하를 태평하게 한다는 뜻이다.

결론적으로 『대학』의 삼강령(三綱領)과 팔조목(八條目)은 도덕론과 정치론을 결합하고, 삶의 철학과 정치철학을 일체화하며, 내성외왕(內聖外王)을 견지함으로써 덕으로 정사(政事)를 다스리는[爲政以德] 유가(儒家)의 덕치주의(德治主義)를 표방한 것이다. 주자도 「대학장구서(大學章句序)」에서 "궁리정심(窮理正心)과 수기치인(修己治人)의 도를 가르치는 것[教之以窮理正心修己治人之道]"이 바로 『대학』의 핵심내용이라고 천명하였다.

3. 『대학』의 저자

『대학』의 저자에 대해서는 아직까지 정설이 없다. 한대(漢代)의 정현(鄭玄)은 그의 「삼례목록(三禮目錄)」에서 『중용』은 자사(子思)가 지은 것이라고 하였으나, 『대학』의 작자에 대해서는 전혀 언급하지 않았다. 그러나 이보다 앞서 가규(賈逵, 30~101)는 공급(孔伋: 子思)이 『대학』을 지어 경(經)으로 삼았고, 『중용』을 지어 위(緯)로 삼았다고 하였다.[3)]

그 후 정자(程子)는 『대학』은 '공씨(孔氏)의 유서(遺書)'라고 하였고, 주자는 이를 계승하여 『대학』을 경(經)과 전(傳)으로 나눈 다음, 경(經) 1장은 증자(曾子)가 공자의 말을 조술(祖述)한 것이고, 전(傳) 10장은 증자(曾子)의 생각을 문인들이 기술한 것이라고 주장하였다.

3) 명대(明代) 정효(鄭曉)의 『고언(古言)』

주자의 이러한 주장은 후대 학자들에 의해서 부정되기도 했는데, 그중 대표적인 것으로 명대(明代) 진도영(陳道永)은 그의 『학록(學錄)』에서 『대학』은 전국시대 유자(儒者)의 글이라고 주장했고, 청초(淸初) 진확(陳確)은 『대학변(大學辨)』에서 『대학』은 공자(孔子)와 증자(曾子)의 저작이 아니며, 『대학』에서 오직 '지(知)'만 말하고 '행(行)'을 말하지 않은 것은 유가(儒家)의 '중행지의(重行之意)'와 상반되는 것으로 이는 선학(禪學)과 아무런 차이가 없다고 주장하였다. 또한 청대(淸代) 대진(戴震)의 『대학보주(大學補注)』와 왕중(汪中)의 『대학평의(大學平義)』에서도 주자의 주장이 근거가 없다고 하였으며, 유정섭(俞正燮)의 『계사유고(癸巳類稿)』에서는 『대학』이 한대(漢代) 시서박사(詩書博士)의 잡집(雜集)에 불과하다고 주장했다.

한편 중국의 근현대 철학가인 호적(胡適)과 전목(錢穆)은 『대학』과 『중용』의 작자를 모두 알 수 없으며, 진한대(秦漢代)에 지어진 것이라고 주장하였다.

4. 『대학』의 의미

『대학』의 명칭에 대해서는 역대 여러 가지 의견들이 있는데, 크게 다음 세 가지로 정리될 수 있다.

첫째 교육기관으로서 대학의 의미이다. 중국 고대의 학교교육은 크게 '소학(小學)'과 '대학(大學)'의 두 단계로 나뉘는데, 이때 대학(大學)의 '대(大)'는 음이 '태(泰)'이고, '태학(太學)'이라고도 사용했다. 어린아이가 나이 8세가 되면 소학(小學)에 들어가 먼저 '쇄소(灑掃)·응대(應對)·진퇴(進退)'의 예절을 배운 다음, '육예(六藝)'[4]를 학습하여

4) 육예(六藝) : 『주례(周禮)』에서 이르는 여섯 가지 기예(技藝). 곧 예(禮), 악(樂),

덕지체(德智體)의 기초를 닦았다. 대학(大學)에서는 수신(修身)과 정사(政事)에 종사하는 지식을 학습하는데, 『대학』은 바로 태학(太學)의 교육내용과 목적을 체계적으로 논한 것이다.

주자가 「대학장구서(大學章句序)」에서 "『대학』이라는 책은 옛날 태학(太學)에서 사람을 가르치는 법이다. 大學之書, 古之大(太)學, 所以敎人之法也."라고 했듯이, 대학은 고대 중국의 최고 교육기관이었다. 참고로 요순(堯舜) 때는 '상상(上庠)', 하대(夏代)에는 '동석(東席)', 은대(殷代)에는 '우학(右學)', 주대(周代)에는 '동교(東膠)'라고 했다가, 한대(漢代) 이후로 '태학(太學)'이라 불렀다.

둘째 '박대지학(博大之學)'으로서 대학(大學)의 의미이다. 이는 후한(後漢) 정현(鄭玄)이 주장한 "'대학'이라고 명명한 것은 박학(博學)을 기술하여 정사(政事)를 다스릴 수 있기 때문이다. 名大學者, 以其記博學可以爲政也."[5]에 근거한 것으로 '제왕지학(帝王之學)'의 의미를 포함하고 있다.

셋째 '대인지학(大人之學)'으로서 대학의 의미이다. 이 말은 어린아이(小人)와 상대적인 '성인지학(成人之學)'과 평민(小人)과 상대적인 '치자지학(治者之學)'을 겸한 것이다. 주자는 대학을 성인(成人)이 배우는 '대인지학(大人之學)'으로, 왕양명(王陽明, 1472~1528)은 소인과 반대되는 '대인지학(大人之學)'으로 풀이했다. 이 '대인(大人)'의 의미에 대해서 맹자는 「진심상(盡心上)」에서 "대인이란 자신을 바르게 하고 사물이 바르게 되도록 하는 사람이다. 大人者, 正己而物正者也."라고 풀이했고, 왕양명(王陽明)은 『대학문(大學問)』에서 "대인이

사(射), 어(御), 서(書), 수(數)를 말한다.

5) 『십삼경주소(十三經注疏)·예기정의(禮記正義)·대학(大學)』.

란 천지 만물로써 일체를 삼는 자이다. 大人者, 以天地萬物爲一體者也."라고 풀이했다.

5. 『대학』의 판본

1) 고본대학(古本大學: 古注)

『예기(禮記)·대학(大學)』구본(舊本)에 정현주(鄭玄注)와 공영달소(孔穎達疏)가 있고, 송대(宋代) 위식(衛湜)의 『예기집설(禮記集說)』(160권)에 「대학주(大學注)」가 있다.

2) 석경대학(石經大學)

지금 전해지는 『대학』은 정이천(程伊川)이 서차(序次)한 것을 주자가 다시 경(經) 1장과 전(傳) 10장으로 편집한 것이다. 특히 제5장인 「보망장(補亡章)」은 원문이 망실(亡失)되어 주자가 이를 직접 보충하여 지은 것이다. 이러한 주희의 교정본에 대해 농괴(董槐)·섭몽정(葉夢鼎)·정민정(程敏政)·설청(薛清)·설제(薛濟) 등이 모두 반대하였다.

그 후 명청대(明淸代)에 이르러 『대학』을 다른 경서(經書)들과 동일시하고 주희가 보충한 전(傳)을 공자(孔子)의 말과 동일시하자, 왕양명(王陽明, 1472~1528)의 『대학고본방석(大學古本旁釋)』(4권)과 청대(淸代) 송상봉(宋翔鳳)의 『대학고의설(大學古義說)』(2권) 및 이광지(李光地)의 『대학고본설(大學古本說)』(2권) 등에서 주자설(朱子說)에 대한 이의를 제기했다.

6. 『대학』의 주석서(註釋書)

1) 『대학』에 대한 중국의 대표적인 주석서는 다음과 같다.

- 『대학장구(大學章句)』 1권, 『대학혹문(大學或問)』 1권 : 송대(宋代) 주희(朱熹) 편찬. 격물치지(格物致知)에 「보망장(補亡章)」을 지어 경(經) 1장과 전(傳) 10장으로 구성되었는데, 우리나라에 가장 큰 영향을 미쳤다.
- 『대학연의(大學衍義)』 43권 : 송대(宋代) 진덕수(陳德秀) 편찬. 격물치지(格物致知)·성의정심(誠意正心)·수신(修身)·제가(齊家) 등의 사대강(四大綱)을 논했다.
- 『대학연의보(大學衍義補)』 160권 : 명대(明代) 구준(邱濬)이 『대학연의(大學衍義)』의 부족한 부분을 보완하여 편찬함.
- 『대학길본방주(大學吉本旁注)』 1권, 『대학문(大學問)』 1권 : 명대(明代) 왕수인(王守仁) 편찬. 주자의 신본(新本)에 반대하고, 구본(舊本)에 충실하여 왕양명파(王陽明派)의 신봉을 받았다.
- 『대학고기약의(大學古記約義)』 : 명말(明末) 유종주(劉宗周, 1578~1645) 편찬. 대학의 도는 '신독(愼獨)'이 있을 뿐이라고 주장했다.
- 『대학증문(大學證文)』 4권 : 청대(清代) 모기령(毛奇齡) 편찬. 구가(九家)의 견해를 제시했다.
- 『대학진익(大學眞翼)』 7권 : 청대(清代) 호위(胡渭) 편찬. 대학의 의의·작자·古本·改本 등을 논했다.
- 『대학고본설(大學古本說)』 1권 : 청대(清代) 이광지(李光地) 편찬. 고본(古本)에 따른 주장을 했다.

2) 『대학』에 대한 한국의 대표적인 주석서는 다음과 같다.

- 『입학도설(入學圖說)』 1권 : 양촌(陽村) 권근(權近, 1352~1409) 편찬. 주렴계의 『태극도설(太極圖說)』과 용학(庸學)의 「장구집주(章句集註)」를 토대로 사서오경(四書五經)의 요의(要義)를 도설(圖說)하였다.
- 『대학동자문답(大學童子問答)』 1冊 : 선조(宣祖) 때 조호익(曹好益)이 편찬. 초학자를 위해 대학의 어려운 장구(章句)를 선별 해석하였다.
- 『대학언해(大學諺解)』 1冊 : 선조(宣祖)의 명으로 편찬한 칠서언해(七書諺解) 중의 하나이다.
- 『대학연의집략(大學衍義輯略)』 21권 7冊 : 성종(成宗) 때 저헌(樗軒) 이석형(李石亨, 1425~1477)이 편찬. 송대(宋代) 진덕수(陳德秀)의 『대학연의(大學衍義)』를 산절(刪節)하고, 『고려사(高麗史)』에서 교훈이 될 만한 내용을 모아 편찬한 것이다.
- 『어정대학유의(御定大學類義)』 21권 10冊 : 정조(正祖)의 명으로 편찬. 송대(宋代) 진덕수(陳德秀)의 『대학연의(大學衍義)』와 명대(明代) 구준(丘濬)의 『대학연의보(大學衍義補)』의 중요한 부분을 간추려 정리했고, 책머리에 정조(正祖)의 서문이 있다.
- 『대학경일장연의(大學經一章演義)』 : 송당(松堂) 박영(朴英, 1471~1540)이 양명학(陽明學)의 관점에서 「독대학법(讀大學法)」과 『대학』의 경문(經文) 1장에 대한 자신의 견해를 밝힌 것이다.
- 『대학율곡언해(大學栗谷諺解)』 1冊 : 이이(李珥)가 왕명으로 편찬한 『사서언해(四書諺解)』 중의 하나이다.
- 『대학고본별록(大學古本別錄)』 : 백호(白湖) 윤휴(尹鑴, 1617~1836) 편찬. 정주(程朱)의 '신민(新民)'설을 반대하여 고본의 '친

민(親民)'을 주장했고, 백성들의 '효제(孝悌)'하는 마음이 바로 '명덕(明德)'이라 했으며, 주자가 지은 전(傳) 5章(補亡章)을 인정하지 않았다.

- 『대학질서(大學疾書)』: 성호(星湖) 이익(李瀷, 1681~1763)의 저서. 『대학』이 『주역(周易)』에서 나왔다고 보고, '명명덕(明明德)'은 진괘(晉卦) 상사(象辭)의 '소명덕(昭明德)'에서, '혁기구(革其舊)'는 혁괘(革卦)와 정괘(鼎卦)에서 나왔다고 주장했다.
- 『대학공의(大學公議)』: 다산(茶山) 정약용(丁若鏞, 1762~1836)의 저서. 『대학』의 근원을 『서경(書經)·고요모(皐陶謨)』에 두고, 주자의 '신민(新民)'설을 반대하여 고본의 '친민(親民)'설을 따랐으며, '명덕(明德)'은 바로 '효제자(孝悌慈)'라고 주장했다.

7. 대학장구서(大學章句序)

大學之書는 古之大(太)學에 所以敎人之法也라 蓋自天降生民으로 則旣莫不與之以仁義禮智之性矣언마는 然이나 其氣質之稟이 或不能齊일새 是以로 不能皆有以知其性之所有而全之也라

『대학』이라는 책은 옛날 태학(太學)에서 사람을 가르치던 바의 법이다. 대개 하늘이 생민(生民)을 냄으로부터 이미 인의예지(仁義禮智)의 성(性)을 부여하지 않음이 없다.

그러나 그 기질(氣質)을 부여받은 것이 혹 능히 가지런하지

못하다. 이 때문에 모두 그 성(性)이 지니고 있는 바를 알아서 온전히 할 수가 없는 것이다.

주해

- 장구(章句) : 원래 장절(章節)과 구두(句讀)를 의미하지만, 여기서는 장절(章節)을 나누어 어구(語句)를 해석한 글을 말한다.
- 고시태학(古之大學) : 여기에서 대학(大學)은 "태학(太學)"으로 읽는다. 고대 중국의 최고 교육기관으로 요순(堯舜) 때에는 '상상(上庠)', 하대(夏代)에는 '동석(東席)', 은대(殷代)에는 '우학(右學)', 주대(周代)에는 '동교(東膠)'라고 했는데, 한대(漢代) 이후로는 '태학(太學)'이라 불렀다.
- 생민(生民) : '백성', '창생(蒼生)'과 같다.
- 인의예지(仁義禮智) : 주자(朱子) 본성론(本性論)의 핵심사상.

  『맹자(孟子)·공손추상(公孫丑上)』에 나온다. "측은지심은 인(仁)의 실마리요, 수오지심은 의(義)의 실마리요, 사양지심은 예(禮)의 실마리요, 시비지심은 지(智)의 실마리이다. 惻隱之心, 仁之端也. 羞惡之心, 義之端也. 辭讓之心, 禮之端也. 是非之心, 智之端也."

  『예기(禮記)·제사(題辭)』에도 "인의예지는 인성의 근본이다. ……덕(德)이 높아지고 업(業)이 넓어지면, 이에 그 처음을 회복할 수 있다. 仁義禮智, 人性之綱,……德崇業廣, 乃復其初."라고 했다.

一有聰明睿智能盡其性者 出於其間이면 則天必命之하사 以爲億兆之君師하사 使之治而敎之하여 以復其性케 하시니 此는 伏羲神農黃帝堯舜所以繼天立極하여 而司徒之職과 典樂之官[6]을 所由設也시니라

한 사람이라도 총명하고 예지가 있어 능히 그 성(性)을 다한 자가 그 사이에서 나오면, 하늘이 반드시 그에게 명하여 억조창생(億兆蒼生)의 인군(人君)과 스승으로 삼아 그로 하여금 백성을 다스리고 가르쳐서 그 성(性)을 회복하게 하신다.

이는 복희(伏羲)·신농(神農)·황제(黃帝)·요(堯)·순(舜)이 하늘을 잇고 법을 세운 바요, 사도(司徒)의 직책과 전악(典樂)의 벼슬을 말미암아 설치하신 이유이다.

주해

- 억조(億兆) : 만백성.
- 복희신농황제요순(伏羲神農黃帝堯舜) : 중국 고대신화 속에 등장하는 성군(聖君)들이다. '삼황오제(三皇五帝)'에 관해서는 아직까지 정설이 없으나, 일반적으로 삼황(三皇)은 태호(太皞) 복희씨(伏羲氏)·염제(炎帝) 신농씨(神農氏)·황제(黃帝) 헌원씨(軒轅氏)를 말하고, 오제(五帝)는 소호(少昊) 금천씨(金天氏)·전욱(顓頊) 고양씨(高陽氏)·제곡(帝嚳) 고신씨(高辛氏)·제요(帝堯) 도당씨(陶唐氏)·제순(帝舜) 유우씨(有虞氏)를 말한다.
- 계천입극(繼天立極) : 하늘의 명을 이어 받아 지극한 법(도)을 세우다. 곧 제위(帝位)를 계승하는 것을 말한다.
- 복기초(復其性) : 그 성(性)을 회복시키다. 주자 본성론(本性論)의 핵심사상으로,『논어(論語)·학이(學而)』제1장 '학(學)'의 註에 나온다. "'학(學)'이라

6) '사도(司徒)'와 '전악(典樂)'에 대해서는『서경(書經)·순전(舜典)』에 나온다. "순(舜)이 말하기를 설(契)이여! 백성들이 화친하지 않고, 오품(五品: 君臣·父子·夫婦·長幼·朋友의 관계. 곧 '五敎'나 '五常'과 같음)을 따르지 아니하도다. 그대를 사도(司徒)로 삼을지니, 삼가 오교(五敎)를 베풀되 너그럽게 할지니라. …… 순(舜)이 말하기를 기(夔)여! 그대를 전악(典樂)에 임명할지니, 천자와 경대부들의 맏아들을 가르치도록 하라! 帝曰 契, 百姓不親, 五品不遜. 汝作司徒, 敬敷五敎, 在寬.……帝曰 夔, 命汝典樂, 敎胄子."

는 말은 본받음이다. 인간의 본성은 모두 선(善)하나 깨닫는 데에는 선후가 있다. 후각자(後覺者)는 반드시 선각자(先覺者)가 한 바를 본받아야만 이에 선(善)을 밝혀 그 처음을 회복할 수 있다. 學之爲言效也. 人性皆善, 而覺有先後. 後覺者必效先覺者之所爲, 乃可以明善而復其初."

- 사도(司徒) : 삼공(三公)의 하나로서, 백성의 교도(教導)를 관장하는 직책.
- 전악(典樂) : 가악(歌樂)을 관장하는 직책.

三代之隆에 其法寖備然後에 王宮國都로 以及閭巷히 莫不有學하여 人生八歲어든 則自王公以下로 至於庶人之子弟히 皆入小學하여 而教之以灑掃應對進退之節과 禮樂射御書數之文하고 及其十有五年이어든 則自天子之元子衆子로 以至公卿大夫元士之適子와 與凡民之俊秀히 皆入大學하여 而教之以窮理正心修己治人之道하니 此又學校之教에 大小之節이 所以分也라[7]

삼대(三代)가 융성할 때 그 백성을 가르치는 방법이 점차 완비된 후에 왕궁(王宮)과 국도(國都) 및 여항(閭巷)에 이르기까지 학교가 없는 곳이 없었다.

---

7) 『예기(禮記)·왕제편(王制篇)』에 소학(小學)과 태학(太學)에 관한 내용이 나온다. "천자(天子)가 제후에게 명하여 가르치게 하고, 그런 뒤에 학교를 세운다. 소학(小學)은 공궁(公宮) 남쪽 좌측에 있고, 태학(太學)은 교외에 있다. 천자의 태학을 '벽옹(辟雍)'이라 하고, 제후의 태학을 '반궁(頖宮)'이라 한다. 天子命之教, 然后为学. 小学在公宫南之左, 大学在郊. 天子曰辟廱, 诸侯曰頖宫."

사람이 나서 여덟 살이 되면 왕공(王公) 이하 서인(庶人)들의 자제에 이르기까지 모두 소학(小學)에 들어가게 해서 쇄소(灑掃)·응대(應對)·진퇴(進退)의 예절과 예악사어서수(禮樂射御書數)의 글을 가르쳤다.

십 오세가 되면 천자(天子)의 원자(元子)와 중자(衆子) 그리고 공경대부(公卿大夫)와 원사(元士)의 적자(適子) 및 백성들의 준수(俊秀)한 자제에 이르기까지 모두 태학(太學)에 들어가게 해서 궁리(窮理)·정심(正心)·수기(水氣)·치인(治人)의 도를 가르쳤다. 이는 또한 학교 교육에서 태학(太學)과 소학(小學)의 절차가 나누어진 바이다.

주해

- 삼대(三代) : 하(夏)·은(殷)·주(周)를 말함.
- 왕궁국도(王宮國都) : '왕궁(王宮)'은 천자가 있는 궁궐, '국도(國都)'는 제후국의 수도를 말함.
- 여항(閭巷) : 마을, 시골. 閭(이문 려) 巷(거리 항)
- 쇄소응대진퇴(灑掃應對進退) : '쇄소(灑掃)'는 물 뿌리고 쓸며 청소하는 것, '응대(應對)'는 어른들을 대하고 물음에 답하는 것, '진퇴(進退)'는 예(禮)에 맞게 나아가고 물러서는 것을 말함. 灑(물뿌릴 쇄) 掃(쓸 소)
- 예악사어서수(禮樂射御書數) : 예절, 음악, 활쏘기, 말 타기, 글씨 쓰기, 셈법 등의 '육예(六藝)'를 말함. 射(궁술 사) 御(어거할 어)
- 원자(元子) : 천자(天子)의 대통(大統)을 이어갈 사람.
- 중자(衆子) : 원자(元子)를 제외한 천자(天子)의 아들.
- 원사(元士) : 천자(天子)의 상사(上士)를 말함.
- 적자(適者) : 정실(正室)의 아내가 낳은 아들. '적자(嫡子)'와 같음. 適(만 적)

夫以學校之設이 其廣이 如此하고 敎之之術이 其次第節目之詳이 又如此하니 而其所以爲敎則又皆本之人君躬行心得之餘요 不待求之民生日用彝倫[8]之外라 是以로 當世之人이 無不學하고 其學焉者 無不有以知其性分之所固有와 職分之所當爲而各俛焉하여 以盡其力하니 此는 古昔盛時에 所以治隆於上하고 俗美於下하여 而非後世之所能及也라

무릇 학교의 설립이 이처럼 광범위하고, 가르치는 방법은 그 차제(次第)와 절목(節目)의 상세함이 또한 이와 같다. 그 가르치는 내용은 또 모두 인군(人君)이 몸소 행하고 마음으로 얻은 나머지에 근본하며, 백성들이 날로 쓰는 떳떳한 윤리 밖에서 구하지 않는다.

이 때문에 당세(當世)의 사람들은 배우지 않은 자가 없고, 그 배우는 사람 중에 그 성분(性分)의 고유한 바와 직분(職分)의 당연한 바를 알아서 각각 부지런히 힘써 그 힘을 다하지 않은 자가 없었다. 이는 옛날 융성할 때에 다스림이 위에서 성(盛)하고 풍속이 아래에서 아름다워 후세가 능히 미칠 수 있는 바가

8) 『서경(書經)·홍범편(洪範篇)』에 나온다. "우왕(禹王)이 이어서 일어나니, 하늘이 이에 우왕(禹王)에게 홍범구주(洪範九疇)를 내리셔서 떳떳한 인륜이 베풀어졌다. 禹乃嗣興, 天乃錫禹洪範九疇, 彝倫攸敍."

아니다.

주해

- 차제(次第) : 차례, 순서.
- 절목(節目) : 절차와 조목.
- 이륜(彛倫) : 사람으로서 마땅히 지켜야 할 도리. '천륜(天倫)' 또는 '인륜(人倫)'과 같다. 彛(떳떳할 이)
- 성분(性分) : 성품(性品)의 분수. 즉 인의예지(仁義禮智)의 본성을 말한다.
- 직분(職分) : 직책의 분수. 즉 오륜(五倫)과 같이 인간이 마땅히 행해야 할 도리를 말한다.

及周之衰하여 賢聖之君이 不作하고 學校之政이 不修하여 教化陵夷하고 風俗頹敗하니 時則有若孔子之聖이라도 而不得君師之位하여 以行其政教하시니 於是에 獨取先王之法하여 誦而傳之하여 以詔後世하시니 若曲禮少儀內則弟子職諸篇은 固小學之支流餘裔요 而此篇者 則因小學之成功하여 以著大學之明法하니 外有以極其規模之大하며 而內有以盡其節目之詳者也라[9]

---

9) '規模之大'와 '節目之詳'에 대해 신안진씨(新安陳氏)는 다음과 같이 말했다. "규모의 방대함은 삼강령을 가리키고, 절목의 상세함은 팔조목을 가리키니, 공자(孔子) 당시에는 바로 『대학』의 경문(經文) 1장만 있었다. 規模之大指三綱領, 節目之詳指八條目, 孔子時方有大學一章之經."(大全疏註)

주(周)나라가 쇠락하자, 어질고 성스러운 인군(人君)이 나타나지 못하고 학교의 정사(政事)도 다스려지지 못하여, 교화(敎化)가 쇠퇴하고 풍속(風俗)이 무너졌다. 당시에 공자(孔子)와 같은 성인이 계셨어도 군사(君師)의 지위를 얻어 그 정치와 교화를 행하지 못하였다.

이에 홀로 선왕(先王)의 법을 취하여 송양(誦揚)하고 선함으로써 후세를 가르치셨다. 곡례(曲禮)·소의(少儀)·내칙(內則)·제자직(弟子職)과 같은 편들은 본디 소학(小學)의 지류(支流)나 말류(末流)이다. 그러나 이 『대학(大學)』은 소학(小學)에서 이룬 공(功)으로 인하여 대학(大學)의 밝은 법을 드러내었으니, 밖으로 그 규모의 방대함을 다하였고 안으로 그 절차(節次)와 조목(條目)의 상세함을 다하였다.

주해

- 능이(陵夷) : 언덕이 점점 평평해지듯이 사물이 차차 쇠퇴해지는 것을 말한다. 陵(언덕 릉) 夷(평평할 이) 頹(무너질 퇴)
- 곡례소의내칙제자직(曲禮少儀內則弟子職) : 「曲禮」·「少儀」·「內則」은 『禮記』에 보이고, 「弟子職」은 『管子』에 보이는데 모두 춘추시대(春秋時代)에 지어졌다.
- 여예(餘裔) : 옷자락의 끝. 말류(末流). 裔(옷자락 예) 詔(가르칠 조)
- 규모지대(規模之大) : 『대학』의 삼강령(三綱領)을 말함.
- 절차지상(節目之詳) : 『대학』의 팔조목(八條目)을 말함.

三千之徒가 蓋莫不聞其說이언마는 而曾氏之傳이 獨得其宗일새 於是에 作爲傳義하사 以發其意하시고 及孟子沒而其傳이 泯焉則其書雖存 而知者鮮矣라 自是以來로 俗儒記誦詞章之習이 其功이 倍於小學而無用하고 異端虛無寂滅之教가 其高過於大學而無實하고 其他權謀術數 一切以就功名之說과 與夫百家衆技之流 所以惑世誣民하고 充塞仁義者가 又紛然雜出乎其間하여 使其君子로 不幸而不得聞大道之要하고 其小人으로 不幸而不得蒙至治之澤하여 晦盲否塞하고 反覆沈痼하여 以及五季[10]之衰而壞亂極矣라

공자(孔子)의 삼 천 문도(門徒)가 대개 그 말씀을 듣지 않은 자가 없지만, 증자(曾子)의 전함이 홀로 그 종지(宗旨)를 얻었고, 이에 전의(傳義)를 지어 그 뜻을 발명하셨다. 맹자께서 돌아가신 후 그 전함이 끊어졌고, 그 책이 비록 남아 있으나 아는 자가 드물었다.

이로부터 속유(俗儒)들이 사장(詞章)을 송독(誦讀)하는 풍조가 일어나, 그 공이 소학(小學)보다 배가 되었으나 쓸모가 없었다.

10) '오대(五代)'는 후량(後梁)·후당(後唐)·후진(後晉)·후한(後漢)·후주(後周) 등을 말하고, '십국(十國)'은 오월(吳越), 민(閩), 형남(荊南), 초(楚), 오(吳), 남당(南唐), 남한(南漢), 북한(北漢), 전촉(前蜀), 후촉(後蜀) 등을 말한다.

이단(異端)의 허무(虛無)와 적멸(寂滅)의 가르침이 대학보다 크게 지나치지만 실제가 없다.

그 외 권모술수로 공명(功名)을 추구하는 일체의 학설과 제자백가(諸子百家)들이 세상을 미혹하게 하고 백성을 속이며 인의(仁義)를 틀어막는 자들이 또한 그 사이에서 어지럽게 뒤섞여 나왔다. 그래서 그 군자로 하여금 불행하게 대도(大道)의 요체를 들을 수 없게 하고, 그 소인으로 하여금 불행하게 지치(至治)의 은택을 입을 수 없게 하였으며, 정사(政事)가 어둡고 정교(政教)가 가로막혀 고질병이 반복해서 쌓였으며, 오계(五季)의 난세에 미쳐 괴란(壞亂)이 극에 달했다.

주해

- 증씨(曾氏) : 증자(曾子)를 말함. 증자의 이름은 삼(參), 자는 子자여(輿)이다. 공자의 고제자(高弟子)로 종성증자(宗聖曾子)라고 부른다. 『대학(大學)』의 경문(經文)은 공자가 구술(口述)한 것을 증자가 기술하였고, 전문(傳文)은 증자의 뜻풀이와 주석을 증문제자(曾門弟子)들이 기술한 것이다.
- 전의(傳義) : 경서(經書)의 뜻을 주석(註釋)한 것. "賢人之書曰傳"이라 했다.
- 기송(記誦) : 기억하고 암송하다. '숙독(熟讀)'과 같다.
- 허무적멸(虛無寂滅) : 허무(虛無)는 무위자연(無爲自然)의 도를 주장하는 도가사상(道家思想)을 말하고, 적멸(寂滅)은 불가사상(佛家思想)을 말한다. 寂(고요할 적) 滅(멸할 멸)
- 권모술수(權謀術數) : 관중(管仲)과 상앙(商鞅) 등이 주장한 법가사상(法家思想)을 말함.
- 백가중기(百家衆技) : 춘추전국시대 모든 학파들의 총칭인 '구류(九流)', 즉 유가(儒家)·도가(道家)·음양가(陰陽家)·법가(法家)·명가(名家)·묵가(墨家)·종횡가(縱橫家)·농가(農家)·잡가(雜家)를 말한다.

- 충색(充塞) : 가득 채워서 막음. 塞(막을 색)
- 회맹비색(晦盲否塞) : 깜깜하게 눈이 어둡고 꽉 막힘. 곧 국정(國政)이 혼란하여 백성들의 실정이 조정에 전달되지 못한 것을 의미한다.
  晦(그믐 회) 盲(어두울 맹) 否(막힐 비)
- 침고(沈痼) : 깊은 고질병. 沈(잠길 침) 痼(고질 고)
- 오계(五季) : 오대십국(五代十國, 907~979). 당(唐)나라의 멸망으로부터 송(宋)나라가 성립되어 전국을 통일하기까지 중원을 중심으로 흥망성쇠를 거듭한 다섯 왕조와 중원 이외의 여러 지방에 할거했던 열 개의 나라를 말한다.

天運循環하사 無往不復일새 宋德隆盛하사 治教休明하시니 於是에 河南程氏兩夫子出하사 而有以接乎孟氏之傳하사 實始尊信此篇而表章之하시며 旣又爲之次其簡編하여 發其歸趣하시니 然後에 古者大學教人之法과 聖經賢傳之指가 粲然復明於世하니 雖以熹之不敏으로도 亦幸私淑[11]而與有聞焉호라

하늘의 운수는 순환하여 돌아오지 않음이 없으니, 송(宋)나라의 덕이 융성하여 치교(治教)가 아름답고 밝아졌다. 이에 하남(河

11) 『맹자(孟子)·이루하(離婁下)』에 나온다. "나는 공자의 문도(門徒)가 되지 못했지만, 스승을 통해 공자의 도를 듣고 사숙(私淑)하였다. [予未得爲孔子徒也, 予私淑諸人也."

南)의 정씨(程氏) 양부자(兩夫子)가 나와 맹자(孟子)의 전통(傳統)을 이어서, 실로 처음으로 이 『대학』을 존신(尊信)하고 세상에 널리 드러내셨다.

이미 다시 이를 위하여 그 간편(簡編)을 편차(編次)하고 그 지취(旨趣)를 발명(發明)하셨다. 그런 후에 옛날 『대학』의 사람을 가르치는 법과 성인(聖人)의 경문(經文)과 현인(賢人)의 전문(傳文)의 종지(宗旨)가 찬란하게 다시 세상에 밝혀졌다. 비록 나[朱熹]와 같이 불민(不敏)한 사람도 또한 다행히 사숙(私淑)하여 정씨(程氏) 양부자(兩夫子)의 가르침을 들을 수 있었다.

주해

- 치교(治敎) : 정사(政事)와 교화(敎化).
- 정씨양부자(程氏兩夫子) : 하남성(河南城) 낙양인(洛陽人)으로 '이정자(二程子)'라고도 한다. 형 정호(程顥, 1032~1085)는 자가 백순(伯淳), 호가 명도선생(明道先生)이고, 아우 정이(程頤, 1033~1107)는 자가 정숙(正叔), 호가 이천선생(伊川先生)이다.
- 표장(表章) : 세상에 널리 드러냄. '표창(表彰)'과 같다.
- 귀취(歸趣) : 지취(旨趣). 종지(宗旨).
- 사숙(私淑) : 경모(敬慕)하는 사람에게 직접 배우지 못하고 단지 그 사람을 본받아 스승으로 삼거나, 혹은 그의 저서를 통하여 도(道)나 학문을 닦는 것을 말한다. 주자(朱子)는 직접 정자(程子)의 가르침을 받지 못하고, 이정자(二程子)의 삼전제자(三傳弟子)인 연평(延平) 이동(李侗, 1088~1158)에게 배웠다.

顧其爲書猶頗放失일새 是以로 忘其固陋하고 采而輯之하며 間亦竊附己意하여 補其闕略하여 以俟後之君子하노니 極知僭踰 無所逃罪나 然이나 於國家化民成俗之意와 學者修己治人之方엔 則未必無小補云이라

淳熙己酉二月甲子에 新安朱熹는 序하노라

다만 이정자(二程子)의 서책이 자못 유실된 바, 이에 자신의 고루함을 잊고서 그 서책을 수집하고 편차(編次)하였다. 또한 그 사이에 외람되이 자신의 견해를 덧붙이고 그 빠지거나 생략된 부분을 보충하여 훗날의 군자를 기다리노라.

내가 참람하게 분수에 넘쳐 죄에서 벗어날 길이 없음을 잘 알지만, 그러나 나라에서 백성을 교화하고 풍속을 이루려는 뜻과 배우는 자의 수기치인(修己治人)을 하는 방법에 필시 조금이나마 보탬이 없지는 않을 것이다.

남송 효종(孝宗) 순희(淳熙) 기유년(1189년) 2월 갑자일에 신안의 주희(朱熹)가 서(序)하노라.

주해

- 방실(放失) : 잘못되거나 유실됨. 顧(돌아볼 고) 頗(자못 파) 陋(좁을 루)
- 채집(采輯) : 수집하고 편집하다.

- 보기궐략(補其闕略) : 누락되었거나 생략된 것을 보충하다. 곧 「망장(補亡章)」을 말한다. 闕(빠질 궐) 俟(기다릴 사)
- 참유(僭踰) : 분수에 넘치다. 僭(참람할 참) 踰(넘을 유)
- 순희(淳熙) 기유(己酉) : 남송(南宋) 효종(孝宗) 16년(1189)에 해당함. '순희(淳熙)'는 남송 효종(孝宗)의 연호이다.
- 신안(新安) : 주자(朱子)의 관향(貫鄕)으로 안휘성(安徽省) 휘주(徽州) 무원(務源)의 옛 이름이다.

8. 『대학』 선독(選讀)

1) 삼강령(三綱領)[12)]

大學之道는 在明明德이요 在親民이요 在止於至善이니라

『대학』의 도는 명덕(明德)을 밝히는데 있으며, 백성을 새롭게 하는데 있으며, 지극한 선(善)에 그치는데 있다.

주해

- 대학(大學) : '대인지학(大人之學)' 또는 '박대지학(博大之學)'을 말한다. 한대(漢代) 정현(鄭玄)은 '박대지학(博大之學)'으로, 송대(宋代) 주희(朱熹)는 성인(成人)이 배우는 '대인지학(大人之學)'으로 보았다.
- 명덕(明德) : '명덕(明德)'에 대해서 당대(唐代) 공영달(孔穎達)은 '자기의 광명(光明)한 덕(德)'이라고 했고, 주희(朱熹)는 '하늘로부터 얻은 광명정대(光

12) 『대학(大學)』의 삼강령(三綱領)은 이상적인 통치자가 갖추어야 할 기본 덕목으로, '명명덕(明明德)', '신민(新民)', '지어지선(止於至善)'을 말한다.

明正大)한 것'이라고 풀이했다.

- 신민(親民) : '친민(親民)'에 대해서는 두 가지 주장이 있다. 먼저 공영달(孔穎達)은 '친(親)'을 그대로 '백성을 친애하는 것'으로 보았고, 왕수인(王守仁)도 이 설을 따랐다. 그러나 주희(朱熹)는 『서경(書經)·탕반명(湯盤銘)』의 "苟日新, 日日新, 又日新"과 『서경(書經)·강고(康誥)』의 "作新民", 그리고 『시경(詩經)』의 "周雖舊邦, 其命維新" 등이 모두 '신민(新民)'의 뜻으로 쓰였기 때문에, '친(親)'을 '신(新'으로 보아야 한다고 주장했다.

2) 팔조목(八條目)[13)]

古之欲明明德於天下者는 先治其國하고 欲治其國者는 先齊其家하고 欲齊其家者는 先脩其身하고 欲脩其身者는 先正其心하고 欲正其心者는 先誠其意하고 欲誠其意者는 先致其知하니 致知는 在格物하니라[14)]

옛날에 명덕(明德)을 천하에 밝히고자 하는 자는 먼저 그 나라를 다스리고, 그 나라를 다스리고자 하는 자는 먼저 그 집안

13) 『대학(大學)』의 팔조목(八條目)은 격물(格物), 치지(致知), 성의(誠意), 정심(正心), 수신(修身), 제가(齊家), 치국(治國), 평천하(平天下)를 말한다.

14) '치지(致知)'에 대해 정현(鄭玄)은 "知, 謂善惡吉凶之所終始也." 또는 "此致或爲至."라고 해석했으며, 주희(朱熹)는 "致, 推極也. 知, 猶識也. 推極吾之知識, 欲其所知無不盡也."라고 했다. 한편 왕수인(王守仁)은 '致'를 '行'으로 해석하여 "치양지(致良知)"와 "지행합일(知行合一)"설을 논증하였다.

을 가지런히 하고, 그 집안을 가지런히 하고자 하는 자는 먼저 그 몸을 닦고, 그 몸을 닦고자 하는 자는 먼저 그 마음을 바르게 하고, 그 마음을 바르게 하고자 하는 자는 먼저 그 뜻을 정성스럽게 하고, 그 뜻을 정성스럽게 하고자 하는 자는 먼저 앎을 지극히 해야 하니, 앎을 지극히 하는 것은 사물의 이치를 궁구(窮究)하는데 있다.

주해

- 격물치지(格物致知) : 사물의 이치를 연구하여 앎을 궁극의 지식에 도달하다. '격(格)'은 연구하다는 뜻이다.

3) 신민(新民)

湯之盤銘曰 苟日新이어든 日日新하고 又日新이라하며 康誥曰 作新民이라하며 詩曰周雖舊邦이나 其命維新[15]이라하니 是故로 君子는 無所不用其極이니라

탕왕(湯王)의 반명(盤銘)에 말하기를 "진실로 어느 날 새롭게

15) 『시경(詩經)·대아(大雅)·문왕(文王)』에 나오는 말이다. "문왕께서 위에 계셔서 하늘에서 밝게 비추시니, 주(周)나라가 비록 옛 나라이나 그 명(命)이 새롭도다. 주나라에 나타나지 않았는가? 상제(上帝)의 명이 이 아닌가! 문왕께서 하늘에 오르고 땅에 내리시는 것은 상제의 좌우에 계시기 때문이다. 文王在上, 於昭于天. 周雖舊邦, 其命維新. 有周不顯, 帝命不時, 文王陟降, 在帝左右."

변하였으면, 나날이 새롭게 하고, 또 나날이 새롭게 하라."고 하였다.

강고(康告)에 이르기를 "새로워지고 있는 백성을 더욱 진작(振作)시키라."고 하였다.

『시경(詩經)』이 이르기를 "주(周)나라가 비록 오래된 나라이나, 그 천명(天命)이 새롭다."라고 하였다.

이 때문에 군자는 그 법도를 다하지 않는 바가 없다.

주해

- 탕(湯, tāng) : 은(殷)나라를 세운 탕왕(湯王)을 말한다.
- 반명(盤銘, pán míng) : 탕왕(湯王)의 욕조에 새겨진 경구(警句).
- 강고(康告, kāng gào) : 『서경(書經)·주서(周書)』의 편명. 무왕(武王)이 자신이 동생인 강숙(康叔)에게 훈계한 글이다.
- 작(作) : 진작(振作)하다. 떨쳐 일어나다. 振(떨칠 진)
- 주수구방(周雖舊邦) 기명유신(其命維新) : 주(周)나라가 비록 옛 나라이나, 그 천명(天命)이 새롭다. '명(命)'은 천명(天命)이다.
  '유(維)'는 '내(乃)'와 같다.

제3절 논어(論語)

1. 『논어』의 유래

『논어』는 공자(孔子)와 그 제자들의 언행을 기록한 것이다. 『논어』의 고본에는 원래 『노논어(魯論語)』·『제논어(齊論語)』·『고논어(古論語)』의 세 종류가 있었는데, 이들 원본은 전한말(前漢末)에 이미 대부분 일실(佚失)되었다.

노(魯)나라에서 전해진 『노논어(魯論語)』는 20편이고, 제(齊)나라에서 전해진 『제논어(齊論語)』는 22편으로 『노논어(魯論語)』보다 「문왕(問王)」과 「지도(知道」두 편이 더 많다. 그리고 과두문자(蝌蚪文字)로 기록된 『고논어(古論語)』 21편은 한(漢) 무제(武帝)때 공자의 고택(古宅)에서 발견되었는데, 전한말(前漢末)에 이미 그 원형이 없어졌다.

한편 전한말(前漢末) 장우(張禹)가 하후건(夏侯建)에게서 배운 『노논어(魯論語)』와 용생(庸生)·왕길(王吉)에게서 배운 『제논어(齊論語)』 두 가지를 합해서 편찬한 20편이 바로 오늘날 전하는 『논어』의 원형이 되었다. 장우(張禹)가 안창후(安昌侯)에 봉해졌으므로 그가 편찬한 논어를 『장후론(張侯論)』이라고 부른다. 『수서(隋書)·경적지(經籍志)』에 의하면, 『장후론』은 『제논어(齊論語)』의 「문왕(問王)」과 「지도(知道)」두 편을 없애고 『제논어(魯論語)』처럼 20편으로 교정한 것이라고 했다. 그러나 이 『장후론』도 지금 전해오지 않는다. 그 후 후한(後漢) 정현(鄭玄)이 『장후론』을 저본으로 삼고, 『노논어(魯論語)』·『제논어(齊論語)』·『고논어(古論語)』 3종을 절충하여 지은 『논어주(論語註)』 20편이 나와 마침내 『논어』 정본(正本)이 되었다.

지금 온전하게 전해지고 있는 가장 오래된 『논어』 판본은 위(魏)나라 하안(何晏, ?~249)이 편찬한 『논어집해(論語集解)』 10권[古註]이다. 또한 양(梁)나라 황간(皇侃)이 편찬한 『논어의소(論語義疏)』 10권도 널리 유행했는데, 황간의 『논어의소』를 교정한 송(宋)나라 형병(邢昺)의 『논어정의(論語正義)』 20권이 현재 『십삼경주소(十三經注疏)』에 수록되어 있다. 그 후 남송(南宋) 주희(朱熹)가 형병(邢昺)의 『논어정의』를 바탕으로 전인들의 여러 가지 해설을 참고하여 『논어집주(論語集註)』 10권[新註]을 완성하였다.

특히 주희(朱熹)는 일찍이 34세 때 『논어요의(論語要義)』를 지었지만 아쉽게도 지금 전하지 않는다. 그 후 43세에 이르러 이정(二程)과 장재(張載)·범조우(范祖禹)·여희철(呂希哲)·여대림(呂大臨)·사량좌(謝良佐)·유초(游酢)·양시(楊時)·후중량(侯仲良)·윤돈(尹焞)·주부선(周孚先) 등 12면의 학설을 두루 취하여 『논맹정의(論孟精義)』를 지었다. 또한 그 본지(本旨)를 요약하여 『집주(集註)』를 짓고 다시 『혹문(或問)』을 지었으니, 당시 주희의 나이 48세였다. 『집주(集註)』는 고거(考據)와 의리(義理)를 모두 중시했으나 의리(義理)에 치우친 곳이 많았고, 문자훈고(文字訓詁)를 중시한 반면 명물훈고(名物訓詁)는 구애받지 않았다. 그 후 『대학장구(大學章句)』·『중용장구(中庸章句)』·『맹자집주(孟子集註)』와 합간하여 『사서집주(四書集註)』를 완성했다.

이밖에도 고증학이 발달한 청대에 이르러 진전(陳鱣, 1753~1817)의 『논어고훈(論語古訓)』 10권, 반유성(潘維城)의 『논어고주집전(論語古注集箋)』 10권, 유보남(劉寶楠, 1791~1855)의 『논어정의(論語正義)』 24권 등은 훈고학적(訓詁學的) 고증(考證)이 뛰어난 주해서들이다.

2. 『논어』의 석명(釋名)

『논어』의 명칭에 대해 학자마다 조금씩 의견이 다르지만, 그중 대표적인 주장 몇 가지를 소개하면 다음과 같다.

먼저 후한 반고(班固, 32~92)는 그의 『한서(漢書)·예문지(藝文志)』에서 "'논어'는 공자가 그의 제자들 및 당시 사람들과 응답한 것, 제자들이 서로 주고받은 말이거나 공자에게 전해들은 말이다. 당시의 제자들은 각기 기록한 것이 있었는데, 공자 사후에 문인들이 서로 모으고 의논하여 편찬했기 때문에 '논어'라고 불렀다."[16]라고 하였다. 『문선(文選)·변명편(辯命篇)』註에서도 『부자(傅子)』를 인용하여 "옛날에 중니(仲尼)가 죽자, 중궁(仲弓)의 무리들이 부자(夫子)의 말을 추론(追論)했는데 이것을 '논어'라고 한다."[17]라고 했다. 또한 유희(劉熙)는 『석명(釋名)·석전예(釋典藝)』에서 "『논어』는 공자와 제자들이 말한 것을 기록한 말이다. '논(論)'은 '윤(倫)'의 뜻이니, 윤리(倫理)에 관한 내용이 들어있다는 말이다. '어(語)'는 서술의 의미이니, 자신이 하고자 하는 말을 서술한 것이다."[18]라고 했다.

이상에서 우리는 다음의 세 가지 사실을 알 수 있다. 첫째 『논어』에 기록된 것은 주로 공자가 그의 제자 및 당시 사람들과 나눈 대화의 내용들이라는 점이다. 둘째 "논어"의 '논(論)'자에는 '논찬(論纂)'의 뜻이 있고, '논어'의 '어(語)'자에는 '언어(言語)'의 뜻이 있다는 점이다. 즉 '논어'란 '부자(夫子)로부터 전해들은 말'을 '논찬(論纂)한다'는 의미로 해석할 수 있다. 셋째 '논어'라는 명칭은 당시에 이미 존재했

---

16) "論語者, 孔子應答弟子時人及弟子相與言而接聞于夫子之語也. 當時弟子各有所記. 夫子旣卒, 門人相與輯而論纂, 故謂之論語."

17) "昔仲尼旣歿, 仲弓之徒追論夫子之言, 謂之論語."

18) "論語, 記孔子與弟子所語之言也. 論, 倫也, 有倫理也. 語, 敍也, 敍己所欲言也."

던 말로서 후세 사람들이 지어낸 것이 아니라는 사실이다.

한편, 후한 정현(鄭玄)은 『논어서(論語序)』에서 『논어』는 "중궁(仲弓)·자유(子游)·자하(子夏) 등이 찬정(撰定)한 것이다. '논(論)'이란 윤(綸)·윤(輪)·리(理)·차(次)·찬(撰)의 뜻을 모두 가지고 있다. 이 책으로 세무(世務)를 경륜(經綸)할 수 있으므로 '윤(綸)'이라 하고, 둥글게 구르며 다함이 없으므로 '윤(輪)'이라 하며, 온갖 이치를 내포하고 있으므로 '리(理)'라 하고, 편장(篇章)에 질서가 있으므로 '차(次)'라 하며, 군현(群賢)들이 집정(集定)한 것이므로 '찬(撰)'이라 한다."[19]라고 했다.

3. 『논어』의 편자(編者)

『논어』의 편자에 대해서도 학자마다 의견이 분분하다. 이에 대표적인 주장들을 소개하면 다음과 같다.

1) '공문제자(孔門弟子)' 편찬설

전한 유향(劉向)은 『별록(別祿)』에서 『논어』는 "공자의 제자들이 훌륭한 말씀을 기록한 것"이라고 했고, 후한 반고(班固)도 『한서(漢書)·예문지(藝文志)』에서 "『논어』는 공자 문인이 편집한 것이다"라고 했다. 또한 위(魏)나라 하안(何晏)도 『논어집해(論語集解)·서(序)』에서 유향(劉向)의 설을 인용하여 "『노논(魯論)』 20편은 모두 공자의 제자들이 선언(善言)을 기록한 것이다. 魯論二十篇, 皆孔子弟子記諸善言也."라고 했다. 이들은 모두 『논어』를 공자의 제자들이 편찬한 것

19) "仲弓子游子夏等撰定, 謂論者綸也輪也理也次也撰也. 以此書經綸世務故曰綸, 圓轉無窮故曰輪, 蘊含萬理故曰理, 篇章有敍故曰次, 群賢集定故曰撰."

으로 보고 있다.

2) '중궁(仲弓)·자유(子游)·자하(子夏)' 편찬설

후한 정현(鄭玄)은 『논어서(論語序)』에서 『논어』는 "중궁(仲弓)·자유(子游)·자하(子夏) 등이 찬술한 것이다. [仲弓子游子夏等撰定.]"라고 했다. 또한 양(梁)나라의 황간(皇侃, 488~545)은 『논어의소(論語義疏)』에서 "『논어』는 공자가 죽은 후 칠십 제자의 문인들이 공동으로 편찬했다. 論語者, 孔子歿後, 七十弟子之門人共所撰錄也."라고 했다. 황간의 이러한 주장은 상당히 일리가 있으나, 아쉽게도 이에 대해 상세한 이유를 남기지 않았다. 그 후 당대(唐代) 육덕명(陸德明)도 『경전석문(經典釋文)·서록(敍錄)』에서 정현의 주장을 인용하여 '중궁(仲弓)·자유(子游)·자하(子夏)' 편찬설을 인정했다.

중궁(仲弓)·자유(子游)·자하(子夏)는 모두 공문(孔門)의 "사과십철(四科十哲)"에 들어 있고, 특히 자하(子夏)와 자유(子游)는 문학에 뛰어났으므로 '중궁(仲弓)·자유(子游)·자하(子夏)' 편찬설은 어느 정도 근거가 있는 주장이라고 할 수 있다.

3) '유자(有子)와 증자(曾子)의 문인(門人)' 편찬설

당대(唐代) 유종원(柳宗元)은 『논어변(論語辨)』에서 공자와 증자의 나이 차이 및 『논어』에 증자와 유자(有子)만이 존칭으로 불리고 있는 점을 근거로 『논어』의 편찬자는 증자의 문인인 악정자춘(樂正子春)과 자사(子思)의 무리들이라고 주장했다.

그 후 정자(程子)도 『논어서설(論語序說)』에서 "『논어』의 글은 유자(有子)와 증자(曾子)의 문인에 의해 이루어졌다. 그래서 이 책에 유독 이자(二子)만을 '자(子)'라고 칭한 것이다."[20]라고 했는데, 주자도

정자(程子)의 이 설을 계승했다.

4) '민자건(閔子騫)' 편찬설

남송의 홍매(洪邁, 1123~1202)는 『용재수필(容齋隨筆)』에서 공자가 제자들을 부를 때, 오직 민손(閔損)만은 이름을 부르지 않고, 자(字: 子騫)를 부르고 있다는 점을 근거로 『논어』가 민씨(閔氏)에게서 나왔다고 했다.

5) '전국시대(戰國時代)' 편찬설

청말(淸末) 장학성(章學誠, 1738~1801)은 『문사통의(文史通義)·시교상(詩敎上)』에서 『논어』에 증자의 죽음이 기록되어 있는데, 증자는 전국시대 초기에 죽었으므로 『논어』는 전국시대에 이루어진 것이 분명하다고 말했다.

6) '前 10편'과 '後 10편'의 저자설

청대 최술(崔述, 1740~1816)은 『논어여설(論語餘說)』에서 『논어』 20편 중 '전 10편'만이 유자(有子)와 증자(曾子)의 문인들이 기록한 것이고, '후 10편'은 후인들이 속기(續記)한 것이라고 주장했다.

이상으로 『논어』의 편자는 학자마다 약간의 의견 차가 있기는 하나, 대체적으로 『논어』가 한 시기 한 사람에 의해서 이루어지지 않았다는 사실만은 대부분 공감하고 있다.

---

20) "論語之書, 成於有子曾子之門人. 故其書獨二子以子稱."

4. 『논어』의 주석서(註釋書)

1) 중국의 대표적인 주석서

『논어』는 전한 이후 역대 유가(儒家)들의 주석서가 끊이지 않았으나, 가장 유명한 주석서는 다음과 같다.

- 『논어정씨주(論語鄭氏註)』 10권 : 후한 정현(鄭玄)의 주본(註本). 당말(唐末)에 소실되었으나, 돈황(敦煌) 고사본(古寫本)과 토로번(吐魯蕃) 당사본(唐寫本)에 의해 현재 7편 정도가 확인되었다. 청대 송상봉(宋翔鳳, 1776~1860)의 『집일서(輯佚書)』가 있다.
- 『논어집해(論語集解)』(古註) : 위(魏) 하안(何晏)이 편찬한 것으로, 현존하는 가장 오래된 주석본이다.
- 『논어의소(論語義疏)』 10권 : 양(梁)나라 황간(皇侃, 488~545)이 하안(何晏)의 『논어집해』를 저본으로 한말(漢末)에서 양대(梁代)에 이르기까지 여러 학자들의 『논어』해설을 망라한 것이다. 『논어의소』는 북송시기까지 세상에 널리 전해지다가 그 후로 한동안 중국에서 자취를 감추었는데, 청 건륭(乾隆) 15년(1750)에 일인(日人) 근본손지(根本遜志)의 『족리학교장본(足利學校藏本)』이 다시 중국에 전해져서 『사고전서(四庫全書)』에 편입되었다.
- 『논어주소(論語註疏)』 20권 : 송대 형병(邢昺, 932~1010) 등이 하안(何晏)의 『논어집해』를 재해석한 것으로 『십삼경주소(十三經注疏)』에 편입되었다.
- 『논어집주(論語集註)』(新註) : 남송 주희(朱熹, 1130~1200)가 형병(邢昺)의 『논어주소(論語註疏)』를 바탕으로 여러 학자들의 『논어』해설을 참고하여 편찬한 가장 대표적인 주석서이다. 『논어집주』가 나온 후로 유학의 중심이 『오경(五經)』에서 『사서(四

書)』로 옮겨갔고, 『사서(四書)』중에서도 『논어』가 가장 중요시되었다. 주자(朱子)도 『논어』에 대해 '의리(義理)'를 중시했을 뿐만 아니라, '훈고(訓詁)'에도 심혈을 기울였기 때문에 참고할 만한 가치가 크다.

- 『논어정의(論語正義)』: 청대 유보남(劉寶楠, 1791~1855)이 지은 것으로 훈고(訓詁) 고증이 가장 상세하다.

2) 한국의 대표적인 주석서

- 『칠서언해구두(七書諺解句讀)』: 유숭조(柳崇祖, 1452~1512)가 지은 최초의 경서언해본으로 현존하지 않음.
- 『삼경사서석의(三經四書釋義)』: 이황(李滉, 1501~1570) 편찬. 선조(宣祖) 3년(1570) 간행.
- 『논어언해(論語諺解)』: 선조의 명으로 편찬. 광해군(光海君) 4년(1612) 간행. 4권 4책.
- 『논어언해(論語諺解)』: 선조의 명으로 편찬. 인조(仁祖) 9년(1631) 간행. 4권 4책.
- 『논어율곡언해(論語栗谷諺解)』: 이이(李珥) 편찬. 인조 25년(1647) 간행. 4권 4책
- 『논어정음(論語正音)』: 작자 미상. 영조(英祖) 11년(1735) 간행. 4권.
- 『사서질의(四書質疑)』: 이황(李滉)의 제자인 이덕홍(李德弘) 편찬.
- 『논어고금주(論語古今註)』: 정약용(丁若鏞, 1762~1836) 저술. 한당대(漢唐代)의 훈고(訓詁)와 송명대(宋明代)의 의리(義理)에 얽매이지 않고, 문헌 비판적·해석학적 방법론에 따라 『논어』를 해석함.

5. 『논어』 선독(選讀)

1) 학이편(學而篇)

子曰 學而時習之면 不亦說乎아 有朋自遠方來면 不亦樂乎아 人不知而不慍이면 不亦君子乎아

공자 가라사대 "배우고 때로 익히면 또한 기쁘지 아니한가? 친구가 먼 곳으로부터 찾아오면 또한 즐겁지 아니한가? 사람들이 알아주지 않아도 성내지 아니하면, 또한 군자(君子)가 아닌가?"

주해

- 자(子, zǐ) : '자(子)'는 남자에 대한 존칭이다.
- 不亦~乎 : '또한 ~하지 아니한가'
- 열(說, yuè) : 기쁘다. '열(悅)'과 통함. 說(기쁠 열)
- 인부지(人不知) : 남이 자신을 알아주지 않다. 『논어(論語)·위령공(衛靈公)』에 "군자는 자신의 무능함을 병으로 삼되, 남이 자신을 알아주지 않는 것을 병으로 삼지 않는다. 君子病無能焉, 不病人之不己知也."라고 했고 「헌문(憲問)」에 "남이 자신을 알아주지 않는 것을 근심하지 말고, 자신의 무능함을 근심하라. 不患人之不己知, 患其無能也."라고 하였다.
- 온(慍, yùn) : 화내다, 원망하다. 慍(성낼 온)
- 군자(君子, jūn zǐ) : 여기서는 덕(德)이 있는 사람을 말한다.

子曰 君子는 食無求飽하며 居無求安하며 敏於事而愼於言이요 就有道而正焉이면 可謂好學也已니라

공자 가라사대 "군자(君子)는 먹는데 배부름을 구하지 아니하며, 거처하는데 편안함을 구하지 아니하며, 일에 민첩하고 말에 삼갈 것이요, 도(道)가 있는 사람에게 나아가 질정(質正)하면 배우기를 좋아한다고 말할 수 있다."

주해

- 취유도이정(就有道而正) : 도(道)가 있는 사람에게 나아가 시비(是非)를 바로 잡다.
- 飽(배부를 포) 敏(재빠를 민) 愼(삼갈 신)

2) 위정편(爲政篇)

子曰 吾十有五而志于學하고 三十而立하고 十而不惑하고 五十而知天命[21)]하고 六十而耳順하고 七十而從心所欲하되 不踰矩라

21) 유보남(劉寶楠)의 『논어정의(論語正義)』에 다음과 같이 풀이했다. "知天命者, 知己爲天所命, 非虛生也. 蓋夫子當衰周之時, 賢聖不作久矣. 及年至五十, 得《易》學之, 知其有得, 而自謙言無大過. 則天之所以生己, 所以命己, 與己之不負乎天. 故以知天命自任. 命者, 立之於己, 而受之於天, 聖人所不敢辭也."

공자께서 가라사대 "내가 열하고 또 다섯 살에 학문에 뜻을 두었고, 서른 살에 스스로 섰고, 마흔 살에 의혹되지 아니했고, 쉰 살에 천명(天命)을 알았고, 예순 살에 귀가 순(順)해졌으며, 일흔 살에 마음으로 하고자 하는 바를 따라도 법도를 넘지 않았다."

주해

- 유(有) : 또. '우(又)'와 같음. 有(또 유)
- 지우학(志于學) : 학문(배움)에 뜻을 두다. '지(志)'는 동사이다.
- 입(立) : 마음을 굳게 지키며 사물에 동요되지 않는다는 뜻이다.
- 지(知) : 지혜. '지(智)'와 같음.
- 지천명(知天命) : 천명(天命)을 알다. '불혹(不惑)'과 '지천명(知天命)'에 대해서 주자(朱子)는 다음과 같이 비교 설명했다. "불혹(不惑)은 사물에 따라서 이 도리가 이와 같이 부합됨을 아는 것이고, 지천명(知天命)은 이 도리가 그렇게 되는 이유를 아는 것이다. 不惑是隨事物上, 見這道理合是如此. 知天命便是知這道理所以然."(大全註疏) 這(이 저)
- 이순(耳順, ěr shùn) : 생각하지 않아도 사물의 경계(境界)에 통하지 않음이 없는 상태를 말한다.
- 유구(踰矩) : 법도를 넘다. 踰(넘을 유) 矩(법 구)

3) 옹야편(雍也篇)

子曰 賢哉라 回也 一簞食와 一瓢飮으로 在陋巷을 人不堪其憂어늘 回也 不改其樂하나니 賢在라 回也여

공자께서 가라사대 "어질도다. 안회(顔回)여! 한 대바구니의 밥과 한 표주박의 물을 마시며 누항(陋巷)에서 살게 되면, 사람들은 그 근심(고통)을 견디지 못하는데, 안회는 그 즐거움을 바꾸지 않는구나. 어질도다. 안회여!"

주해

- 단사표음(簞食瓢飮) : 대바구니의 밥과 표주박의 물. 곧 선비의 청빈한 생활을 말한다. 簞(대바구니 단) 食(밥 사) 瓢(표주박 표)
- 회(回, huí) : 공자의 제자 안회(顔回)를 말함. 자는 '자연(子淵)'이다.
- 堪(견딜 감) 憂(근심 우)

4) 안연편(顔淵篇)

顔淵이 問仁한대
子曰 克己復禮爲仁이니 一日克己復禮면 天下歸仁焉하나니 爲仁이 由己니 而由人乎哉아

안연(顔淵)이 인(仁)에 대해 물었다.

공자께서 말씀하셨다. "자기 사욕을 이겨내고 본연의 예(禮)로 돌아가는 것이 인(仁)이다. 하루라도 자기 사욕을 이겨내고 본연의 예(禮)로 돌아가면, 천하가 그의 인(仁)을 인정할 것이다. 인(仁)을 행하는 것은 자기에게서 나오니, 어찌 남이 간여(干與)할 수 있는 것이겠는가?"

주해

- 극기복례(克己復禮) : 자신의 사욕(私欲)을 이기고 선왕(先王)의 예(禮)로 돌아가다. '기(己)'는 사욕(私欲)이 몸에 낀 것, '극(克)'은 싸워서 이겨내는 것, '예(禮)'는 따를 수 있는 규범, '복(復)'은 본래 처음의 몸으로 돌아가는 것이다.
- 천하귀인(天下歸仁) : 천하 사람들이 모두 그 인(仁)을 칭찬하다.

제4절 맹자(孟子)

1. 맹자의 생애

맹자의 이름은 가(軻)이며, 추(鄒)[22]나라 사람이다. 맹자의 생몰년(生沒年)[23]·자(字)·사승관계(師承關係)·선조(先祖) 등에 관한 기록은 확실치 않다.

맹자(孟子)의 생년(生年)에 대해 양택파(楊澤波)는 그의 『맹자평전(孟子評傳)』에서 모두 아홉 가지로 분류하고 있고, 몰년(沒年)에 대해서는 『맹씨보(孟氏譜)』의 기록에 근거하여 맹자의 나이 82세에 해당하는 BC.289년으로 추정할 수 있다. 특히 맹자 자신이 "공자(BC.552~BC.479)로부터 지금에 이르기까지 백여 년이 되었다"(『맹자(孟子)·진심하(盡心下)』)라고 말한 내용이 중요한 근거가 된다.

맹자의 자(字)는 사마천(司馬遷)과 동한(東漢)의 조기(趙岐) 당시에 이미 자세히 상고할 수 없다고 하였다. 조기는 그의 『맹자제사(孟子題辭)』에서 "맹(孟)은 성이다. 자(子)는 남자를 통칭하는 말이다. 孟, 姓也. 子者, 男子之通稱也."라고 했으며, 또한 "이름은 가(軻)이고, 자(字)는 전하지 않는다. 名軻, 字則未聞也."라고 하였다. 그러다가 위

22) 지금의 산동성(山東省) 추현(鄒縣)을 말한다.

23) 맹자(孟子)의 생년(生年)은 양택파(楊澤波)의 『맹자평전(孟子評傳)』에 모두 아홉 가지로 분류된다. 곧 원(元)나라 장수(張𩑺)의 BC.444년설, 나근택(羅根澤, 1900~1960)의 BC.438년설, 명(明)나라 진사원(陳士元, 1516~1597)의 BC.401년설, 명말(明末) 황종희(黃宗羲, 1610~1695)의 BC.397년설, 전목(錢穆, 1895~1990)의 BC.390년설, 청(淸)나라 위원(魏源, 1794~1857)의 BC.385년설, 청(淸)나라 송상봉(宋翔鳳, 1779~1860)의 BC.382년설, 청(淸)나라 장용(臧庸, 1767~1811)의 BC.376년설 및 대다수 학자들이 인정하는 BC.372년설 등이 있다.

진시기(魏晉時期) 이후에야 맹자의 字에 대한 언급이 시작되었다. 먼저 왕숙(王肅, 195~256)은 그의 『성징론(聖徵論)』과 『공총자(孔叢子)』에서 맹자의 字를 '자거(子車)'라고 말하였다. 또한 진(晉)나라 부현(傅玄, 217~278)의 『부자(傅子)』에 맹자의 字를 '자여(子輿)'라고 말함으로써, 맹자의 字에 대해서 모두 '자거(子車)·'"자여(字輿)'·'자거(子居)'라는 주장들이 생겨났다.

대체적으로 맹자는 40세 이전까지 제자의 교육에 전념하였고, 40세 이후에는 자신의 이상을 추구하기 위해 제(齊)·송(宋)·등(滕)·위(魏)·노(魯)·설(薛)나라 등을 찾아 유세(遊說)를 하였으며, 70세 이후에는 고향으로 돌아와 제자들과 저술에 힘썼다. 맹자의 유세 행렬에는 수십 승(乘)의 수레가 뒤를 이었으며, 뒤따르는 제자도 수백 명이 되었다. 그러나 맹자의 주요 제자는 겨우 14명에 불과했고, 그 중에서도 노(魯)나라 출신인 악정자(樂正子), 제(齊)나라 출신인 공손추(公孫丑)와 만장(萬章) 등이 맹자의 고제(高弟)들이다.

맹사는 약 25년간 천하를 두루 돌아다녔는데, 그 중 가장 오래 머물렀던 나라는 제(齊)나라와 양(梁)나라였다. 당시 제나라의 도읍인 직하(稷下)에는 천하의 많은 선비들이 모여 들어, 세상에서는 이들을 '직하선생(稷下先生)'이라고 불렀다. 맹자는 제나라 위왕(威王)을 만나 요순(堯舜)의 道를 설명하였고, 위왕도 맹자를 경(卿)으로 우대하였다. 하지만 위왕이 정사(政事)를 소홀히 하자, 맹자는 제나라를 떠나 추(鄒)나라로 돌아오고 말았다. 그 후 다시 제나라에 가서 선왕(宣王)을 만나 왕도정치(王道政治)를 설파했으며, 선왕(宣王)도 맹자를 빈사(賓師)로 대우했으나 벼슬을 내리지 않자 다시 추나라로 돌아왔다.

그 후 맹자는 노(魯)나라의 평공(平公)을 만나려고 했으나 간신들이 모함으로 뜻을 이루지 못했으며, 다시 송(宋)나라를 찾아갔으나 역시 뜻을 이루지 못했다. 맹자가 방문한 여러 나라 중에서 가장 좋은 대우를 받았던 곳은 소국인 등(滕)나라였다. 등나라 문공(文公)은 맹자를 상궁(相宮)에 머물도록 하면서 자신도 맹자의 가르침을 받아 인정(仁政)에 힘쓰고자 했다. 그러나 등나라는 소국이었기 때문에 맹자의 사상을 실현하기에는 한계가 있었다. 결국 맹자는 만년에 고향으로 돌아와 제자인 만장(萬章)·공손추(公孫丑)와 더불어 『시경(詩經)』·『서경(書經)』·『맹자(孟子)』 7편을 저술하고 84세를 일기로 세상을 떠났다.

2. 『맹자』의 저자

『맹자』의 저자에 대해서는 지금까지 정론이 없으나 대략 다음 세 가지 주장으로 나눌 수 있다.

첫째, 맹자 자신이 직접 저술하였다는 주장이다. 이는 최초의 『맹자』 주해서를 쓴 조기(趙岐, 108?~201)의 『맹자제사(孟子題辭)』의 내용에 근거한 것이다. 조기는 "이 책은 맹자가 지은 것이다. 그러므로 총괄해서 『맹자』라고 이른다. 此書, 孟子之所作也. 故總謂之孟子."라고 했다.[24] 이러한 주장은 송대 주희(朱熹, 1130~1200)와 청대 염약거(閻若璩, 1636~1704)에 의해 계승 발전되었다.

둘째, 맹자 자신이 지은 것이 아니라 맹자 사후 그의 제자인 만

24) 조기(趙岐)는 또한 다음과 같이 주장하고 있다. "이에 물러나서 고제(高弟)인 공손추(公孫丑)·만장(萬章)의 무리들의 의문난 점에 대해 문답했던 내용들을 논하여 모은 다음, 또한 스스로 법도에 맞는 내용들을 찬술하여 『맹자』 7편을 지었다. 於是, 退而論集所與高第弟子公孫丑萬章之徒難疑答問, 又自撰其法度之言, 著書七篇."

장(萬章)과 공손추(公孫丑) 무리들이 편찬하였다는 주장이다. 이는 당(唐)나라 한유(韓愈, 768~824)와 장적(張籍, 765?~830?)[25], 송(宋)나라 소철(蘇轍, 1039~1112)과 조공무(晁公武)의 『군재독서지(郡齋讀書志)』, 청(淸)나라 최술(崔述, 1740~1816)의 『맹자사실록(孟子事實錄)』등의 기록에 근거한다.

셋째, 맹자가 제자들의 도움을 받아 함께 저술하였으며, 제자들의 글도 일부 포함되어 있다고 하는 주장이다. 이는 사마천의 『사기(史記)·맹자순경열전(孟子荀卿列傳)』의 기록에 근거한 것으로, 사마천은 "물러나 만장의 무리들과 함께 『시경(詩經)』·『서경(書經)』을 정리하고, 공자의 뜻을 계승하여 『맹자』 7편을 지었다."[26]라고 주장하였다. 하지만 엄밀히 말해서 사마천의 이러한 주장은 두 가지로 해석이 가능하다. 먼저 맹자가 자신의 제자들과 함께 『맹자』를 완성했다고 해석할 수 있는 반면에, 맹자가 자신의 제자들과 함께 『시경』과 『서경』을 정리하면서 스스로 『맹자』를 지었다는 해석도 가능한 것이다. 앞서 조기(趙岐)의 주장은 사실상 후자의 해석에 중점을 두었다고 할 수 있다.

결론적으로 위의 세 가지 견해 중에서 세 번째 주장이 가장 설득력이 있다고 할 수 있다. 맹자가 만년에 제자들과 함께 『시경』·『서경』을 연구하면서 학설을 토론했으므로 당연히 이에 대한 기록이 있을 수 있고, 여기에 제자들이 보충과 정리 작업을 했을 가능성이 있다.

---

25) 한유(韓愈)는 「답장적서(答張籍書)」에서 다음과 같이 말했다. "맹가(孟軻)의 책은 맹가 자신이 지은 것이 아니다. 맹가가 이미 죽은 후에 그의 제자인 만장(萬章)과 공손추(公孫丑)가 맹가가 했던 말들을 서로 함께 기록했을 뿐이다. 孟軻之書, 非軻自著. 軻旣歿, 其徒萬章公孫丑相與記軻所言焉耳."

26) "退而與萬章之徒序詩書, 述仲尼之意, 作孟子七篇."

3. 『맹자』의 구성

『맹자』의 편수에 대해서는 '칠편(七篇)'설과 '십일편(十一篇)'설이 있다. 사마천의 『사기(史記)·맹자순경열전(孟子荀卿列傳)』에서는 '7편'이라 했고, 반고(班固, 32~92)의 『한서(漢書)·예문지(藝文志)』에서는 11편이라고 했는데, 모두 편명이 기록되어 있지 않다. 또한 응소(應邵, 153?~196)의 『풍속통의(風俗通義)·궁통(窮通)』편에서도 맹자가 "『중외(中外)』 11편의 책을 지었다"라고 하였다. 그러나 조기(趙岐)는 『맹자제사(孟子題辭)』에서 『史記』에 실리지 않은 4편을 「외서(外書)」라고 주장하였다.[27)]

사실 『맹자』의 모든 편명은 『논어』와 마찬가지로 매 편 앞머리 두 세 글자 중에서 취한 것으로 본문의 내용과는 직접적인 관계가 없다. 하지만 이 4편의 편명은 모두 함축적인 의미를 지니고 있기 때문에, 다른 7편과는 그 성격이 크게 다르다고 할 수 있다. 이들 4편의 편명은 모두 맹자사상이 깊이 반영된 것으로, 특히 「성선(性善)」과 「위정(爲政)」은 맹자사상의 핵심이다. 이런 의미에서 『맹자』는 본래 7편이었는데, 나중에 후인이 지은 4편이 더해져서 11편이 된 것으로 보인다.

한편 조기는 『맹자』 7편이 모두 261장(章) 34,685자(字)로 구성되어 있다고 했으며, 청대 초순(焦循, 1763~1820)의 『맹자정의(孟子正

---

27) 조기(趙岐)는 다음과 같이 말했다. "또한 외서(外書) 4편이 있는데, 바로 「성선변(性善辯)」·「문설(文說)」·「효경(孝經)」·「위정(爲政)」편이다. 하지만 그 글이 박대정심(博大精深)하지 않고 내편(內篇)과 유사하지 않기 때문에, 『맹자』의 본의(本意)가 아닌 듯하며, 후세 사람들이 모방하고 의탁해서 지은 것 같다. 又有外書四篇, 性善辯文說孝經爲政. 其文不能宏深, 不與內篇相似, 似非孟子本眞, 後世依放而托之者也."

義)』에서도 조기의 이런 주장을 따르고 있다. 하지만 주희의 『맹자집주(孟子集註)』에서는 260장으로 삼고 있으며, 다른 판본들도 대부분 이를 따르고 있다. 그 이유는 조기가 「진심상(盡心上)」장의 "孟子自范之齊"와 "王子宮室"을 두 장으로 나누었으나, 주희는 내용상 서로 차이가 없다고 보고 이것을 한 장으로 삼았기 때문이다.

4. 『맹자』의 사상

1) 맹자의 천인관(天人觀)

'천인관(天人觀)'은 선진제자(先秦諸子)들의 공통된 화제 중의 하나였다. 맹자의 천인관은 기본적으로 공자의 "아래로 인사(人事)를 배우고 위로 천명(天命)을 안다. 下學而上達"[28)]라는 사상을 계승한 것이다.

맹자는 "그 마음을 다하는 자는 그 본성을 알게 되며, 그 본성을 알면 천명을 알게 된다. 그 마음을 보존하여 그 본성을 기르는 것이 하늘을 섬기는 것이다."[29)]라고 하였다. 이를 도덕(道德)과 의리(義理)의 측면에서 보면 맹자의 '천(天)'은 일종의 인간을 초월한 외적인 존재이며, 만물을 주재하는 무형의 힘이다. 또한 맹자는 "덕이 있는 군자가 공업(功業)을 세워 자손에게 전하는 것은 이를 대대로 계승하기 위한 것이지만, 그 성공 여부는 천명에 달려 있다."[30)]라고 했고, "천

---

28) 『논어(論語)·헌문(憲問)』에 나온다. "子曰: '莫我知也夫!' 子貢曰: '何爲其莫知子也?' 子曰: '不怨天,不尤人. 下學而上達. 知我者其天乎!'"

29) 『맹자(孟子)·진심상(盡心上)』에 나온다. "盡其心者, 知其性也. 知其性, 則知天矣. 存其心, 養其性, 所以事天也."

30) 『맹자(孟子)·양혜왕하(梁惠王下)』에 나온다. "君子創業垂統, 爲可繼也. 若夫成功, 則天也."

도(天道)에 순종하면 살고 천도(天道)에 거스르면 망한다."[31]라고 하였다.

맹자는 한편으로 하늘의 역량에 대해 무한한 경외심(敬畏心)을 가지면서고 동시에 천인관(天人觀)에서 사람의 역할을 더욱 중시하였다. 이 점은 맹자의 "인의예지(仁義禮智)는 외부로부터 나에게 녹아들어오는 것이 아니라, 내가 본디 지니고 있는 것이다."[32]라고 주장에서 잘 알 수 있다. 또한 맹자는 '마음을 다하고[盡心]' '본성을 알아야 한다[知性]'는 점을 강조하였고, 사단(四端)을 확충해 나가면 사람의 본성을 이해할 수 있다고 하였다.

2) 맹자의 성선론(性善論)

성선론(性善論)은 맹자철학의 핵심사상이다. 인성(人性) 문제에 대해 활발한 논의가 일어났던 춘추전국시대에 맹자는 공자의 "사람의 본성은 서로 비슷하나, 습성에 의해 서로 멀어지게 된다."[33]는 주장을 계승하여 고자(告子)와 인성문제(人性問題)를 두고 일대 논쟁을 벌였다.

고자(告子)는 인성이란 선(善)도 없고 불선(不善)도 없으며, 인의(仁義)와도 아무런 관계가 없다고 여겼다. 또한 그는 인성을 사람이나 동물의 본능 혹은 욕망으로 간주하여, "타고난 것을 본성이라 한다. 生之謂性"와 "음식과 여색(女色)은 본성이다. 食色, 性也"라는 명제를 제기했다.

이에 대해 맹자는 정면으로 고자(告子)의 주장에 반박하면서 사람

31) 『맹자(孟子)·이루상(離婁上)』에 나온다. "順天者存, 逆天者亡."

32) 『맹자(孟子)·고자상(告子上)』에 나온다. "仁義禮智, 非由外鑠我也, 我固有之也."

33) 『논어(論語)·양화(陽貨)』에 나온다. "性相近也, 習相遠也."

과 동물 사이에는 본질적인 차이가 존재한다고 여겼다. 곧 사람에게는 구복(口腹)과 의식(衣食)의 욕망이 있을 뿐만 아니라, 선량(善良)한 본성이 있다는 사실이 더욱 중요하다는 점을 강조하였다. 맹자는 다음과 같이 말하였다.

> 사람에게는 모두 남을 차마하지 못하는 마음이 있다. 선왕(先王)에게 남을 차마하지 못하는 마음이 있었기 때문에 이에 남을 차마하지 못하는 정사(政事)가 있었던 것이다. 남을 차마하지 못하는 마음으로 남을 차마하지 못하는 정사(政事)를 행하면 천하를 다스리는 일이 마치 손바닥 위에 올려놓은 것처럼 쉬울 것이다.
>
> 사람들 모두에게 남을 차마하지 못하는 마음이 있다고 말하는 이유는, 예를 들어 어떤 사람이 갑자기 어린아이가 막 우물에 빠지려고 하는 모습을 보면 모두 놀라고 측은(惻隱)하게 여기는 마음이 생기게 된다. 이런 마음이 일어나는 이유는 어린아이의 부모와 사귀기 위한 것이 아니며, 향당(鄕黨)의 붕우(朋友)들에게 명예를 구하려는 것도 아니며, 그 어린아이의 우는 소리가 싫어서 그런 것도 아니다.
>
> 이것으로 말미암아 살피건대, 측은지심(惻隱之心)이 없으면 사람이 아니며, 수오지심(羞惡之心)이 없으면 사람이 아니며, 사양지심(辭讓之心)이 없으면 사람이 아니며, 시비지심(是非之心)이 없으면 사람이 아니다. 측은지심은 인(仁)의 실마리요, 수오지심은 의(義)의 실마리요, 사양지심은 예(禮)의 실마리요, 시비지심은 지(智)의 실마리이다. 사람에게 이 사단(四端)이 있는 것은 사람에게 사지(四肢)가 있는 것과 같은 이치이다.[34]

이처럼 맹자는 사람마다 모두 천성적으로 '남을 차마하지 못하는 마음[不忍人之心]'이 있으며, 나아가 이러한 '不忍人之心'은 구체적으로 사단(四端), 곧 '측은지심(惻隱之心)'과 '수오지심(羞惡之心)'과 '사양지심(辭讓之心)'과 '시비지심(是非之心)'을 포괄하고 있다고 여겼다.

만일 사람에게 이러한 사단(四端)이 없다면, 이는 금수(禽獸)와 다름이 없는 것이다. 또한 이 사단(四端)은 사람이 선천적으로 타고난 것이어서 사람에게 사단(四端)이 있는 것은 마치 사지(四肢)를 갖추고 태어난 것처럼 자연스러운 것이다. 그러므로 맹자는 사람의 성선(性善)은 타고난 것이지 후천적으로 형성된 것이 아니라고 하였다.

3) 맹자의 인정설(仁政說)

맹자는 모든 사람들에게 '不忍人之心'이 있으며, 선왕(先王)에게 '不忍人之心'이 있기 때문에 '不忍人之政'이 있다고 하였다. 또한 이러한 '不忍人之心'으로 '不忍人之政'을 행하면 천하를 마치 손바닥 위에 올려놓은 것처럼 쉽게 다스릴 수 있다고 주장하였다. 여기에서 말하는 '不忍人之心'은 곧 '선심(善心)'이며, '不忍人之政'은 바로 '인정(仁政)'을 말한다.

---

34) 『맹자(孟子)·공손추상(公孫丑上)』에 나온다. "人皆有不忍人之心. 先王有不忍人之心, 斯有不忍人之政矣. 以不忍人之心, 行不忍人之政, 治天下, 可運之掌上. 所以謂人皆有不忍人之心者, 今人乍見孺子將入於井, 皆有怵惕惻隱之心, 非所以內交於孺子之父母也, 非所以要譽於鄉黨朋友也, 非惡其聲而然也. 由是觀之, 無惻隱之心, 非人也; 無羞惡之心, 非人也; 無辭讓之心, 非人也; 無是非之心, 非人也. 惻隱之心, 仁之端也; 羞惡之心, 義之端也; 辭讓之心, 禮之端也; 是非之心, 智之端也. 人之有是四端也, 猶其有四體也."

맹자의 인정(仁政)은 공자의 인학(仁學)을 발전시킨 것으로, 맹자 정치사상의 핵심이다. 맹자는 특히 백성의 존재를 중시하며 말하기를 "제후에게 보배 세 가지가 있으니, 토지와 백성과 정사(政事)이다. 만일 제후가 진주(珍珠)와 미옥(美玉)만을 보배로 여긴다면, 재앙이 반드시 그 몸에 미칠 것이다."[35]라고 하였다. 곧 '백성'은 제후국의 세 가지 보배 중의 하나로서 만일 제후가 백성을 중시하지 않는다면 반드시 재앙이 그 몸에 미칠 것이라고 경고하였다.

이처럼 민본사상(民本思想)을 중시한 맹자는 한걸음 더 나아가 '민귀군경(民貴君輕)'이라는 혁신적 주장을 하게 된다. 맹자는 "백성이 귀하고, 사직(社稷)이 다음이며, 인군(人君)은 가볍다."[36]라고 주장함으로써 백성을 가장 우선하고 인군(人君)을 사직(社稷)보다 가벼운 마지막 자리에 두었다.

맹자는 특히 최고 통치자인 인군(人君)이 백성들의 생각을 대변하고 백성들의 이익을 보장해야 한다고 강조했다. 인군이 민심을 얻기 위해서는 무엇보다도 "백성들이 원하는 것을 백성들에게 모아주며, 백성들이 싫어하는 것은 백성들에게 베풀지 말아야 한다."[37]라는 태도를 견지함과 동시에 "백성들의 즐거움을 나의 즐거움으로 삼고, 백성들의 근심을 나의 근심으로 삼는다. 樂民之樂, 憂民之憂"는 정치를 우선해야 한다고 주장했다. 심지어 만일 인군(人君)에게 돌이킬 수 없는 커다란 허물이 있다면, 그런 인군(人君)은 감히 축출하고 덕이 있는 새로운 인군(人君)을 세울 수도 있으며, 잔학(殘虐)

---

35) 『맹자(孟子)·진심하(盡心下)』에 나온다. "諸侯之寶三, 土地人民政事. 寶珠玉者, 殃必及身."

36) 『맹자(孟子)·진심하(盡心下)』에 나온다. "民爲貴, 社稷次之, 君爲輕"

37) 『맹자(孟子)·이루상(離婁上)』에 나온다. "所欲與之聚之, 所惡勿施爾也."

한 인군(人君)은 더 이상 인군(人君)이라고 부를 필요도 없다고 주장하였다.

예를 들어 당시 제(齊)나라 선왕(宣王)이 탕왕(湯王)과 무왕(武王)의 혁명을 두고 "신하가 인군(人君)을 시해(弑害)할 수도 있습니까?"라고 묻자, 맹자는 지체 없이 "인(仁)을 해치는 자를 '적(賊)'이라 하고, 의(義)를 무너뜨린 자를 '잔(殘)'이라 하며, 인(仁)을 해치고 의(義)를 무너뜨린 자를 '일부(一夫)'라고 합니다. 일부(一夫)인 주(紂)를 주벌(誅罰)했다는 말은 들었어도, 인군(人君)을 시해(弑害)했다는 말은 듣지 못했습니다."[38]라고 답하였다. 이처럼 무도한 상(商)나라 주왕(紂王)을 감히 '일부(一夫)'라고 칭한 맹자의 주장은 당시로서는 군권(君權)에 대해 대담한 도전이라고 할 수 있다.

나라를 다스리는 데 있어서 맹자는 선왕(先王)을 법으로 삼아 왕도정치(王道政治)를 내세우고 패도정치(覇道政治)를 반대하였다. 그는 "나의 노인을 노인으로 여겨 남의 노인에게 미치며, 나의 어린아이를 어린아이로 여겨 남의 어린아이에게 미치면, 천하를 손바닥에 놓고 움직일 수 있다. 老吾老, 以及人之老, 幼吾幼以及人之幼, 天下可運於掌."라고 하는 '대일통(大一統)' 사회를 이상향으로 삼았다.

동시에 왕도정치를 실현하기 위해서는 "백성을 보전하여 왕노릇을 하면 천하에 막을 자가 없다. 保民而王, 莫之能禦也"는 점과 "인정(仁政)을 행하여 왕노릇을 하면 천하에 막을 자가 없다."[39]는 점을 내세워 '보민(保民)'과 '인정(仁政)'을 강조했다.

---

38) 『맹자(孟子)·양혜왕하(梁惠王下)』에 나오는 말이다. "賊仁者謂之賊, 賊義者謂之殘, 殘賊之人謂之一夫. 聞誅一夫紂矣, 未聞弑君也."

39) 『맹자(孟子)·공손추상(公孫丑上)』에 나온다. "行仁政而王, 莫之能禦也"

그리고 이러한 이상사회를 실현하기 위한 구체적인 방법으로 맹자는 "백성들의 재산을 제정[制民之産]"하는 경제정책을 펴야 하고, 정전제(井田制)를 시행하여 백성들에게 일정한 토지와 재산을 나눠 줌으로써 그들의 온포(溫飽)문제를 해결해야 한다고 역설하였다. 또한 백성들의 부세(賦稅)와 상인들의 관세(關稅)를 경감하여 농업생산과 상업발전을 촉진해야 한다고도 주장하였다.

5. 『맹자』 선독(選讀)

1) 항산(恒産)

(孟子)曰 無恒産而有恒心者는 惟士ㅣ爲能이어니와 若民則無恒産이면 因無恒心이니 苟無恒心이면 放辟邪侈를 無不爲已니 及陷於罪然後에 從而刑之면 是는 罔民也니 焉有仁人이 在位하여 罔民을 而可爲也리오

(맹자) 가라사대 "항산(恒産)이 없어도 항심(恒心)이 있는 경우는 오직 선비만이 능히 할 수 있고, 백성과 같은 경우는 항산(恒山)이 없으면 항심(恒心)도 없게 됩니다. 진실로 항심이 없게 되면 방벽(放辟)하고 사치(邪侈)한 행위를 하지 않음이 없을 것입니다. 죄에 빠지기를 기다린 후에 그에 따라 형벌을 내린다면 이는 백성을 법망으로 그물질하는 것입니다. 그러니 어찌 어진 사람이 재위(在位)에 있으면서 백성을 그물질하는 일이 있겠습니까?"

주해

- 항산(恒産, héng chǎn) : 토지(土地)·전원(田園)·방옥(房屋) 등의 재산을 말한다.
  초순(焦循)의 『맹자정의(孟子正義)』에 "恆產者, 田里樹畜, 民則恃以長養其生者也."라고 풀이했다. 恃(믿을 시)
- 항심(恒心, héng xīn) : 항상 보존하고 있는 선심(善心).
- 방벽사치(放辟邪侈) : 방종하고 치우치며 간사하고 음탕한 짓을 일삼다. '방벽사치(放僻邪侈)'라고도 한다. 辟(치우칠 벽) 侈(사치할 치) 僻(치우칠 벽)
  조기(趙岐)의 주(註)에 "放溢辟邪, 侈於姦利."라고 했다. 溢(넘칠 일)
- 焉(어찌 언) 罔(그물 망)

2) 사단(四端)

惻隱之心은 仁之端也이요 羞惡之心은 義之端也이요 辭讓之心은 禮之端也이요 是非之心은 智之端也니라 人之有是四端也ㅣ猶其有四體也니 有是四端而自謂不能者는 自賊者也오 謂其君不能者는 賊其君者也니라

측은(惻隱)해하는 마음은 인(仁)의 실마리요, 부끄러워하는 마음은 의(義)의 실마리요, 사양(辭讓)하는 마음은 예(禮)의 실마리요, 시비(是非)를 가리는 마음은 지(智)의 실마리이다.

사람에게 이 사단(四端)이 있는 것은 몸에 사지(四肢)가 있는 것과 같다. 이 사단을 가지고 있으면서도 인의(仁義)를 행할 수 없다고 스스로 말하는 자는 자신을 해치는 자요, 자신의 인군(人君)이 인의(仁義)를 행할 수 없다고 말하는 자는 그 인군(人君)을

해치는 자이다.

주해

- 단(端, duān) : 단서. 실마리. '단(端)'은 단예(端倪)의 뜻이다. 倪(끝 예) "惻隱是仁之發. 端是端倪, 物之緖也. 譬之繭絲, 外有一條緖, 便知內有一團絲."(四書補註備旨) 緖(실마리 서) 繭(고치 견)
- 수오지심(羞惡之心) : 자신의 옳지 못함을 부끄러워하고 남의 옳지 못함을 미워하는 마음. 羞(부끄러울 수) 惡(미워할 오)
- 사단(四端, sì duān) : 인의예지(仁義禮智)의 단서(端緖)를 말한다.
- 사체(四體, sì tǐ) : 수족(手足)을 말한다. '사지(四肢)'와 같다.

3) 군자삼락(君子三樂)

君子有三樂 而王天下不與存焉이니라 父母俱存하며 兄弟無故 一樂也요 仰不愧於天하며 俯不怍於人이 二樂也요 得天下英才而敎育之 三樂也라

군자에게 세 가지 즐거움이 있으니, 천하에 왕 노릇하는 것은 여기에 포함되지 않는다. 부모가 다 생존하고 형제가 무고한 것이 첫 번째 즐거움이요, 위로는 하늘에 부끄럽지 않고 아래로는 사람에게 부끄럽지 않은 것이 두 번째 즐거움이요, 천하의 영재를 얻어서 교육시키는 것이 세 번째 즐거움이다.

주해

- 왕천하(王天下) : 천하에 왕 노릇을 하다. '왕(王)'은 동사로 쓰였다.
- 愧(부끄러워할 괴) 怍(부끄러워할 작)

제5절 중용(中庸)

1. 『중용』의 유래

『중용』은 본래 『예기(禮記)』 제31편에 속해 있었는데 한대(漢代)에 단행본으로 독립한 것이다. 『한서(漢書)·예문지(藝文志)』에 『중용설(中庸說)』 2편이 수록되어 있고, 『수서(隋書)·경적지(經籍志)』에 남송(南宋) 대옹(戴顒, 378~441)의 『예기중용전(禮記中庸傳)』 2권(不傳)과 양(梁)나라 무제(武帝, 464~549)의 『중용강소(中庸講疏)』 1권(不傳)이 수록되어 있다.

그 후 당대(唐代) 이고(李翺, ?~844?)가 『중용설(中庸說)』을 지었으며, 송대(宋代)에 이르러 호원(胡瑗, 993~1059)의 『중용의(中庸義)』·진양(陳襄)·여상(余象)·사마광(司馬光)·범조우(范祖禹) 등이 『중용』에 대한 「강설(講說)」이나 「논설(論說)」 등을 지었다.

그러나 『중용』이 유가의 중요한 경전으로 자리 잡은 것은 정호(程顥)와 정이(程頤)가 처음으로 『중용』을 공문(孔門)의 심법(心法)으로 크게 중시했던 점, 주희(朱熹)가 『중용장구(中庸章句)』와 『중용혹문(中庸或問)』 등을 저술하여 '중용'의 의미를 천명했던 점, 그리고 『중용』을 『논어』·『맹자』·『대학』과 더불어 『사서(四書)』로 편정(編定)했던 점에서 비롯되었다고 할 수 있다.

주희(朱熹)는 젊어서부터 『중용』을 공부하다가 많은 의문점을 느낀 나머지 다년간 침잠반복(沈潛反復)하여 연구한 결과 마침내 어느 날 황연(恍然)히 그 내용을 깨닫게 되었다. 그 후 다시 '중설(衆說)을 모아 그 가운데를 절충해서[會衆說而折其中]' 『중용장구(中庸章句)』

를 완성하였고, 또한 그동안『중용』을 해석한 여러 학자들의 동이득실(同異得失)에 대해 변석(辨析)을 가하여 『중용혹문(中庸或問)』을 지었으며, 석자중(石子重)의 저작을 산절(刪節)하여 『중용집략(中庸輯略)』이라 명명하였다. 그 외 강학(講學) 중에 제자들과 『중용』에 대해 의론한 내용들이『주자어류(朱子語類)』에 수록되어 있다.

2. 『중용』의 저자

『중용』은 일반적으로 자사(子思)가 지었다고 전한다. 먼저 사마천(司馬遷)의 『사기(史記)·공자세가(孔子世家)』에 "공자가 리(鯉)를 낳으니 자가 백어(伯魚)이다. 백어는 향년 50세로 공자보다 먼저 죽었다. 백어가 급(伋)을 낳으니 자가 사사(子思)이며 향년 60세다. 자사가 일찍이 송(宋)나라에서 곤경에 처했을 때, 『중용』을 지었다."라고 하였다.[40] 이에 대해 당대(唐代) 공영달(孔穎達)은 그의 『예기정의(禮記正義)』에서 후한(後漢) 정현(鄭玄)의 『삼례목록(三禮目錄)』을 인용하여 "『중용』이라고 명명한 것은 중화(中和)의 작용을 나타내기 위해서이다. '용(庸)'은 쓰임을 말한다. 공자의 손자 자사(子思)가 『중용』을 지어 성조(聖)祖의 덕을 밝혔다."[41]라고 주장했다. 그 후 북송(北宋)의 사마광(司馬光)·범중엄(范仲淹)·주돈이(周敦頤)·이정자(二程子)·주희(朱熹) 등이 모두 이 설을 천명하여 거의 정설로 되었다.

한편 반고(班固, 32~92)의 『한서(漢書)·예문지(藝文志)』에는 유가

40) "孔子生鯉, 字伯魚. 伯魚年五十, 先孔子死. 伯魚生伋, 字子思, 年六十二. 嘗困於宋, 子思作中庸."

41) "名曰中庸者, 以其記中和之爲用也. 庸, 用也. 孔子之孫子思伋作之, 以昭明聖祖之德也."

의 문헌으로 『자사(子思)』 23편을 기록하고 있는데, 이 『자사』는 대부분 유실되어 그 전편(全篇)의 면모를 알 수 없다. 또한 양(梁)나라의 심약(沈約)은 "(『예기』)는 여러 유학자들의 저술을 모아 편찬한 것인데, 「중용(中庸)」·「표기(表記)」·「방기(坊記)」·「치의(緇衣)」편은 모두 『자사』에서 취해온 것이다"라고 했다. 이 말에 의하면 『중용』은 「표기(表記)」·「방기(坊記)」·「치의(緇衣)」처럼 자사(子思)가 지은 것이 아니라 다만 자사가 편찬한 것일 수도 있다.

그 후 송대(宋代) 구양수(歐陽修)와 진선(陳善) 등이 『중용』은 자사가 지은 것이 아니라고 주장했으며, 원매(袁枚)는 『논어』와 『맹자』에 나오는 산이 모두 태산(泰山)을 지칭하는데 반해서, 『중용』에서는 유독 '화악(華岳)'만을 지칭하고 있는 점에 근거해서 『중용』은 서경(西京)의 유생들이 지은 것이라고 의심하였다.

또한 일부 학자들은 『중용』 제28장의 "지금 천하의 수레는 궤폭이 같고, 글은 문자가 같으며, 행동은 같은 윤리를 따른다. 今天下, 車同軌, 書同文, 行同倫."는 내용은 진시황秦始皇이 중국을 통일한 이후의 일이므로 『중용』은 진한시기(秦漢時期)에 나온 것이라고 주장하였다. 심지어 청대의 고증학자 최술(崔述)은 『중용』의 글이 유독 번잡(繁雜)하고 은회(隱晦)해서 필시 자사가 지은 것이 아니라고 단언하였다.

이상과 같은 사실에 비추어 보면 『중용』은 자사가 지은 것이 분명하나, 후대에 유전되는 과정 속에서 여러 사람들의 보충과 수정을 거쳐 오늘날의 모습으로 완성되었을 가능성이 크다.

3. 『중용』의 구성

당대(唐代) 공영달(孔穎達)의 『예기정의(禮記正義)』에는 『중용』의 전편(全篇)이 모두 33절로 구성되어 있는데, 정이(程頤)는 이를 총 37절로 나누었다. 하지만 주희의 『중용장구(中庸章句)』에서는 다시 33장으로 나누었고, 이것을 다시 6대절(大節)로 구분하여 각 장의 맥락을 긴밀히게 하였다. 이를 좀 더 자세히 살펴보면 다음과 같다.

제1대절은 제1장의 '천명(天命)'에 해당하는데, 이는 『중용』의 강령(綱領) 부분으로 성(性)·도(道)·교(敎)에 대해 논하고 있다. 제2대절은 제2장 '시중(時中)', 제3장 '선능(鮮能)', 제4장 '행명(行明)', 제5장 '불행(不行)', 제6장 '대지(大知)', 제7장 '여지(予知)', 제8장 '복응(服膺)', 제9장 '가균(可均)', 제10장 '문강(問强)', 제11장 '소은(素隱)'에 해당하는데, 자사(子思)가 공자의 말을 인용하여 제1장의 뜻을 천술(闡述)하였다. 제3대절은 제12장 '비은(費隱)', 제13장 '불원(不遠)', 제14장 '소위(素位)', 제15장 '행원(行遠)', 제16장 '귀신(鬼神)', 제17장 '대덕(大德)', 제18장 '무우(無憂)', 제19장 '달효(達孝)'에 해당한다. 제4대절은 제20장 '문정(問政)', 제21장 '성명(誠明)', 제22장 '진성(盡性)', 제23장 '치곡(致曲)', 제24장 '전지(前知)', 제25장 '자성(自成)', 제26장 '무식(無息)'에 해당한다. 제5대절은 제27장 '명철(明哲)', 제28장 '자용(自用)', 제29장 '삼중(三重)', 제30장 '돈화(敦化)', 제31장 '지성(至聖)', 제32장 '지성(至誠)'에 해당한다. 제6대절은 마지막 제33장 '상경(尙絅)'에 해당한다.

4. 『중용』의 사상

1) 중용의 함의(涵意)

중용의 함의는 일반적으로 정이(程頤)와 주희(朱熹)의 학설을 기준으로 삼는다. 정이(程頤)는 '중용'에 대해서 "치우치지 않는 것을 '중(中)'이라 이르고, 바뀌지 않는 것을 '용(庸)'이라 이른다. '중(中)'이란 천하의 바른 道요, '용(庸)'이란 천하의 정해진 이치이다."[42]라고 주장하였다.

이에 대해 주희는 "'중(中)'이란 치우치지도 않고 기울지도 않으며, 지나치거나 미치지 못함이 없는 것을 말한다. '용庸'은 평상平常이다."[43]라고 부연하여 설명했다. 주희의 주장에 따르면, '중(中)'은 마음의 본체이므로 미발(未發)하면 자연히 불편불의(不偏不倚)하게 되며, 이미 발(發)하면 '중(中)'을 잡고 행함으로써 지나치거나 미치지 못하는 폐단이 없어서 이치의 당연함에 부합하게 된다. 또한 주희는 '용(庸)'을 '평상(平常)'으로 해석했는데, 이는 평상에 행해지는 이치 곧 천명(天命)의 당연한 바이므로 폐할 수 없다는 뜻이다. 그러므로 정자(程子)는 바뀌지 않는 것이 '용(庸)'이요, '용(庸)'이 곧 '천하의 정리(定理)'라고 말한 것이다.

---

42) 주희(朱熹)의 『중용장구(中庸章句)』에 나온다. "不偏之謂中, 不易之謂庸. 中者, 天下之正道. 庸者, 天下之定理."

43) 주희(朱熹)의 『중용장구(中庸章句)』에 나온다. "中者, 不偏不倚, 無過不及之名. 庸, 平常也."

2) 중용(中庸)과 중화(中和)

『중용』의 첫 장에 "기쁘고 성내고 슬프고 즐거워함이 아직 발(發)하지 않은 것을 '중(中)'이라 이르고, 발(發)하여 모두 절도(節度)에 들어맞는 것을 '화(和)'라고 이른다. '중(中)'은 천하의 큰 근본이요, '화(和)'는 천하의 통달한 도이다."[44]라고 하였다. 이에 대해 주희(朱熹)는 『중용장구(中庸章句)』에서 "희노애락(喜怒哀樂)은 '정(情)'이요, 그것이 아직 發하지 않은 것이 곧 '성(性)'이다. 치우치거나 의지하는 바가 없으므로 그것을 '중(中)'이라 이른다. 발하여 모두 절도(節度)에 들어맞는 것은 정(情)의 바름이니, 어긋난 바가 없으므로 그것을 '화(和)'라고 이른다. '대본(大本)'이란 천명(天命)의 성(性)이니, 천하의 이치가 모두 이로 말미암아 나오며 도(道)의 체(體)이다. '달도(達道)'란 성(性)을 따르는 것을 말하니, 천하와 고금에 함께 말미암은 바이며 도(道)의 용(用)이다."[45]라고 해석했다.

'중화(中和)'에 대한 주희의 이러한 해석은 다음 네 가지로 요약할 수 있다. 1)희노애락(喜怒哀樂)이 발하기 전은 성(性)의 본체이고, 발하는 때는 정(情)의 작용이다. 2)성(性)의 본체가 발하기 전의 정지 상태에서 편의(偏倚)가 없는 것을 '중(中)'이라 하고, 발할 때에 정(情)의 바름에 부합하는 것을 '화(和)'라고 한다. 3)성(性)의 본체가 '천(天)'에서 나오기 때문에 '天命之性'이라고 말할 수 있다. 4)'중(中)'은 道의 체(體)로서 천하의 대본(大本)이고, '화(和)'는 道의 용(用)으

44) "喜怒哀樂之未發, 謂之中. 發而皆中節, 謂之和. 中也者, 天下之大本也. 和也者, 天下之達道也."

45) "喜怒哀樂, 情也. 其未發, 則性也, 無所偏倚, 故謂之中. 發皆中節, 情之正也, 無所乖戾, 故謂之和. 大本者, 天命之性, 天下之理皆由此出, 道之體也. 達道者, 循性之謂, 天下古今之所共由, 道之用也."

로서 천하의 달도(達道)이다. 결국 '중(中)'은 道의 본체가 되기 때문에 '天命之謂性'을 말하고, '화(和)'는 道의 용(用)이 되기 때문에 '率性之謂道'를 말하며, '중화(中和)'란 성정(性情)이 道에서 벗어나지 않는 것을 말한다.

중용(中庸)과 중화(中和)의 관계를 살펴보면, '중용(中庸)'은 덕행(德行)을 가리켜 말한 것이고 '중화(中和)'는 성정(性情)을 가리켜 말한 것이라고 할 수 있다. 그러나 중용의 '중(中)'은 실제로 중화(中和)의 뜻을 겸한 것이다. 또한 중화(中和)의 '중(中)'은 성정(性情)이 발하기 전의 본체이기 때문에 체(體)를 가리켜 말한 것이고, 중용의 '중(中)'은 천하의 정도(正道)로서 천지를 일체로 삼으며 내외(內外)의 구분이 없고 체용(體用)을 겸하고 있다. 그러므로 중용의 '중(中)'이 중화(中和)의 뜻을 겸하고 있는 것이다.

3) 성(誠)

『대학』은 '성의(誠意)'와 '명덕(明德)'을 중심으로 말하였고, 『중용』은 '성(誠)'자를 주요골간으로 삼고 있다. 주희는 『중용』 제21장 마지막 부분에서 "위는 제21장이다. 자사(子思)가 상장(上章)에 나온 부자(夫子)의 천도(天道)와 인도(人道)의 뜻을 이어 학설을 세운 것이다. 이로부터 아래 12장은 모두 자사의 말이니, 반복하여 이 장(章)의 뜻을 미루어 밝힌 것이다."[46]라고 말했다.

자사(子思)가 이처럼 『중용』 후반부 12장에서 제21장의 함의(含意), 곧 "성(誠)으로 말미암아 밝아지는 것을 성(性)이라 이르고, 밝음으로 말미암아 성(誠)을 하는 것을 교(敎)라 이른다. 성(誠)하면 밝아

46) "右, 第二十一章. 子思承上章夫子天道人道之意而立言也. 自此以下十二章, 皆子思之言, 以反覆推明此章之意."

지고, 밝으면 성(誠)하게 된다."[47]는 내용을 반복 설명한데서 알 수 있듯이 『중용』의 종지(宗旨)는 모두 이 '성(誠)'자 하나로 귀결된다.

이 '성(誠)'자는 첫 장에 언급되지 않았으나, 이른바 '치중화(致中和)'와 '신독(愼獨)'과 '솔성(率性)'과 '수도(修道)'에 이 '지성(至誠)'이 들어있지 않은 경우가 없다. 또한 제20장에서 '성(誠)'자의 작용이 바로 오달도(五達道), 지인용(智仁勇), 삼달덕(三達德)의 핵심임을 재차 천명하고 있다. 다시 말해 능히 '지성(至誠)'을 하면 능히 성기성물(成己成物)을 할 수 있으며, 외부 유혹의 사사로움을 버리고, 그 본연의 선(善)을 가득 채울 수가 있는 것이다. 결국 『중용』의 체요(體要)는 솔성(率性)에 있고, 이 道를 관철하는 것은 바로 '성(誠)'에 달려있는 것이다.

5. 중용장구서(中庸章句序)

中庸은 何爲而作也오 子思子[48]憂道學之失其傳而作也시니라 蓋自上古로 聖神[49]이 繼天[50]立極[51]而道統之傳이 有自來矣라 其見於經 則允執厥中[52]者는 堯之所以授舜也요 人心惟危하고 道心惟微하니 惟精惟一이라야 允執厥中[53]者는 舜之所以授禹也시니라 堯之一言이 至矣盡矣어늘 而舜이 復益之以三言者는 則所以明夫堯之一言이 必如是而後에 可庶幾[54]也라

47) "自誠明謂之性, 自明誠謂之敎, 誠則明矣, 明則誠矣."

『중용』은 무엇 때문에 지은 것인가? 자사자(子思子)가 도학(道學)의 전함을 잃을까 근심하여 지으신 것이다.

대개 상고시대에 성신(聖神)이 하늘의 뜻을 이어 법을 세우자, 도통(道統)의 전함이 유래하게 되었다. 그것이 경전에 나타나니, '진실로 그 중도(中道)를 잡는다.'고 한 것은 요(堯)가 순(舜)에게 전하신 바요, '인심(人心)은 오직 위태롭고 도심(道心)은 오직 은미(隱微)하니, 오직 정밀하고 오직 한결같아야 진실로 그 중도(中

---

48) 주자(朱子)가 말했다. "曾子學於孔子而得其傳, 子思又學於曾子而得其所傳於孔子者, 旣而懼夫傳之久遠而或失其眞也. 於是, 作爲此書."(大全註疏) 懼(두려워할 구)

49) 『맹자(孟子)·진심하(盡心下)』에 나온다. "充實而有光輝之謂大, 大而化之之謂聖, 聖而不可知之之謂神." 이에 대해 조기(趙岐)의 註에 "大行其道使天下化之, 是爲聖人."이라 풀이했다.

50) '계천(繼天)'이란 말은 한(漢)나라 양웅(揚雄)의 『법언(法言)·오백(五百)』에 나온다. "聖人聰明淵懿, 繼天測靈, 冠乎羣倫." 또한 한(漢)나라 반고(班固)의 『동도부(東都賦)』에도 나온다. "體元立制, 繼天而作." 懿(아름다울 의) 冠(갓 관)

51) '입극(立極)'은 최고의 법도(法度)를 세운다는 말이다. 당(唐)나라 두보(杜甫)의 『유사어남교부(有事於南郊賦)』에 나온다. "所以報本反始, 所以慶長立極." 慶(경사 경) 極(극 극)

52) 『논어(論語)·요왈(堯曰)』편에 나온다. "咨爾舜, 天之曆數在爾躬, 允執其中." 咨(탄식할 자) 爾(너 이) 曆(책력 력) 躬(몸 궁)

53) 『서경(西京)·대우모(大禹謨)』에 나온다. "人心惟危, 道心惟微, 惟精惟一, 允執厥中." 이에 대해 공영달(孔穎達)의 疏에 "信執其中正之道."라고 풀이했다. 주자(朱子)도 다음과 같이 말했다. "中只是箇恰好底道理. 允是眞箇執得. 堯告舜, 只一句, 舜已曉得, 所以不復更說. 舜告禹, 又添三句, 這三句是允執厥中以前事. 是舜教禹做工夫處, 便是怕禹尙未曉得, 故恁地說."(大全註疏) 恰(마치 흡) 添(더할 첨) 這(이 저) 做(지을 주) 怕(두려워할 파) 恁(이같이 임)

54) 『주역(周易)·계사하(繫辭下)』에 나온다. "顏氏之子, 其殆庶幾乎?" 이에 대해 고형(高亨)의 註에 "庶幾, 近也, 古成語, 猶今語所謂'差不多', 贊揚之辭."라고 풀이했다. 또한 『맹자(孟子)·양혜왕하(梁惠王下)』에도 나온다. "王之好樂甚, 則齊國其庶幾乎!"

道)를 잡는다."라고 한 것은 순(舜)이 우(禹)에게 전하신 바이다.

요(堯)의 한 마디 말씀은 이미 지극하고 다하였거늘, 순(舜)이 다시 세 마디 말씀을 더한 것은 곧 요(堯)의 한마디 말씀을 밝히는 것이 반드시 이와 같이 한 뒤에야 가히 가깝게 되기 때문이다.

주해

- 자사자(子思子) : 공자의 손자인 자사(子思)를 높여 부른 말. '자(子)'는 미칭(美稱) 또는 존칭의 의미이다.
- 계천입극(繼天立極) : 하늘의 뜻을 이어받아 법을 세우다.
  繼(이을 계) 極(극 극)
- 성신(聖神) : 고대의 성인(聖人)과 신인(神人). 또는 성인(聖人) 이상의 신인(神人)을 말한다.
- 자래(自來) : 유래(由來). '종래(從來)'와 같다.
  『좌전(左傳)·소공원년(昭公元年)』조에 나온다. "叔出季處, 有自來矣."
  季(끝 계)
- 윤집궐중(允執厥中) : '진실로 그 중도(中道)를 잡다.' 곧 언행이 불편부당(不偏不黨)한 중정(中正)의 道에 부합하는 것을 말한다.
  允(진실로 윤) 執(잡을 집) 厥(그 궐)
- 인심유위, 도심유미(人心惟危, 道心惟微), 유정유일, 윤집궐중(惟精惟一, 允執厥中) : '인심(人心)은 오직 위태롭고, 도심(道心)은 오직 은미(隱微)하니, 오직 정밀하고 오직 한결같아야 진실로 그 중도(中道)를 잡는다.'
  微(작을 미)
- 서기(庶幾) : 가깝다. 별 차이가 없다. 庶(거의 서) 주자(朱子)의 『사서집주(四書集註)』에 "庶幾, 近辭也."라고 풀이했다.

蓋嘗論之컨대 心之虛靈[55]知覺[56]은 一而已矣어늘 而以爲有人心道心之異者는 則以其或生於形氣[57]之私하며 或原於性命[58]之正하여 而所以爲知覺者ㅣ不同이라 是以로 或危殆而不安하고 或微妙而難見耳라

然이나 人莫不有是形이라 故로 雖上智나 不能無人心이요 亦莫不有是性이라 故로 雖下愚나 不能無道心이니 二者ㅣ雜於方寸之間하여 而不知所以治之면 則危者ㅣ愈危하며 微者ㅣ愈微하여 而天理之公이 卒無以勝夫人欲之私矣니라

---

55) 『주자어류(朱子語類)』 권102에 나온다. "況羅先生於靜坐觀之, 乃其思慮未萌, 虛靈不昧." 萌(싹 맹) 昧(어두울 매) 명(明)나라 왕수인(王守仁)의 『전등록(傳習錄)』 권하(卷下)에도 나온다. "朱本思問, 人有虛靈, 方有良知, 若草木瓦石之類, 亦有良知否." 瓦(기와 와)

56) 물재정씨(勿齋程氏)가 말했다. "虛靈, 心之體. 知覺, 心之用."(大全註疏) 격암조씨(格庵趙氏)가 말했다. "知, 是識其所當然. 覺, 是悟其所以然."(大全註疏) 悟(깨달을 오) 주자(朱子)가 말했다. "只是這一箇心, 知覺從耳目上去, 便是人心. 知覺從義理上去, 便是道心."(大全註疏)

57) "問形氣, 是耳目鼻口四肢之屬, 未可便謂之私欲. 朱子曰 但此數件事, 屬自家體段上, 便是私有底物, 不比道便公共."(大全註疏) 肢(사지 지) 底(어조사 저) 채계통(蔡季通)이 말했다. "形氣之有善, 皆自道心出, 由道心則形氣善, 不由道心, 一付於形氣則爲惡."(大全註疏) 付(붙을 부)

58) 『주역(周易)·건(乾)』괘에 나온다. "乾道變化, 各正性命." 이에 대해 공영달(孔穎達)의 疏에 "性者, 天生之質, 若剛柔遲速之別. 命者, 人所稟受, 若貴賤夭壽之屬也."라고 풀이했고, 주자(朱子)의 『주역본의(周易本義)』에 "物所受爲性, 天所賦爲命."이라 풀이했다. 遲(늦을 지) 壽(목숨 수) 신안진씨(新安陳氏)가 말

대개 일찍이 논하건대, 마음의 허령(虛靈)과 지각(知覺)은 한 가지일 따름이다. 인심(人心)과 도심(道心)의 차이가 있는 것은 그것이 혹 형기(形氣)의 사사로움에서 생겨나기도 하고, 혹 성명(性命)의 바름에서 근원하기도 하여, 지각(知覺)하는 바가 같지 않기 때문이다. 이 때문에 혹 위태하여 편안치 아니하며, 혹 은미(隱微)하여 보기 어려울 뿐이다.

그러나 사람에게 이 형체가 있지 않음이 없기 때문에, 비록 상지(上智)라도 능히 인심(人心)이 없지 않을 수 없다. 또한 사람에게 이 성품(性稟)이 있지 않음이 없기 때문에, 비록 하우(下愚)라도 능히 도심(道心)이 없지 않을 수 없다.

두 가지가 방촌(方寸)의 사이에 섞여서 다스릴 술을 알지 못하면, 곧 위태로운 것이 더욱 위태해지며 은미(隱微)한 것이 더욱 은미(隱微)해져서 천리(天理)의 공정함이 마침내 인욕(人欲)의 사사로움을 이길 수 없게 된다.

주해

- 허령(虛靈) : 마음을 비운 상태에서 우러나오는 신령스러움. 곧 마음의 '체(體)'나 '심령(心靈)'을 말한다. 虛(빌 허) 靈(신령 령)
- 지각(知覺) : 알고 깨닫는 것. 곧 마음의 '용(用)'을 말한다.
- 형기(形氣) : 형(形)과 기(氣). 형(形)의 기(氣). '形'은 구체적 물상(物像)이고, '氣'는 우주만물을 구성하고 있는 물질이다. 여기서는 이목구비(耳目口鼻)와 사지(四肢)에 속한 것을 말한다. 肢(사지 지)

했다. "有形氣之私, 方有人心, 故曰生. 自賦命受性之初, 便有道心, 故曰原."(大全註疏)

- 성명(性命) : 만물의 천부(天賦)와 품수(稟受). 곧 본성(本性)과 천명(天命)을 말한다. 賦(줄 부) 稟(받을 품)
- 상지(上智) : 상등(上等)의 지자(智者).
- 하우(下愚) : 하등(下等)의 우자(愚者).

精則察夫二者之間而不雜也요 一[59]則守其本心之正而不離也니 從事於斯하여 無少間斷하여 必使道心으로 常爲一身之主而人心이 每聽命焉이면 則危者ㅣ安하고 微者ㅣ著하여 而動靜云爲ㅣ自無過不及之差矣리라

夫堯舜禹는 天下之大聖也시고 以天下相傳은 天下之大事也니 以天下之大聖으로 行天下之大事하사되 而其授受之際에 丁寧告戒ㅣ不過如此하시니 則天下之理ㅣ豈有以加於此哉리오[60]

'정(精)'은 인심(人心)과 도심(道心) 사이를 살펴서 섞이지 않는 것이요, '일(一)'은 그 본심의 바름을 지켜서 떠나지 않는 것이다. 여기에 종사하여 잠시라도 간단(間斷)함이 없어서 반드시

59) 진씨(陳氏)가 말했다. "要分別二者界分分明, 不相混雜, 專守道心之正而無以人心二之."(大全註疏) 混(섞일 혼) 專(오로지 전)

60) 운봉호씨(雲峯胡氏)가 말했다. "天下之理ㅣ豈有以加於此哉? 中之一字, 聖聖相傳之道, 莫加於此也. 精一二字, 聖聖相傳之學, 莫加於此也."(大全註疏)

도심(道心)으로 하여금 항상 한 몸의 주인이 되게 하고, 인심(人心)이 매번 도심(道心)의 명령을 듣게 하면, 위태로운 것이 편안해지고 은미(隱微)한 것이 드러나게 되어, 움직이고 고요하고 말하고 행동하는 것이 저절로 지나치거나 미치지 못하는 어긋남이 없게 될 것이다.

무릇 요(堯)와 순(舜)과 우(禹)는 천하의 큰 성인(聖人)이시고, 천하로써 서로 전함은 천하의 큰일이다. 천하의 큰 성인(聖人)으로서 천하의 큰일을 행하시되, 그 주고받는 즈음에 정녕코 고하여 경계함이 이와 같음에 지나지 아니하시니, 곧 천하의 이치가 어찌 이보다 더함이 있겠는가!

주해

- 정일(精一) : 유정유일(惟精惟一).
  주자(朱子)가 말했다. "精是精察分明. 一是要守得不離."(大全註疏)
- 간단(間斷) : 간격이 나거나 끊어지다. '중단(中斷)', '중지(中止)'와 같다.
  間(간격날 간)
- 天下之理, 豈有以加於此哉 : '천하의 이치가 어찌 이보다 더함이 있겠는가!'
  豈(어찌 기) '차(此)'는 중용(中庸)의 윤집궐중(允執闕中)을 말한다.
- 운위(云爲) : 말과 행동. 행위.
  『주역(周易)·계사하(繫辭下)』에 "變化云爲, 吉事有祥."라고 했고, 이에 대해 공영달(孔穎達)의 疏에 "或口之所云, 或身之所爲也."라고 풀이했다.

自是以來로 聖聖相承하시니 若成湯[61] 文武之爲君과 皐陶伊[62] 傅[63] 周召之爲臣이 旣皆以此而接夫道統之傳하시고 若吾夫子則雖不得其位나 而所以繼往聖開來學하시니 其功이 反有賢於堯舜者라

然이나 當是時하여 見而知之者는 惟顔氏 曾氏之傳이 得其宗[64]하시고 及曾氏之再傳하여 而復得夫子之孫子思하니 則去聖이 遠而異端起矣라

---

61) 『서경(西京)·중훼지고(仲虺之誥)』에 나온다. "成湯放桀於南巢, 惟有慙德." 이에 대해 공전(孔傳)에 "湯伐桀, 武功成, 故以爲號."라 했고, 육덕명(陸德明)의 『석문(釋文)』에 "湯伐桀, 武功成, 故號成湯. 一云成, 謚也."라고 풀이했다. 虺(살무사 훼) 巢(집 소) 慙(부끄러울 참) 謚(시호 시)

62) 『상서(尙書)·이훈(伊訓)』편에 나온다. "惟元祀十有二月乙醜, 伊尹祠於先王." 醜(추할 추) 祠(사당 사) 또한 『좌전(左傳)·양공(襄公)』 21년조에 나온다. "伊尹放大甲而相之, 卒無怨色." 이에 대해 두예(杜預)의 註에 "大甲, 湯孫也, 荒淫失度. 伊尹放之桐宮三年, 改悔而復之而無恨心."라고 풀이했다. 荒(거칠 황) 淫(음란할 음) 桐(오동나무 동) 悔(뉘우칠 회)

63) 『사기(史記)·은본기(殷本紀)』에 나온다. "武丁夜夢得聖人, 名曰說. 以夢所見視群臣百吏, 皆非也. 於是乃使百工營求之野, 得說於傅險中. 是時說爲胥靡, 築於傅險. 見於武丁, 武丁曰是也. 得而與之語, 果聖人, 擧以爲相, 殷國大治. 故遂以傅險姓之, 號曰傅說." 夢(꿈 몽) 胥(모두 서) 靡(쓰러질 미) 築(쌓을 축)

64) 운봉호씨(雲峯胡氏)가 말했다. "夫子以前傳道統者, 皆得君師之位而斯道以行. 夫子以後傳道統者不得君師之位而斯道以明. 故明堯舜禹湯文武之道者, 夫子六經之功. 而明夫子之道者, 曾子大學子思中庸之功也."(大全註疏) 斯(이 사) 신안진씨(新安陳氏)가 말했다. "顔子博文精也, 約禮一也. 曾子格致精也, 誠正一也."(大全註疏)

이로부터 성인(聖人)과 성인(聖人)이 서로 이으시니, 예를 들어 성탕(成湯)·문왕(文王)·무왕(武王) 같은 인군(人君)과 고요(皐陶)·이윤(伊尹)·부열(傅說)·주공(周公)·소공(召公) 같은 신하가 이미 모두 중용의 도(道)로써 도통(道統)의 전함을 이으셨다.

우리 夫子[孔子]와 같은 경우는 비록 그 지위를 얻지 못했으나, 지나간 성인을 이으시고 후세의 학문을 열어주셨으니, 그 공功이 도리어 요순(堯舜) 보다 많다.

그러나 당시 보고 깨달은 자로 오직 안자(顔子)와 증자(曾子)가 그 정종(正宗)을 전승(傳承)하였다. 증자(曾子)의 재전제자(再傳弟子)에 이르러 다시 부자(夫子)의 손자인 자사(子思)가 나왔으니, 성인(聖人)의 시대와 멀리 떨어져서 이단(異端)의 학설이 일어났다.

주해

- 성탕(成湯) : 상(商)나라의 시조. 설(契)의 후예로서 성은 자(子), 이름은 리(履) 또는 천을(天乙)이다. 하(夏)나라의 걸왕(桀王)이 무도(無道)하자 걸왕을 멸하고 상(商)을 세웠다. 履(신 리) 桀(홰 걸)
- 문왕(文王) : 주(周)나라의 중흥조. 성은 희(姬), 이름은 창(昌)이다. 계력(季歷)의 아들이며, 서백창(西伯昌)이라고도 부른다.
- 무왕(武王) : 문왕(文王)의 아들로서 성은 희(姬), 이름은 발(發)이다. 은(殷)나라 주왕(紂王)이 무도(無道)하자 주왕을 멸하고 주(周)나라를 세웠다.
  紂(임금이름 주)
- 고요(皐陶) : 성은 언(偃), '구요(咎陶)' 또는 '구요(咎繇)'라고도 부른다. 순(舜)과 하(夏)나라의 현신(賢臣)이다.
  皐(언덕 고) 陶(사람이름 요) 偃(쓰러질 언) 咎(허물 구) 繇(노래 요)

- 이윤(伊尹) : 탕왕(湯王)의 현상(賢相). 이름은 '이(伊)' 또는 '지(摯)', 윤(尹)은 관명(官名)이다. 탕(湯)이 하(夏)나라의 걸왕(桀王)을 칠 때 큰 공을 세워 '아형(阿衡)'으로 추존(推尊)되었다. 탕(湯)의 손자인 태갑(太甲)이 즉위하고 나서 황음무도(荒淫無道)에 빠지자, 이윤(伊尹)이 태갑을 동궁(桐宮)에 유폐시켰다가 태갑이 잘못을 뉘우치자 삼 년 후에 다시 복위시켰다.
  摯(잡을 지) 阿(언덕 아) 衡(저울대 형)
- 부열(傅說) : 은(殷)나라 고종(高宗: 武丁)때의 현신(賢臣).
  傅(스승 부) 說(기쁠 열)
- 주공(周公) : 성은 희(姬), 이름은 '단(旦)', '희단(姬旦)' 또는 '숙단(叔旦)'이라고도 부른다. 주나라 문왕(文王)의 넷째 아들이며, 무왕(武王)의 아우이자 성왕(成王)의 숙부이다. 주나라의 문물제도를 완비하고 유학의 기초를 세운 자로서 '원성(元聖)'으로 추앙된다.
  『논어(論語)·술이(述而)』에 나온다. "子曰 甚矣, 吾衰也. 久矣, 吾不復夢見周公." 甚(심할 심) 衰(쇠할 쇠)
- 소공(召公) : 성은 희(姬), 이름은 석(奭). 주(周)나라 문왕(文王)의 아들이며, 무왕(武王)과 주공(周公)의 이복동생으로 연(燕)나라의 시조이다. 주공과 함께 무경(武庚)의 반란을 진압하는 데 공을 세웠다. 奭(클 석)
- 견이지지(見而知之) : 보아서 알다. 곧 성인(聖人)과 동시대에 살면서 직접 가르침을 배워 안다는 뜻이다.
  『맹자(孟子)·진심하(盡心下)』에 나온다. "由文王至於孔子, 五百有餘歲, 若太公望散宜生則見而知之. 若孔子則聞而知之." 歲(해 세)
- 顔氏曾氏之傳, 得其宗 : 안자(顔子)와 증자(曾子)의 전함이 그 정종(正宗)을 얻다. 宗(마루 종)

子思ㅣ懼夫愈久而愈失其眞也하사 於是에 推本堯舜以來相傳之意하시고 質以平日所聞父師之言하사 更互演繹하여 作爲此書하사 以詔後之學者하시니 蓋其憂之也ㅣ深故로 其言之也ㅣ切하고 其慮之也ㅣ遠故로 其說之也ㅣ詳이라

其曰 天命率性則道心之謂也요[65] 其曰 擇善固執則精一之謂也요[66] 其曰 君子時中則執中之謂也니[67] 世之相後ㅣ千有餘年이로되 而其言之不異ㅣ如合符節이라

歷選前聖之書하여 所以提挈綱維하며 開示蘊奧ㅣ未有若是之明且盡者也라

자사(子思)께서 시간이 오래될수록 더욱 그 진실을 잃을까 두려워하였다. 이에 요순(堯舜) 이래 서로 전해온 본의(本意)를 미루어 근본으로 삼고, 평소 스승에게 들은 말씀을 질정(質正)하여, 다시 서로 연역(演繹)하고 이 『중용』을 지어서 뒷날 배우는 자에게 알리셨다. 대개 그 근심이 깊기 때문에 그 말씀이 간절하고, 그 생각이 심원하기 때문에 그 설명이 자상(仔詳)하다.

---

65) 신안진씨(新安陳氏)가 말했다. "上文云, 道心原於性命之正, 可見天命謂性, 率性謂道, 卽是道心之謂."(大全註疏)

66) 주자(朱子)가 말했다. "擇善, 卽惟精. 固執, 卽惟一."(大全註疏) 固(굳을 고) 執(잡을 집)

67) 주자(朱子)가 말했다. "時中, 是無過不及底中, 執中亦然."(大全註疏) 底(밑 저)

그 '천명(天命)'과 '솔성(率性)'이라고 말한 것은 바로 도심(道心)을 이른 것이요, 그 '군자(君子)'와 '시중(時中)'이라고 말한 것은 바로 집중(執中)을 이른 것이다. 시대가 뒤로 흘러 천년이 지났으나, 그 말에 변이(變異)가 생기지 않은 것이 부절(符節)을 합친 것과 같다.

옛 성인(聖人)의 글을 빠짐없이 가려서 강유(綱維)를 끄집어내고 온오(蘊奧)를 열어 보이는데, 이처럼 명백하고 상진(詳盡)한 것이 없다.

주해

- 추본(推本) : 미루어 근본으로 삼다. 推(밀 추)
- 부사(父師) : 스승. '사부(師父)', '사장(師長)'과 같다.
- 연역(演繹) : 어떤 가설적인 명제로부터 출발하여 다른 명제를 이끌어내는 과정. 演(통할 연) 繹(풀어낼 역) 『주자어류(朱子語類)』 권67에 나온다. "漢儒解經, 依經演繹. 晉人則不然, 捨經而自作文." 捨(버릴 사)
- 其曰天命率性, 則道心之謂也: 그 '천명(天命)'과 '솔성(率性)'이라고 말한 것은 바로 도심(道心)을 말한 것이다. 率(거느릴 솔)
- 其曰擇善固執, 則精一之謂也 : 그 '택선(擇善)'과 '고집(固執)이라고 말한 것은 바로 정일(精一)을 말한 것이다. 擇(가릴 택) 執(잡을 집)
- 其曰君子時中, 則執中之謂也 : 그 '군자(君子)'와 '시중(時中)'이라고 말한 것은 바로 집중(執中)을 말한 것이다.
- 제설(提挈) : 이끌어내다. 게시(揭示)하다. 提(끌 제) 挈(이끌 설)
- 강유(綱維) : 법도. '강령(綱領)'과 같다. 綱(벼리 강) 維(벼리 유)
- 온오(蘊奧) : 깊은 뜻. 심오한 이치. 蘊(쌓일 온) 奧(깊을 오)
- 懼(두려워할 구) 詔(가르칠 조)

自是而又再傳以得孟氏하여 爲能推明是書하여 以承先聖之統[68]하시고 及其沒而遂失其傳焉하니 則吾道之所寄ㅣ不越乎言語文字之間이요 而異端之說이 日新月盛하여 以至於老佛之徒ㅣ出하여는 則彌近理而大亂眞矣[69]라

然而尙幸此書之不泯故로 程夫子兄弟者ㅣ出하사 得有所考하여 以續夫千載不傳之緖하시고 得有所據하여 以斥夫二家似是之非하시니 蓋子思之功이 於是爲大하여 而微程夫子면 則亦莫能因其語而得其心也리라

惜乎라 其所以爲說者ㅣ不傳[70]이요 而凡石氏之所輯錄은 僅出於其門人之所記라 是以로 大義ㅣ雖明이나 而微言[71]이 未析하고 至其門人所自爲說하여는 則雖頗詳盡而多所發明이나 然이나 倍其師說而淫於老佛者ㅣ亦有之矣라

---

68) 격암조씨(格庵趙氏)가 말했다. "中庸深處, 多見於孟子. 如道性善, 原於天命之性也. 存心收放心, 致中也. 擴充其仁義之心, 致和也. 誠者天之道, 思誠者人之道一章, 其義悉本於中庸, 尤足以見淵源之所自."(大全註疏) 擴(넓힐 확) 悉(모두 실) 尤(더욱 우) 淵(못 연)

69) 진씨(陳氏)가 말했다. "彌近理而大亂眞, 甚相似而絶不同也. 然非物格知至理明義精者, 不足以識破."(大全註疏) 甚(심할 심) 破(깨뜨릴 파)

70) 주자(朱子)가 말했다. "明道不及爲書, 伊川雖言中庸已成書, 自以不滿其意而火之矣."(大全註疏) 伊(저 이) 滿(찰 만)

자사(子思)로부터 다시 재전(再傳)한 후 맹자에 이르러 능히 『중용』을 추광(推廣)하고 천명(闡明)함으로써 선성(先聖)의 도통(道統)을 이으셨다. 맹자가 돌아가신 후 마침내 그 전함을 잃어 버렸고, 우리의 道가 기탁할 바는 『중용』의 언어와 문자 사이를 넘어서지 못하였다. 그러나 이단(異端)의 학설은 날로 새롭고 달로 성해졌으며, 노자(老子)와 불가(佛家)의 무리가 출현하여 그 학설이 더욱 이치에 근사해져서 『중용』의 도를 크게 어지렵혔다.

그러나 다행히도 『중용』의 글이 아직 민멸(泯滅)되지 않았기 때문에 정부자(程夫子) 형제가 나와서 상고(上考)할 바가 있어 천년 동안 전하지 못한 실마리를 이으셨고, 의거(依據)할 바가 있어 노불(老佛) 이가(二家)의 옳은 것 같으나 그른 학설을 배척하셨다. 대개 자사(子思)의 공이 전승(傳承)하는 데 지대했지만, 그러나 정부자(程夫子) 형제가 아니었다면 또한 능히 자사(子思)의 말로 인하여 자사(子思)의 마음을 얻지 못했을 것이다.

애석하도다! 정부자(程夫子) 형제의 학설은 전하지 않고, 석대(石憝)의『중용집해(中庸集解)』은 다만 정이천(程伊川) 문인(門人)의 기록일 뿐이다. 이 때문에 대의(大義)가 비록 밝혀졌으나

71) 『일주서(逸周書)·대계(大戒)』에 나온다. "微言入心, 夙喻動衆." 이에 대해 주우증(朱右曾)의 『교석(校釋)』에서 "微言, 微眇之言."이라 풀이했다. 夙(일찍 숙) 眇(애꾸눈 묘) 한(漢)나라 유흠(劉歆)의 『이서양태상박사(移書讓太常博士)』에도 나온다. "及夫子沒而微言絶, 七十子卒而大義乖." 夙(일찍 숙) 歆(받을 흠) 沒(없을 몰) 乖(어그러질 괴)

은미(隱微)한 말은 드러나지 못했고, 그 문인(門人)이 주장한 학설이 비록 자못 상진(詳盡)하고 발명(發明)한 바가 많다고 해도, 그러나 그 사설(師說)에 위배하고 노불(老佛)에 빠진 부분이 또한 존재한다.

주해

- 推明是書, 以承先聖之統 : 이 글을 미루어 밝혀서 선성(先聖)의 도통(道統)을 잇다. '시서(是書)'는 『중용』을 말한다. '통(統)'은 '도통(道統)'이다. 推(밀 추) 承(이을 승)
- 노불지도(老佛之徒) : 노자(老子)와 불가(佛家)의 학설을 따르는 자.
- 彌近理而大亂眞 : 더욱 이치에 근접해서 참된 것을 크게 어지럽히다' 彌(디욱 미)
- 미(微) : '미(未)'와 같다. 微(아닐 미)
- 其所以爲說者不傳 : 정이천(程伊川)이 말한 것이 전해지지 못하다. '기(其)'는 정이천(程伊川)을 말한다.
- 석씨(石氏) : 이름은 대(憝), 자는 자중(子重), 호는 극제(克齊). 정이천(程伊川)의 제자이다. 『중용집해(中庸集解)』를 저술하였는데, 주자가 이 책의 서문을 지었다. 憝(원망할 대)
- 미언(微言) : 뜻이 함축적이고 정미(精微)한 말. 微(숨을 미)
- 배기사설(倍其師說) : 그 스승의 학설에 위배되다. '사설(師說)'은 정자(程子)의 학설을 말한다. '배(倍)'는 '배(背)'와 같다. 倍(배반할 배) 背(배반할 배)
- 沒(죽을 몰) 寄(부칠 기) 泯(없어질 민) 輯(모을 집) 錄(기록할 록) 僅(겨우 근) 頗(자못 파) 析(가를 석) 淫(빠질 음)

熹ㅣ自蚤歲로 卽嘗受讀而竊疑之하여 沈潛[72] 反復이 蓋亦有年[73]이러니 一旦에 恍然하여 似有以得其要領者라 然後에 乃敢會衆說而折其衷하고 旣爲定著章句一篇하여 以俟後之君子하며 而一二同志로 復取石氏書하여 刪其繁亂하여 名以輯略하고 且記所嘗論辯取舍之意하여 別爲或問하여 以附其後하니 然後에 此書之旨ㅣ支分節解[74]하고 脈絡貫通하며 詳略相因하고 巨細畢擧하여 而凡諸說之同異得失이 亦得以曲暢[75]旁通[76]而各極其趣니라 雖於道統之傳에 不敢妄議나 然이나 初學之士ㅣ或有取焉이니 則亦庶乎行遠升高[77]之一助云爾라

淳熙己酉春三月戊申에 新安朱熹는 序하노라

---

72) 당(唐)나라 한유(韓愈)의 「상병부이시랑서(上兵部李侍郎書)」에 나온다. "愈遂得究窮於經傳史記百家之說, 沈潛乎訓義, 反復乎句讀, 礱磨乎事業, 而奮發乎文章." 沈(잠길 침) 潛(잠길 잠) 礱(갈 롱) 磨(갈 마) 奮(떨칠 분)

73) 진(晉)나라 도잠(陶潛)의 「이거(移居)」詩에 나온다. "懷此頗有年, 今日從茲役." 또한 당(唐)나라 원진(元稹)의 「유당증태자소보최공묘지명(有唐贈太子少保崔公墓志銘)」에도 나온다, "予與公更相知善有年矣." 頗(자못 파) 茲(이 자) 役(부릴 역)

74) 청(清)나라 유대괴(劉大櫆)의 「오정민군묘지명(烏程閔君墓志銘)」에 나온다. "又善於誘掖, 其言披豁暢朗, 支分族解, 騃童鈍夫聞之, 咸如夢寐驚覺." 櫆(북두칠성 괴) 誘(꾈 유) 掖(길 액) 披(나눌 피) 豁(열릴 활) 暢(펼 창) 騃(어리석을

내[朱熹]가 젊어서부터 일찍이 이 『중용』을 읽다가 속으로 의심난 점이 있어 침잠반복(沈潛反復)을 한 지 또한 여러 해가 되었다. 그러다가 어느 날 아침에 황연(恍然)히 그 요령(要領)을 깨달은 것 같았다.

그런 후에 감히 여러 학설을 모아서 절충折衷을 하고, 이미 『중용장구(中庸章句)』 일편(一篇)을 지어서 훗날 군자들의 질정(質正)을 기다렸다.

그리고 몇몇 동지들과 다시 석씨(石氏)의 『중용집해(中庸集解)』를 취하여, 그 번잡한 곳을 산정(刪定)한 후 『중용집략(中庸輯略)』이라 명명하였다. 또 일찍이 논변(論辯)하고 취사(取捨)했던 내용을 기록하여 별도로 『중용혹문(中庸或問)』을 지어 책 뒤에 첨부하였다.

이렇게 해서 『중용』의 요지(要旨)가 낱낱이 해득(解得)되고, 맥락(脈絡)이 관통(貫通)되었으며, 자상(仔詳)과 소략(疏略)한 부

애) 鈍(둔할 둔) 또한 청(清)나라 증국번(曾國藩)의 「경사백가간편서(經史百家簡編序)」에도 나온다. "自六籍燔於秦火, 漢世掇拾殘遺, 徵諸能通其讀者, 支分節解, 於是有章句之學." 籍(서적 적) 燔(구을 번) 掇(주을 철) 拾(주을 습)

75) 당(唐)나라 위처후(韋處厚)의 「상재상천황보식서(上宰相薦皇甫湜書)」에 나온다. "徵會理軸, 遣訓詞波, 無不蹈正超常, 曲暢精旨." 湜(물막을 식) 軸(굴대 축) 遣(보낼 견) 蹈(밟을 도)

76) 『주역(周易)·건(乾)』괘에 나온다. "六爻發揮, 旁通情也." 이에 대해 공여달(孔穎達)의 疏에 "言六爻發越揮散, 旁通萬物之情也."라고 했다. 爻(효 효) 揮(떨칠 휘) 越(넘을 월)

77) 『서경(西京)·태갑(太甲)』에 나온다. "若升高, 必自下. 若陟遐, 必自邇." 陟(오를 척) 遐(멀 하) 邇(가까울 이) 또한 『예기(禮記)·중용(中庸)』에도 나온다. "君子之道, 辟(譬)如行遠必自邇, 辟如登高必自卑." 辟(비유할 비) 譬(비유할 비) 卑(낮을 비)

분이 서로 이어지고, 크고 작은 의견들이 모두 포괄되었다. 그리고 여러 학설의 동이(同異)와 득실(得失)이 또한 널리 창달(暢達)되고 두루 통하여 각각 그 취지(趣旨)를 다하였다.

비록 도통(道統)의 전승(傳承)은 감히 망령되이 의론할 수 없지만, 그러나 처음 배우는 선비에게 혹 취할만한 점이 있을 것이요, 또한 먼 길을 떠나거나 높은 곳에 오르고자 하는 사람들에게 하나의 작은 도움이 될 것이다.

순희(淳熙) 기유년(己酉年, 1189) 음력 3월 무신(戊申, 18일)에 신안(新安)의 주희(朱熹)는 서(序)하노라.

주해

- 조세(蚤歲) : 젊은 나이. 어린 나이. '조(蚤)'는 '조(早)'와 같다. 蚤(일찍 조)
- 절의(竊疑) : 남몰래 의심하다. 속으로 의아하게 생각하다.
  竊(몰래 절) 疑(의심할 의)
- 침잠(沈潛) : 마음을 깊이 가라앉힘. 곧 깊이 연구하는 것을 말한다.
  沈(가라앉을 침) 潛(잠길 잠)
- 유년(有年): 여러 해가 지나다. 풍년이 들다.
- 황연(怳然) : 어슴푸레한 모양. 또는 갑자기 깨닫는 모양. '홀연(忽然)'과 같다. 怳(어슴푸레할 황) 忽(갑자기 홀)
  위(魏)나라 완적(阮籍)의 「달장론(達莊論)」에 나온다. "怳然而止, 忽然而休."
- 절충(折衷) : 정도(正道)를 취하여 사물을 판단하는 준칙(準則)으로 삼다. '절중(折中)'과 같다. 折(쪼갤 절) 衷(가운데 충)
  주자(朱子)의 『사서집주(四書集註)』에 나온다. "折中, 謂事理有不同者, 執其兩端而折其中, 若『史記』所謂六藝折中於夫子, 是也." 執(잡을 집)
- 지분절해(支分節解) : 지체(肢體)와 관절(關節)이 하나하나 나뉘다. 곧 사물

의 의리(義理)를 낱낱이 분석하여 해득(解得)한다는 뜻이다. '지(支)'는 '지(肢)'와 같다. '절(節)'은 '관절(關節)' 또는 '골절(骨節)'이다. '지분족해(支分族解)'와 같다. 肢(사지 지) 族(골절 족)

동양허씨(東陽許氏)가 말했다. "章句輯略或問三書, 既備然後, 中庸之書, 如支體之分骨節之解, 而脈絡却相貫穿通透."(大全註疏)

脈(맥 맥) 絡(맥 락) 穿(뚫을 천) 透(통할 투)

- 곡창(曲暢) : 만물을 두루 알고 그 이치를 창달(暢達)하다. '곡창(曲鬯)'과 같다. 曲(굽을 곡) 暢(펼 창) 鬯(펼 창)
- 방통(旁通) : 두루 통하다. 널리 알고 깨우치다. 旁(두루 방) 通(통할 통)
- 행원승고(行遠升高) : 먼 곳을 가고 높은 곳에 오르다. 곧 학문하는 방법을 말한다. 升(오를 승)
- 순희(淳熙) : 송(宋)나라 효종(孝宗)의 연호. 淳(순박할 순)
- 繁(번거로울 번) 刪(깎을 산)

6. 독중용법(讀中庸法)

朱子曰 中庸一篇을 某ㅣ妄以己意로 分其章句[78]하니 是書를 豈可以章句求哉리오 然이나 學者之於經에 未有不得於辭而能通其意者니라

又曰 中庸은 初學者ㅣ未當理會니라 中庸之書는 難看이라 中間에 說鬼說神은 都無理會하니 學者ㅣ須是見得箇道理了라야 方可看此書將來印證[79]이니라

78) 면재황씨(勉齋黃氏)가 말했다. "中庸之書, 章句或問, 言之悉矣. 學者未有不曉其文而能通其義者也. 然此書之作, 脈絡相通, 首尾相應, 子思子之所述, 非若語孟問

주자(朱子) 가로되 “『중용(中庸)』한 편을 내가 망령되이 자신의 견해로 그 장구(章句)를 나누었으니, 이 글을 어찌 장구(章句)로써 구할 수 있겠는가? 그러나 배우는 자가 경문(經文)에서 사의(辭意)를 얻지 못하고, 능히 그 뜻을 통달할 수 있는 자는 없다.”

또 가로되 “『중용』은 초학자(初學者)가 내용을 이해하는데 마땅하지 않다. 『중용』의 글은 난해하여 읽기 어렵다. 중간에 언급한 귀(鬼)와 신(神)한 부분은 도무지 이해할 수가 없다. 그러므로 배우는 자가 모름지기 한 가지 도리(道理)를 보고 깨우쳐야만 바야흐로 이 글을 보고 장차 인증(印證)할 수 있을 것이다.”

주해

- 中庸一篇, 某妄以己意, 分其章句 : 『중용』을 내가 망령되이 자신의 견해로 장구(章句)를 나누다. 某(아무 모) 妄(망령될 망)
- 이회(理會) : 깨닫다. ‘이해(理解)’와 같다.
- 수시(須是) : 반드시, 꼭. ‘필수(必須)’ 또는 ‘정요(定要)’와 같다. 須(모름지기 수)

答之言, 章殊而指異也. 苟徒章分句析, 而不得一篇之大旨, 則亦無以得子思著書之意矣. 程子以爲始言一理, 中散爲萬事, 末復合爲一理. 朱子以誠之一字, 爲此篇之樞紐, 示人切矣.”(大全註疏) 悉(다 실) 樞(지도리 추) 紐(끈 뉴)

79) 명나라 호응린(胡應麟)의 『소실산방필총(少室山房筆叢)·장악위담하(莊嶽委談下)』에 나온다. “復數十年, 無原本印證, 此書 (『水滸傳』) 將永廢矣.” 麟(기린 린) 叢(모일 총) 莊(풀성할 장) 嶽(큰산 악) 滸(물가 호) 또한 명나라 왕수인(王守仁)의 『전습록(傳習錄)』 권중에도 나온다. “堯舜子之之禪讓, 湯武楚項之放伐, 周公莽操之攝輔, 謾無印正, 又焉適從.” 堯(요임금 요) 舜(순임금 순) 禪(선위할 선) 讓(사양할 양) 莽(우거질 망) 攝(당길 섭) 謾(속일 만) 焉(어찌 언)

『선화유사(宣和遺事)』후집에 나온다. "須是忍耐強行, 勿思佗事." 忍(참을 인) 耐(견딜 내) 佗(다를 타)

- 인증(印證) : 대조하고 비교해서 사실과 부합됨을 증명하다. '인정(印正)' 또는 '인정(印政)'과 같다. 印(찍을 인) 證(증명할 증)

讀書之序는 須是且著力去看大學하고 又著力去看論語하고 又著力去看孟子하여 看得三書了면 這中庸은 半截都了라 不用問人하고 只略略恁看過요 不可掉了易底하여 却先去攻那難底니라 中庸이 多說無形影하여 說下學[80]處ㅣ少하고 說上達[81]處ㅣ多하니 若且理會文義則可矣니라

"경서(經書)를 읽는 차례는 모름지기 힘을 써서 『대학』을 보고, 다시 힘을 써서 『논어』를 보고, 다시 힘을 써서 『맹자』를 보아야 한다. 세 권을 다 보고 나면, 이 『중용』의 절반은 다 읽은 것과 같다.

남들에게 물을 필요도 없이 다만 대강대강 이와 같이 보고 지

80) 『논어(論語)·헌문(憲問)』에 나온다. "子曰 不怨天, 不尤人, 下學而下達." 이에 대해 하안(何晏)의 『논어집해(論語集解)』에 "孔安國曰 下學人事, 上知天命."라고 했고, 송(宋)나라 진량(陳亮)의 『경서발제(經書發題)·논어(論語)』에 "『論語』一書, 無非下學之事也."라고 풀이했다. 尤(허물 우)

81) 『논어(論語)·헌문(憲問)』에 나온다. "君子上達, 小人下達." 이에 대해 형병(邢昺)의 疏에 "言君子小人所曉達不同也. 本爲上, 謂德義也. 末爲下, 謂財利也. 言君子達於德義, 小人達於財利."라고 풀이했다. 曉(깨달을 효)

나가되, 쉬운 곳은 내버려두고 도리어 먼저 저 어려운 곳으로 가서 공부해서는 안 된다.

『중용』은 대부분 형체와 그림자가 없는 것을 말하였으니, 하학(下學)을 말한 곳은 적고, 상달(上達)을 말한 곳이 많다. 그러니 문장의 뜻을 이해하면 되는 것이다."

주해

- 착력(著力) : 힘을 붙이다. 힘을 쓰다. '착력(着力)'과 같다. 著(붙일 착)
- 공(攻) : 다스리다. 힘써 연구하다. 攻(다스릴 공)
  당(唐)나라 한유(韓愈)의 「사설(師說)」에 나온다. "聞道有先後, 術業有專攻, 如是而已."
- 하학(下學) : 인사(人事)에 관한 도리(道理)를 배우는 일.
- 상달(上達) : 군자가 덕성(德性)을 수양하고 인의(仁義)를 통달하는데 힘쓰는 것을 말한다.
- 了(마칠 료) 這(이 저) 截(끊을 절) 恁(이같이 임) 掉(흔들 도)

讀書는 先須看大綱하고 又看幾多間架[82]니 如天命之謂性과 率性之謂道와 修道之謂教는 此是大綱이요 夫婦所知所能과 與聖人不知不能處는 此類ㅣ是間架니 譬人看屋에 先看他大綱하고 次看幾多間하며 間內又有小間然後에야 方得貫通이니라

82) 면재황씨(勉齋黃氏)가 말했다. "中庸, 自是難看, 石氏所集諸家說, 尤亂雜, 未易曉. 須是胸中, 有權衡尺度, 方始看得分明. 今驟取而讀之, 精神已先爲所亂, 却不若子細將章句研究, 令十分通曉, 俟首尾該貫後, 却取而觀之, 可也."(大全註疏) 尤(더욱 우)

"경서(經書)를 읽을 때는 먼저 모름지기 대강(大綱)을 보고, 다시 간가(間架)가 얼마나 되는지를 보아야 한다.

예를 들어 '하늘이 명한 것을 성(性)이라 한다.'와 '성(性)을 따르는 것을 도(道)라 한다.'와 '도(道)를 닦는 것을 교(敎)라 한다.' 등이 바로 대강(大綱)이요, '부부(夫婦)가 알거나 할 수 있는 것'과 '성인(聖人)이 알지 못하거나 할 수 없는 점, 이런 것들이 간가(間架)이다.

비유컨대 사람이 집을 살필 때 먼저 그 대강(大綱)을 보고, 다음으로 간가(間架)가 얼마나 되는지를 보고, 간가(間架) 안에 또 작은 간가(間架)가 있는지를 살핀 연후에야 바야흐로 내용을 관통(貫通)할 수 있는 것이다."

주해

- 기다(幾多) : 얼마간. 약간. '기허(幾許)', '다소(多少)'와 같다. 幾(몇 기)
- 간가(間架) : 시렁. 칸. 칸막이. 대들보와 대들보 사이를 '간(間)'이라 하고, 서까래와 서까래 사이를 '가(架)'라고 한다. 架(시렁 가)

又曰 中庸은 自首章以下로 多對說將來하되 直是整齊라 某ㅣ舊讀中庸할새 以爲子思做러니 又時復有箇子曰字하니 讀得熟後에야 方見得是子思ㅣ參夫子之說하사 著爲此書로라 自是로 沈潛反

權(저울추 권) 衡(저울대 형) 驟(빠를 취) 却(도리어 각) 俟(기다릴 사)

覆하여 遂漸得其旨趣하고 定得今章句擺布得來하여 直恁麼細密이니라 近看中庸이라가 於章句文義間에 窺見聖賢述作傳授之意ㅣ極有條理하여 如繩貫棊局之不可亂이로다

또 가로되 "『중용』은 첫머리부터 대부분 대구(對句) 형식으로 말했으나, 다만 글이 가지런하다. 나[朱子]는 예전에 『중용』을 읽을 때는 자사(子思)가 지은 것이라고 여겼다. 그런데 또한 때때로 '자왈(子曰)'자가 보여서, 이를 숙독해서 읽은 뒤에야 바야흐로 자사(子思)가 부자(夫子)의 말씀을 참고해서 이 『중용』을 지었다는 사실을 알게 되었다.

이로부터 침잠반복(沈潛反復)하여 마침내 점차 그 지취(旨趣)를 얻게 되었다. 이제 장구(章句)를 나누어 하나하나 펼쳐 보았더니 이와 같이 세밀해졌다. 근래에 『중용』을 보다가 장구(章句)와 문의(文義) 사이에서 성현(聖賢)의 술작(述作)하고 전수(傳受)하신 뜻이 지극히 조리(條理)가 있으며, 마치 먹줄로 바둑판을 그린 것처럼 어지럽지 않음을 알 수 있었다."

주해

- 장래(將來) : ~해나가다. 내려오다. '下來' 또는 '起來'와 같다.
  『금병매사화(金瓶梅詞話)』 제86회에 나온다. "他家大娘子分付將來, 不教閑雜人來看." 娘(어머니 낭) 付(줄 부) 教(하여금 교)
  『사유기(四遊記)·종리합파백호진(鍾離合破白虎陣)』에도 나온다. "衆兵圍合將

來, 把令婆等困在垓心.” 圍(둘러쌀 위) 婆(할미 파) 困(괴로울 곤) 垓(지경 해)

- 정제(整齊) : 가지런하다. 가지런히 정돈되다.
  整(가지런할 정) 齊(가지런할 제)
- 파포(擺布) : 펼쳐 보이다, 배치하다, 안배하다. '파포(擺佈)'와 같다.
  擺(벌여놓을 파) 佈(펼 포)
- 임마(恁麼) : 이처럼. 이와 같이. '여차(如此)'와 같다.
  恁(이같이 임) 麽(어조사 마)
  『경덕전등록(景德傳燈錄)·도림선사(道林禪師)』편에 나온다. “白日 三歲孩兒也解恁麼道.”
- 기국(棊局) : 바둑판. 棊(바둑 기) 局(판 국)
- 直(다만 직) 做(지을 주) 窺(엿볼 규) 繩(줄 승)

中庸은 當作六大節看이니 首章이 是一節이니 說中和요 自君子中庸以下十章이 是一節이니 說中庸이요 君子之道費而隱以下八章이 是一節이니 說費隱이요 哀公問政以下七章이 是一節이니 說誠이요 大哉聖人之道以下六章이 是一節이니 說大德小德이요 末章이 是一節이니 復申首章之意니라

『중용』은 마땅히 여섯 개의 대절(大節)로 나누어야 한다. 수장(首章)이 1절이니, 중화(中和)를 말하였다. '군자중용(君子中庸)' 이하 10장이 1절이니, 중용(中庸)을 말하였다. '군자지도비이은(君子之道費而隱)' 이하 8장이 1절이니, 비은(費隱)을 말하였다. '애공문정(哀公問政)' 이하 7장이 1절이니, 성(誠)을 말하였다. '대

재성인지도(大哉聖人之道)' 이하 6장이 1절이니, 대덕소덕(大德小德)을 말하였다. 말장(末章)이 1절이니, 다시 수장(首章)의 뜻을 설명하였다.

주해

- 삼산진씨(三山陳氏)가 말했다. "中庸三十三章, 其血脈貫通之處, 朱子既爲之章句, 又提其宏綱. 如言某章是援引先聖之言, 某章是子思發明之說, 具有次序." (大全註疏) 脈(맥 맥) 貫(꿸 관) 宏(클 굉) 援(잡을 원) 綱(벼리 강)
- 費(클 비) 隱(은미할 은) 申(말할 신)

問大學中庸之別[83]한대

曰 如讀中庸하여 求義理는 只是致知工夫요 如謹獨修省은 亦只是誠意니라

問只是中庸은 直說到聖而不可知處아

曰 如大學裏에 也有如前王不忘은 便是篤恭而天下平底事니라

『중용』과 『대학』의 차이점을 물으니,

가로되 "예를 들어 『중용』을 읽고 의리(義理)를 구하는 것은

83) 쌍봉요씨(雙峯饒氏)가 말했다. "大學是說學, 中庸是說道. 理會得大學透徹, 則學不差. 理會得中庸透徹, 則道不差."(大全註疏) 透(통할 투) 徹(통할 철) 동양허씨(東陽許氏)가 말했다. "中庸大學二書, 規模不同, 大學綱目相維, 經傳明整, 猶可尋求. 中庸贊道之極, 有就天言者, 有就聖人言者, 有就學者言者, 廣大精微, 開闔變化, 高下兼包, 巨細畢擧, 故尤不易窮究."(大全註疏)

다만 『대학』의 치지(致知) 공부이며, 예를 들어 홀로를 삼가며 몸을 닦고 살피는 것은 또한 다만 『대학』의 성의(誠意) 공부이다."

묻건대 "다만『중용』은 다만 '성인(聖人)이어서 헤아릴 수 없는 곳을 말하고 있습니까?"

가로되 "예를 들어 『대학』에도 '전왕(前王)을 잊지 못한다'와 같은 말이 있으니, 바로 『중용』의 '독실하고 공경해서 천하가 화평해지는' 일이다."

주해

- 성이불가지(聖而不可知) : 성인(聖人)이면서 헤아릴 수 없는 사람. 곧 신인(神人)을 말한다.
  『맹자(孟子)·진심하(盡心下)』에 나온다. "사람들이 좋아할 만한 사람을 선인(善人)이라 하고, 자기 몸에 선(善)이 있는 사람을 신인(信人)이라 하고, 선(善)을 충만하게 채운 사람을 미인(美人)이라 하고, 충만하여 빛나는 사람을 대인(大人)이라 하고, 대인이면서 만물을 화육(化育)하는 사람을 성인(聖人)이라 하고, 성인이면서 헤아릴 수 없는 사람을 신인(神人)이라 한다. [可欲之謂善, 有諸己之謂信, 充實之謂美, 充實而有光輝之謂大, 大而化之之謂聖, 聖而不可知之之謂神.]"
- 전왕불망(前王不忘) : 선왕(先王)을 잊지 못하다. '전왕(前王)'은 '선왕(先王)'과 같다. 『대학(大學)』에 나온다. "『시경(詩經)』에 이르기를 '아, 선왕(先王)을 잊지 못한다.'라고 하였다. 위정자는 선왕이 어질게 여긴 것을 어질게 여기고, 친하게 여긴 것을 친하게 여긴다. 일반 백성은 선왕이 즐겁게 해 준 것을 즐거워하고, 이롭게 해 준 것을 이롭게 여긴다. 이것이 바로 선왕이 세상을 떠난 뒤에도 잊지 못하고 사모하는 이유이다. [詩云: 於戲. 前王不忘, 君子賢其賢而親其親. 小人樂其樂而利其利. 此以沒世不忘也.]"
- 독공(篤恭) : 독실하고 공경하다. 篤(두터울 독)

7. 중용장구(中庸章句)

中者는 不偏不倚[84]하며 無過不及[85]之名이요 庸은 平常也라

'중(中)'이란 치우치지 않고 기울지 아니하며, 지나치거나 미치지 못함이 없는 것을 말한다. '용(庸)'은 평상(平常)이다.

子程子曰 不偏之謂中이요 不易之謂庸이니 中者는 天下之正道요 庸者는 天下之定理라 此篇은 乃孔門傳授心法이니 子思ㅣ恐其久而差也라 故로 筆之於書하여 以授孟子하시니 其書ㅣ始言一理하고 中散爲萬事하며 末復合爲一理하여 放之則彌六合이요 卷之則退藏於密[86]하여 其味無窮하니 皆實學也라 善讀者ㅣ玩索而有得焉이면 則終身用之라도 有不能盡者矣리라

자정자(子程子)가 말했다. "치우치지 않는 것을 중(中)이라 이

84) 신안진씨(新安陳氏)가 말했다. "不偏不倚, 未發之中, 以心論者也, 中之體也. 無過不及, 時中之中, 以事論者也, 中之用也."(大全註疏)

85) 쌍봉요씨(雙峯胡氏)가 말했다. "朱子於語孟, 釋中字, 但曰無過不及, 蓋以用言. 中庸, 有所謂未發之中與時中, 故添不偏不倚四字, 兼體用言, 以釋名篇之義."(大全註疏) 釋(풀 석)

86) 『주역(周易)·계사상(繫辭上)』에 나온다. "聖人以此洗心, 退藏於密, 吉凶與民同患, 神以知來, 知以藏往." 이에 대해 한강백(韓康伯)의 註에 "言其道深微, 萬物日用而不能知其原, 故曰退藏於密, 猶藏諸用也."라고 풀이했다. 凶(흉할 흉) 洗(씻을 세)

르고, 바뀌지 않는 것을 용(庸)이라 이른다. 중(中)이란 천하의 정도(正道)요, 용(庸)이란 천하의 정리(定理)이다. 이 편은 공문(孔門)에서 전수(傳授)한 심법(心法)이니, 자사(子思)께서 그것이 오래되어 어긋날까 두려워했다. 그러므로 이것을 책에 써서 맹자에게 전수하셨다. 그 책은 처음에 한 가지 이치를 말하였고, 중간에 흩어져 만사(萬事)가 되었으며, 마지막에 다시 합하여 한 가지 이치가 되니, 이것을 펼치면 육합(六合)에 가득차고, 이것을 거둬들이면 물러나 은밀한 곳에 감추어져 그 맛이 다함이 없으니, 모두 실학(實學)이다. 잘 읽는 자가 완미(玩味)하고 탐색(探索)하여 얻은 것이 있다면, 종신토록 쓰더라도 능히 다하지 않음이 있을 것이다."

주해

- 불편불의(不偏不倚) : 치우치지 않고 기울지 않다. 偏(치우칠 편) 倚(기울 의)
  주자(朱子)가 말했다. "名篇, 本是取時中之中. 然所以能時中者, 蓋有那未發之中在, 所以先說未發之中然後, 說君子之時中."(大全註疏) 那(저 나)
- 과불급(過不及) : 지나치거나 미치지 못하다.
- 용(庸) : 평범하다. 범용(凡庸)하다. 庸(범상할 용)
  주자(朱子)가 말했다. "庸是依本分, 不爲怪異之事. 堯舜孔子, 只是庸. 夷齊所爲, 都不是庸了."(大全註疏) 怪(기이할 괴) 夷(온화할 이) 都(모두 도)
- 육합(六合) : 전후좌우상하(前後左右上下) 또는 동서남북상하(東西南北上下). 곧 우주(宇宙)를 말한다.
- 시언일리(始言一理) : 처음에 한 가지 이치를 말하다.
  주자(朱子)가 말했다. "始言一理, 指天命之謂性. 末復合爲一理, 指上天之載. 始合而開, 其開也, 有漸. 末開而合, 其合也亦有漸."(大全註疏) 漸(점차 점)
- 중산위만사(中散爲萬事) : 중간에 흩어져 만사(萬事)가 되다.
  주자(朱子)가 말했다. "中散爲萬事, 便是中庸所說許多事. 如知仁勇許多爲學底

道理, 與爲天下國家有九經, 及祭祀鬼神許多事, 中間無些子罅隙, 句句是實."(大全註疏) 底(어조사 저) 些(적을 사) 底(어조사 저) 些(적을 사) 罅(틈 하) 隙(틈 극)

- 권(卷) : 거둬들이다. '권(捲)'과 같다. 捲(말 권)
- 퇴장어밀(退藏於密) : 물러나 은밀한 데 감추다. 곧 이치가 정미(精微)하고 심원(深遠)해서 능히 만물을 포용한다는 말이다. 藏(감출 장) 密(고요할 밀)
- 완색(玩索) : 완미(玩味)하고 탐색(探索)하다. 玩(놀 완) 索(찾을 색)
- 彌(가득찰 미)

8.『중용』선독(選讀)

1) 천명(天命)

天命之謂性이요 率性[87]之謂道요 修道之謂敎니라 道也者는 不可須臾離也니 可離면 非道也라 是故로 君子는 戒愼乎其所不睹하며 恐懼乎其所不聞이니라

하늘이 명(命)한 것을 '성(性)'이라 하고, 성(性)을 따르는 것을 '도(道)'라 하고, 도(道)를 닦게 하는 것을 '교(敎)'라 한다.

도(道)라는 것은 가히 잠시라도 떠나지 못하니, 가히 떠나면 도(道)가 아니다. 이런 고로 군자(君子)는 그 보지 않는 바에서 경계하고 삼가며, 그 듣지 않는 바에서 두려워하고 두려워한다.

---

87) 주자(朱子)가 말했다. "有是性, 便有許多道理總在里許, 在心喚做性, 在事喚做理."(大全註疏) 總(모두 총) 喚(부를 환) 做(지을 주)

주해

- 천명(天命, tiān mìng) : 하늘이 명(命)하다. '명(命)'은 '영(令)'과 같으며, 부여하다는 뜻이다.
  북계진씨(北溪陳氏)가 말했다. "命, 如分付命令他一般."(大全註疏) 付(줄 부)
- 솔성(率性, shuài xìng) : 본성을 따르다. '솔(率)'은 따르는 것이다. '성(性)'은 '이치[理]'와 같다. 곧 하늘이 사물에 부여한 기품을 성(性)이라 한다. 率(따를 솔)
  주자(朱子)가 말했다. "率性, 非人率之也. 率, 只訓循. 循萬物自然之性之謂道, 此率字, 不是用力字."(大全註疏)
- 수도(修道, xiū dào) : 도(道)를 닦다. '도(道)'는 길과 같으며, 본성대로 따라서 행하는 것을 말한다.
  맹자(孟子)가 말했다. "夫道, 若大路然. 本此, 以釋道字."(大全註疏)
- 수유(須臾, xū yu) : '잠시' 또는 '매우 짧은 시간'.
  須(모름지기 수) 臾(잠깐 유)

喜怒哀樂之未發을 謂之中[88]이요 發而皆中節을 謂之和니 中也者는 天下之大本也요 和也者는 天下之達道也니라 致中和면 天地ㅣ位焉하며 萬物이 育焉이니라

기쁘고 성내고 슬프고 즐거워하는 감정이 아직 발(發)하지 않아 치우지지 않는 것을 '중(中)'이라 하고, 그 감정이 발하여 모

88) 주자(朱子)가 말했다. "喜怒哀樂, 渾然在中, 未感於物, 未有倚著一偏之患, 亦未有過與不及之差. 故特以中名之, 而又以爲天下之大本."(大全註疏) 渾(완전할 혼) 著(붙일 착)

두 절도(節度)에 맞는 것을 '화(和)'라 한다.

'중(中)'이란 천하의 큰 근본이요, '화(和)'란 천하의 공통된 도(道)이다. '중(中)'과 '화(和)'의 경지를 이루면 천지가 제자리에 있고 만물이 제대로 길러진다.

주해

- 희로애락(喜怒哀樂) : 기쁘고 성내고 슬프고 즐거워함. "喜是歡喜, 怒是忿怒, 哀是悲哀, 樂是喜之甚, 未發是未發見時."(四書備旨補註)
  忿(성낼 분) 甚(심할 심)
- 중절(中節) : '절도(節度)에 맞다'. 곧 예의(禮義)와 법도(法度)에 부합하다는 뜻이다. "中節, 是合於當然之節度."(四書備旨補註)
- 대본(大本) : 커다란 근본. "大是無所不統. 本是根源."(四書備旨補註)
  統(큰줄기 통)
- 달도(達道) : 통달한 도. 곧 천하의 공통된 도를 말한다. "達是無所不通. 道是人所共由之路."(四書備旨補註)
- 치중화(致中和) : '중(中)'과 '화(和)'를 지극히 하다. 곧 중화(中和)의 경지를 이룬다는 말이다. "致是克盡. 此本然之中和, 非中和之外, 又加推致也."(四書備旨補註)

2) 시중(時中)

仲尼[89]曰 君子는 中庸이요 小人은 反中庸이니라 君子之中庸也는 君子而時中이요 小人之(反)中庸也는 小人而無忌憚也니라

89) 『사기(史記)·공자세가(孔子世家)』에 나온다. "紇與顏氏女野合而生孔子, 禱於尼丘得孔子. 魯襄公二十二年而孔子生. 生而首上圩頂, 故因名曰丘云, 字仲尼."

중니(仲尼)께서 말씀하셨다. "군자는 중용(中庸)의 도를 체행(體行)하고, 소인(小人)은 중용(中庸)의 도에 반한다. 군자가 중용의 도를 체행하는 것은 군자여서 때에 맞게 중도를 지키기 때문이요, 소인이 중용의 도에 상반되게 행하는 것은 소인이어서 거리낌이 없기 때문이다."

주해

- 중니(仲尼) : 공자(孔子)의 자(字). 이름은 구(丘)이다.
  尼(산이름 니) 丘(언덕 구)
- 시중(時中) : 때에 맞게 중도(中道)를 지키다. 곧 군자의 덕(德)을 말한다.
  "此君子以德言. 時中在事上講, 只是做得恰好."(四書備旨補註)
  做(지을 주) 恰(마치 흡)
  주자(朱子)가 말했다. "君子, 只是說箇好人. 時中, 只是說箇做得恰好底事."(大全註疏) 底(어조사 저)
- 忌(꺼릴 기) 憚(꺼릴 탄)

3) 문정(問政)

誠[90]者는 天之道也요 誠之者는 人之道也니 誠者는 不勉而中하며 不思而得하여 從容中道하나니 聖人也요 誠之者는 擇善而固執之者也니라 博學之하며 審問之하며 愼思之하며 明辨之하며 篤行之니라

紇(사람이름 흘) 禱(빌 도) 圩(오목할 우)

진실한 것은 하늘의 도(道)요, 진실하려고 하는 것은 사람의 도(道)이다. 진실한 사람은 힘쓰지 않아도 도에 맞고 생각하지 않아도 도를 알아서 자연히 도에 부합되니 성인(聖人)이요, 진실하게 하려는 자는 선(善)을 택하여 굳게 지켜가는 자이다. 널리 배우고 살펴 묻고 신중히 생각하고 명확하게 분별하고 독실(篤實)히 행해야 한다.

주해

- 성(誠, chéng) : 하늘이 인간에게 부여한 도리(道理), 곧 천도(天道)를 말한다.
- 성지(誠之) : 성(誠)을 하려는 것. 곧 인도(人道)를 말한다.
  "誠之者是未誠而用力以. 誠之正本分內事, 故曰人道也."(四書備旨補註)
- 종용(從容, cóng róng) : 행동거지가 차분하고 조용한 모습. 황망(慌忙)하지 않는 모양.
- 박학(博學, bó xue) : 널리 배우다. 博(넓을 박)
  "博是廣博. 學兼聞見. 五之字, 俱指善言而達道九經在其中."(四書備旨補註)
  廣(넓을 광) 俱(함께 구)
- 심문(審問, shěn wèn) : 살펴서 자세하게 묻다. 審(살필 심)
  "審是詳審. 問兼師友."(四書備旨補註) 詳(자세할 상)
- 신사(愼思, shèn sī) : 삼가 생각하다. 愼(삼갈 신)
  "愼是謹愼, 恐失之高遠."(四書備旨補註) 謹(삼갈 근)
- 명변(明辨, míng biàn) : 명확하게 분별하다. 辨(분별할 변)
  "明是明白, 恐失之微茫."(四書備旨補註)

---

90) 한(漢)나라 정현(鄭玄)의 疏에 "誠者, 天性也. 誠之者, 學而誠之者也. 因誠身說, 有大至誠."(『十三經註疏·中庸』)라고 했고, 당(唐)나라 공영달(孔穎達)의 疏에 "至誠之道, 天之性也. 則人當學其至誠之性, 是上天之道不爲而誠, 不思而得, 若天之性有殺, 信著四時, 是天之道. 誠之者, 人之道也, 人能勉力學此至誠, 是人之道也, 不學則不得, 故云人之道."(『十三經註疏·中庸』)라고 했다.

- 독행(篤行, dǔ xíng) : 독실(篤實)히 행하다. 篤(도타울 독)
  "篤實也, 加工夫之意. 行以踐乎善."(四書備旨補註) 踐(밟을 천)
- 擇(가릴 택) 固(굳을 고) 執(잡을 집)

찾아보기

ㅇ

ㅊ

ㅌ